Gläubigerschutz im italienischen Recht

Europäische Hochschulschriften

Publications Universitaires Européennes
European University Studies

Reihe II
Rechtswissenschaft

Série II Series II
Droit
Law

Bd./Vol. 4832

PETER LANG
Frankfurt am Main · Berlin · Bern · Bruxelles · New York · Oxford · Wien

Julian Stefenelli

Gläubigerschutz im italienischen Recht

PETER LANG
Internationaler Verlag der Wissenschaften

Bibliografische Information der Deutschen Nationalbibliothek
Die Deutsche Nationalbibliothek verzeichnet diese Publikation in der Deutschen Nationalbibliografie; detaillierte bibliografische Daten sind im Internet über <http://www.d-nb.de> abrufbar.

Zugl.: Mainz, Univ., Diss., 2008

D 77
ISSN 0531-7312
ISBN 978-3-631-58608-2

www.peterlang.de

Vorwort

Die vorliegende Arbeit wurde im Wintersemester 2007/08 von der Juristischen Fakultät der Johannes Gutenberg-Universität Mainz als Dissertation angenommen.

Sehr herzlich bedanken möchte ich mich bei meinem Doktorvater, Herrn Prof. Dr. Peter Gröschler, für seine außerordentlich engagierte und stets unkomplizierte fachliche Betreuung. Herrn Prof. Dr. Reinhard Hepting danke ich für die Erstellung des Zweitgutachtens.

München, im Oktober 2008

Julian Stefenelli

Inhaltsverzeichnis

Abkürzungsverzeichnis

a.A.	anderer Ansicht
a.a.O.	am angegebenen Ort
a. E.	am Ende
a. F.	alte Fassung
App.	Corte d'Appello
Art., Artt.	Artikel, (Plural)
Aufl.	Auflage
Banca, borsa, tit cred.	Banca, borsa e titoli di credito
Bd.	Band
BGB	Bürgerliches Gesetzbuch
BGH	Bundesgerichtshof
Cass.	Corte di Cassazione
c.c.	Codice Civile
c.nav.	Codice della navigazione
Contr. e impr.	Contratto e impresa
Corr. giur.	Corriere giuridico
Cost.	Corte Costituzionale
c.p.	Codice Penale
c.p.c.	Codice di Procedura Civile
c.p.p.	Codice di Procedura Penale
Dir. banc.	Diritto bancario
Dir. fall.	Diritto fallimentare e delle società commerciali
d.l.	Decreto legge
d.p.r.	Decreto del Presidente della Repubblica
D. 4a ed.	Digesto, quarta edizione
Enc. dir	Enciclopedia del diritto
Enc. giur.	Enciclopedia giuridica
Fn.	Fußnote
Foro it.	Il Foro italiano

G.U.	Gazzetta ufficiale della Repubblica italiana
Giur. comm.	Giurisprudenza commerciale
Giur. it.	Giurisprudenza italiana
Giust. civ.	Giustizia civile
Hrsg.	Herausgeber
JuS	Juristische Schulung
JZ	Juristenzeitung
l. camb.	legge sulla cambiale
l. fall.	legge sul fallimento
m. w. N.	mit weiteren Nachweisen
n.F.	neuer Fassung
NJW	Neue Juristische Wochenschrift
Noviss. Dig. it.	Novissimo Digesto italiano
Pret.	Pretura
RDIp	Rivista del diritto ipotecario
R.D.L.	Regio Decreto Legge
Rep. Foro it.	Repertorio del Foro Italiano
Riv. dir. civ.	Rivista del diritto civile
Riv.dir. comm.	Rivista del diritto commerciale
Riv. dir. proc.	Rivista del diritto processuale
Riv. it. leasing	Rivista italiana del leasing
Riv. not.	Rivista del notariato
Riv. trim. dir. proc. civ	Rivista trimestrale di Diritto e Procedura Civile
Rn.	Randnummer
sez. un.	sezioni unite
S.p.A.	Società per azioni
Temi gen.	Temi genovese
Trib.	Tribunale
T.U.	Testo unico delle leggi in materia bancaria e creditizia
ZPO	Zivilprozessordnung

Verzeichnis der abgekürzt zitierten Literatur

Cod. civ. ann. Perlingieri	Codice civile annotato a cura di P. Perlingieri
Comm. SB	Commentario del Codice civile Scialoja-Branca a cura di F. Galgano
Giur. sist. Bigiavi	Giurisprudenza sistematica civile e commerciale diretta da W. Bigiavi
Tr. CM	Trattato di diritto civile e commerciale già diretto da A. Cicu e F. Messineo, continuato da L. Mengoni e ora diretto da P. Schlesinger
Tr. Galgano	Trattato di diritto commerciale e di diritto pubblico dell'economia diretto da F. Galgano
Tr. Grosso e Santoro-Passarelli	Trattato di diritto civile diretto da G. Grosso e F. Santoro-Passarelli
Tr. Rescigno	Trattato di diritto privato diretto da P. Rescigno
Tr. Vassalli	Trattato di diritto civile italiano diretto da F. Vassalli

§ 1 Einleitung

Ausgangspunkt der in der vorliegenden Arbeit behandelten Thematik ist das naturgemäß bestehende Interesse eines jeden Gläubigers, die ihm zustehenden Forderungen in möglichst hohem Umfang zu realisieren. Behandelt wird somit eine Problematik, die in ihrem Grundsatz in jeder auf der Privatautonomie beruhenden Rechts- und Gesellschaftsordnung besteht.

Äußerst vielschichtig und komplex ist hingegen die Frage, auf welche Weise dem Gläubiger bei der Durchsetzung seines jeweiligen Rechts geholfen werden kann. Im Vordergrund stehen hierbei nicht nur die Interessen des Forderungsinhabers selbst. Die Inanspruchnahme von Krediten aller Art spielt sowohl im privaten als auch im geschäftlichen Bereich eine eminent wichtige Rolle. Selbstverständlich aber setzt die Bereitschaft, Darlehen zu annehmbaren Konditionen zu gewähren voraus, dass sich Risiko und Ausmaß eines möglichen Forderungsausfalls in überschaubaren Grenzen halten.

Was die Quellen und die konkrete Ausgestaltung der einzelnen Sicherungsinstitute anbelangt, so wirft deren bereits angedeutete enge Verflechtung mit dem Wirtschaftsleben besonders in den vergangenen Jahrzehnten zahlreiche Probleme auf. Wie die Praxis zeigt, ist es unmöglich, den gerade durch die Internationalisierung des Handels stark angestiegenen Bedürfnissen nach einem jeweils praktikablen Sicherungsmittel durch bloßen Rückgriff auf die kodifizierten gesetzlichen Regeln Genüge zu tun.

Eine besonders große Rolle spielt die ebenerwähnte Problematik in der italienischen Rechts- und Wirtschaftsordnung. Gerade im Vergleich zur deutschen Situation ergeben sich in Italien zusätzliche Schwierigkeiten beispielsweise aus dem Umstand, dass die Vertragsfreiheit größeren Einschränkungen unterliegt, sowie aus dem Fehlen des Trennungs- und Abstraktionsprinzips. Wie noch zu zeigen sein wird, fällt es sowohl der Lehre als auch der Rechtsprechung oft schwer, die selbst aufgestellten dogmatischen Postulate mit den variierenden praktischen Anforderungen zu vereinbaren. Die Folge sind in ihrer Begründung teils schwer nachvollziehbare Entscheidungen und daraus resultierend eine gewisse Rechtsunsicherheit.

Selbstverständlich kann es nicht Ziel der vorliegenden Abhandlung sein, allgemeingültige Lösungen für die angedeuteten Probleme der italienischen Rechts- und Wirtschaftspraxis zu bieten. Vielmehr geht es darum, insbesondere dem deutschen Leser nicht nur einen Überblick über die in Italien bestehende Situation zu verschaffen, sondern auch die Hintergründe für die diversen Abweichungen darzustellen.

Als klassische Sicherungsmittel, d.h. ausschließlich der Forderungssicherung dienende dingliche Rechte kennt der *Codice Civile* das Pfandrecht (*pegno*), die Hypothek (*ipoteca*) sowie bestimmte, meist kraft Gesetzes entstehende Vorzugsrechte (*privilegi*). Dem deutschen Juristen unbekannt und daher aus vergleichender Sicht besonders interessant sind hierbei die jeweiligen Unterformen des Schinkenpfandrechts (*pegno sui prosciutti*) und der Autohypothek (*ipoteca automobilistica*).

Weitere Institute, die zu einer dinglich wirkenden Absicherung führen, sind die weitgehend auf den allgemeinen Abtretungsregeln basierende Sicherungszession (*cessione a scopo di garanzia*), welche insbesondere in der Ausgestaltung des sog. Factoring von hoher praktischer Bedeutung ist, sowie der Eigentumsvorbehalt (*riserva di proprietà*). Im Zusammenhang mit der Erörterung der genannten dinglich wirkenden Sicherungsformen nimmt die Arbeit Stellung zu der Frage, aus welchen Gründen die Akzeptanz besitzloser Sicherungsrechte, insbesondere der Sicherungsübereignung, in der italienischen Rechts- und Wirtschaftspraxis zahlreichen Einschränkungen unterliegt. Ausgehend von der Grundproblematik, dem Verbot der Verfallsabrede, wird beschrieben, in welcher Weise sowohl Lehre als auch Rechtsprechung in jüngerer Zeit versuchen, den Bedürfnissen des Handels gerecht zu werden.

Im Rahmen der gesetzlich normierten persönlichen Sicherheiten ist in erster Linie die Bürgschaft (*fideiussione*) zu nennen. Ohne ausdrückliche Normierung, in der Wirtschafts- und Bankpraxis aber sehr verbreitet sind die Globalbürgschaft (*fideiussione omnibus*) und der selbständige Garantievertrag (*contratto autonomo di garanzia*).

Sonstige vom *Codice Civile* vorgesehene Arten der Kreditsicherung sind der Surrogationsanspruch (*azione surrogatoria*) und das Revokationsrecht (*azione revocatoria*), wobei letztgenanntes Institut eine besondere Ausgestaltung für den Fall der Schuldnerinsolvenz findet.

Von überwiegend prozessualem Charakter, im einzelnen daher auch in der italienischen Zivilprozessordnung geregelt, ist die sog. Sicherungsbeschlagnahme (*sequestro conservativo*).

Eine besondere Form der Anspruchssicherung kennt die italienische Rechtspraxis im Zusammenhang mit dem Erwerb von Immobilien. Zur Absicherung des Verkäufers erfolgt üblicherweise die Leistung einer Anzahlung auf den Kaufpreis (*caparra confirmatoria*). Kommt die Durchführung des Kaufvertrages in der Folge nicht zustande, so ist der Käufer hinsichtlich der Erstattung der Anzahlung wiederum durch ein spezielles Vorzugsrecht geschützt.

§ 2 Dinglich wirkende Sicherungsmittel

Ein Recht zur Verwertung und zur vorzugsweisen Befriedigung durch dingliche Sicherung geben das Pfandrecht (*pegno*, Artt. 2784 ff. c.c.), die Hypothek[1] (*ipoteca*, Artt. 2808 ff. c.c.) und das gesetzliche Vorzugsrecht[2] (*privilegio*, Artt. 2745 ff. c.c.).

I. Pfandrecht (*pegno*), Art. 2784 c.c.

1. Dogmatischer Charakter

Geregelt ist das Pfandrecht im sechsten Buch des *Codice Civile*, das sich unter der Überschrift „*Della tutela dei diritti*" allgemein mit der Sicherung von Rechten, sowohl im materiellen Bereich als auch in der prozessualen Durchsetzung, befasst. Konkret findet sich das Pfandrecht dort im dritten Kapitel des dritten Titels, welcher u.a. die Überschrift „über die rechtlichen Gründe einer vorzugsweisen Befriedigung" („*delle cause di prelazione*") trägt.

Der Begriff der *prelazione* geht hierbei über die Bedeutung des *ius praelationis* hinaus. Während letzteres lediglich das Recht bezeichnet, sich aus dem Erlös der Pfandverwertung gegenüber weiteren Gläubigern bevorzugt zu befriedigen[3], umfasst die *prelazione* zusätzlich die vorangehende Befugnis des Pfandrechtsinhabers, die Verwertung des Pfandgegenstandes unter gewissen Voraussetzungen auch ohne Bestehen eines Vollstreckungstitels durchzuführen (*ius distrahendi*).

Unter *prelazione* ist somit in Einbeziehung aller hierfür notwendigen Teilelemente die Möglichkeit zu verstehen, unter Bevorrechtigung gegenüber einfachen Gläubigern zum Zwecke der Forderungsrealisierung auf das Vermögen des Schuldners Zugriff zu nehmen.[4]

Aus seiner Eigenschaft als reines Sicherungsinstrument folgt, dass das Pfandrecht zu der ihm zugrundeliegenden Forderung akzessorisch ist.[5] Diese Akzessorietät äußert sich in einer gesetzlich vorgegebenen unmittelbaren und automatischen Verknüpfung von Sicherungsrecht und gesicherter Rechtsstellung sowohl in Entstehung und Bestand als auch hinsichtlich möglicher Einreden. Der Umfang der Akzessorietät hinsichtlich des jeweiligen Sicherungsinstituts ist nicht generell vorgegeben, sondern muss anhand der einzelnen Normen ermittelt werden. Hauptbeispiel für den akzessorischen Charakter des Pfandrechts ist die noch näher darzulegende Regelung des Art. 2794 Absatz 1 c.c. (Anspruch auf Rückgabe der Pfandsache nach Erlöschen der Forderung)[6]

---

[1] S. unten § 2 II.
[2] S. unten § 2 III.
[3] Torrente/Schlesinger, *Manuale di Diritto Privato*, § 279.
[4] Vgl. Del Giudice, *Dizionario*, Stichwort „prelazione"
[5] S. auch Ravazzoni, *Le garanzie dell'obbligazione*, S. 310.
[6] S. unten § 2 I 4 a β ββ.

2. Mögliche Pfandgegenstände

Mögliche Objekte der Verpfändung sind gemäß Art. 2784 Absatz 2 c.c. einzelne bewegliche Güter, Sachgesamtheiten und Forderungen des Verpfänders gegen Dritte. Verpfänder kann sowohl der Schuldner der Hauptforderung selbst sein als auch ein beliebiger Dritter, Art. 2784 Absatz 1 c.c.

Nicht mit einem Pfandrecht belastet werden können diejenigen beweglichen Sachen, deren dingliche Zuordnung der Registereintragung unterliegt und die das Gesetz in Art. 2810 c.c. dementsprechend als mögliche Gegenstände einer Hypothek vorsieht.[7]

3. Bestellung

a) Bewegliche Sachen

Die Bestellung des Pfandrechts an beweglichen Sachen findet statt durch die Einigung über die Entstehung des Rechtes und die zusätzliche Übergabe der Pfandsache an den Gläubiger oder einen von den Parteien ausgewählten Dritten, Art. 2786 Absätze 1, 2 c.c.

Die Übergabe der Sache selbst kann nach der selben Vorschrift durch die Übergabe eines Traditionspapiers (*titolo rappresentativo*) ersetzt werden. Voraussetzung für die Einstufung als *titolo rappresentativo* ist gemäß Art. 1996 c.c., dass allein durch den Besitz des Dokumentes die volle Verfügungsmacht über die Sache gewonnen wird. Beispiele hierfür sind der Frachtbrief oder der Ladeschein an Order (Art. 1691 c.c.), der mit einem Pfandschein verbundene Lagerschein (Art. 1794 c.c.) oder der Schiffsfrachtbrief (Art. 463 c.nav.). Nicht zu den Traditionspapieren im Sinne der Vorschrift zählt nach einer Entscheidung des Kassationshofs hingegen die sogenannte *carta di circolazione*.[8] Diese Rechtsprechung ist überzeugend. Unabhängig von dem Umstand, dass die weitgehend dem deutschen Kraftfahrzeugschein entsprechende *carta di circolazione* zum Nachweis der Verfügungsmacht insofern nicht geeignet ist, als die Eigentumslage bei Erlass des Dokuments nicht geprüft wird[9], ergeben sich mögliche Rechte in jedem Fall nur für den in den Papieren Eingetragenen, nicht aber für deren bloßen Besitzer.

Weitere Übergabesurrogate bestehen nicht. Soweit jedoch eine Sachgesamtheit als Pfändungsobjekt betroffen ist, wird aus Praktikabilitätsgründen bereits in der Übertragung der tatsächlichen Verfügungsgewalt allgemein eine wirksame Übergabe im Sinne des Gesetzes gesehen.[10]

---

[7] Schiffe, Flugzeuge, Kraftfahrzeuge; Ravazzoni, S. 314.
[8] Cass. 15.01.1993 n. 4991.
[9] Gemäß Art. 93 Nr. 2 Nuovo Codice della Strada 1992 wird die *carta di circolazione* auf denjenigen ausgestellt, der sich als Eigentümer des Fahrzeugs ausgibt. Entscheidend für die tatsächliche Eigentumslage sind hingegen die Eintragung im Öffentlichen Automobilregister (*Pubblico Registro Automobilistico*) sowie das von diesem als Behörde erteilten Eigentumszertifikat (*Certificato di Proprietà*); vgl. Königl. Gesetzesdekret Nr. 436 vom 15.3.1927 und Art. 93 Nr. 5 Nuovo Codice della Strada 1992.
[10] Ravazzoni, S. 318.

Nach dem Wortlaut des Gesetzes ist für die wirksame Entstehung des Pfandrechts zwar keine besondere Form der Einigung nötig, jedoch kann das aus dem Pfandrecht folgende Recht auf vorzugsweise Befriedigung gegenüber Drittgläubigern gemäß Art. 2787 Absatz 3 i.V.m. Artt. 2703, 2704 c.c. ab einer Sicherungssumme von € 2,58, also in allen relevanten Fällen, nur dann ausgeübt werden, wenn es sich aus einer öffentlich beglaubigten, datierten Urkunde oder einer Privaturkunde mit sicherem Datum ergibt, wobei die Urkunde in beiden Fällen die Bezeichnung der Pfandsache und der gesicherten Forderung enthalten muss.[11]

Sicher ist das Datum privatschriftlicher Urkunden Dritten gegenüber gemäß Art. 2704 Absatz 1 c.c. insbesondere ab Registrierung der Urkunde zu steuerlichen Zwecken nach Artt. 17 Absatz 1 und 51 Präsidialerlass Nr. 634 vom 16.10.1972, ab Tod oder physischer Unfähigkeit des Unterzeichners zur Unterschriftsleistung, ab Wiedergabe des Urkundeninhalts in einer öffentlichen Urkunde oder ab Eintritt einer anderen Tatsache, aus der sich mit gleicher Sicherheit die frühere Errichtung der Urkunde ergibt. Tatsachen in diesem Sinne sind nach der Rechtsprechung beispielsweise die nachweisbare Kenntnis des Dritten vom Inhalt der Urkunde[12] sowie ein auf der Urkunde selbst angebrachter Poststempel[13].

Ausgenommen von dem qualifizierten Schriftformerfordernis sind gemäß Art. 2787 Absatz 4 c.c. diejenigen Pfandrechte, die zugunsten eines Kreditinstitutes bestellt werden, welches zur gewerbsmäßigen Vergabe von pfandrechtlich gesicherten Darlehen befugt ist. Insoweit unterliegt der Nachweis des Datums der Pfandrechtsbestellung keinen besonderen Voraussetzungen, vielmehr genügt einfache Schriftform.

b) Forderungen

Wird eine Forderung verpfändet, ist Voraussetzung für die Ausübung des Vorzugsrechtes, dass der Pfandvertrag schriftlich festgehalten wird und dem Drittschuldner entweder zugestellt oder von diesem in einem mit sicherem Datum (Art. 2704 c.c.) versehenen Schriftstück angenommen wird, Art. 2800 c.c. Trotz der insoweit missverständlichen Formulierung des Gesetzes kommt es durch die Annahme seitens des Drittschuldners nicht zu dessen Beteiligung am Pfandvertrag als Partei. Als Wissenserklärung dokumentiert die Annahme lediglich den Umstand, dass der Drittschuldner von der Verpfändung Kenntnis genommen hat.[14]

Eine gewisse Unklarheit herrscht hinsichtlich der genauen Form der ebenfalls ausreichenden Mitteilung an den Drittschuldner. So wird in der Literatur teils die Rechtsprechung zu dem im Zusammenhang mit der Forderungsabtretung (Art. 1264 c.c.) ebenfalls

---

[11] Cass. 15.12.1999 n. 14070.
[12] Cass. 6.4.1983 n. 2427.
[13] Cass. 25.7.1997 n. 6943; 24.8.1990 n. 8692.
[14] Vgl. Cendon, Art. 1264, 2.

verwendeten Begriff der *notificazione* herangezogen.[15] Bezüglich der Zession besteht nach einigen älteren Entscheidungen des Kassationshofs, welche teils die Einhaltung der generellen Zustellungsvorschriften[16], teils zumindest die Benachrichtigung per Einschreiben mit Rückschein[17] forderten, inzwischen Einigkeit darüber, dass jede Mitteilung ausreicht, die im konkreten Fall geeignet ist, den Drittschuldner über die Abtretung in Kenntnis zu setzen.[18]

Eine derart großzügige Interpretation scheint im Rahmen der Pfandrechtsbestellung jedoch nicht angemessen. Denn auch hinsichtlich der erwähnten Annahme durch den Drittschuldner verlangt Art. 2800 c.c., anders als Art. 1264 c.c., der insoweit keine Vorgaben macht, die Schriftform sowie die datumsmäßige Bestimmbarkeit gemäß Art. 2704 c.c. Entscheidend für eine Wirkung des Forderungspfandrechts *inter omnes* ist nach dem Willen des Gesetzgebers offensichtlich, dass die Kenntnisnahme des Drittschuldners sowie deren Zeitpunkt klar und unmissverständlich dokumentierbar sind.[19] Als ausreichend anzusehen ist demgemäß neben der Zustellung durch den Gerichtsvollzieher (Art. 137 c.p.c.) die postalische Übersendung per Einschreiben mit Rückschein. Im Ergebnis vergleichbar, argumentativ jedoch wenig überzeugend ist die zum Teil vertretene Auffassung, wonach sich das Erfordernis der schriftlichen Mitteilung aus der notwendigen Schriftform des Verpfändungsvertrages selbst ergibt.[20]

c) Gutgläubiger Erwerb

Ebenso wie das Eigentum an einer Sache kann auch ein bloßes Pfandrecht an dieser wirksam vom Nichtberechtigten erworben werden, soweit eine Besitzübertragung aufgrund Pfandrechtsvertrags erfolgt und der Erwerber hinsichtlich der Berechtigung des Bestellers in gutem Glauben ist, Art. 1153 Absatz 3 c.c.

---

[15] Ruscello, *Dei privilegi, del pegno, delle ipoteche*, Cod. civ. annot. Perlingieri, S. 357.

[16] Cass. 19.7.1957 n. 3036.

[17] Cass. 27.4.1961 n. 948, Foro it., 1961, I., 918.

[18] Vgl. Cass. 20.11.1976 n. 4372 , Mass. Giur. it. 1976, 1033; Cass. 2.2.2001 n. 1510; Cendon, Art. 1264, 1.

[19] Vgl. dagegen die Regelung des § 1280 BGB, wonach die Anzeige der Verpfändung zwar durch den Verpfänder vorgenommen werden muss, ansonsten aber keinen Formvorschriften unterliegt, s. Palandt/Bassenge, § 1280 Rn. 2.

[20] Vgl. Cian/Trabucchi, *Codice Civile*, Art. 2801 Rn. 3, Gorla-Zanelli *Del pegno*, in Comm. SB, S. 154.

4. Wirkungen

a) Allgemeine Rechte und Pflichten während der Dauer des Pfandrechtsverhältnisses

aa) Bewegliche Sachen

α) Allgemeine Rechte und Pflichten des Pfandgläubigers

αα) Besitzrecht und Verwahrungspflicht

Ist die Pfandsache im Rahmen der Verpfändung an den Pfandgläubiger übergeben worden, so hat dieser ein Recht zum Besitz der Sache, ist im Gegenzug aber zu deren ordnungsgemäßer Verwahrung verpflichtet und haftet im Falle der Verschlechterung oder des Verlustes, Art. 2790 Absatz 1 c.c. Sorgfaltsmaßstab ist hierbei gemäß Artt. 1768, 1176 c.c. die „Sorgfalt des guten Familienvaters" (*diligenza del buon padre di famiglia*). Zu verstehen ist hierunter das Verhalten einer vernünftigen Person unter Berücksichtigung des konkreten Rechtsverhältnisses und der allgemeinen Umstände.[21] Auch darf der Pfandgläubiger über die Sache nicht verfügen und sie ohne das Einverständnis des Verpfänders nur nutzen, wenn dies zu ihrer Erhaltung notwendig ist, Art. 2792 c.c.

ββ) Fruchtziehung

Jedoch ist der Gläubiger, soweit es sich um eine fruchttragende Sache handelt, gemäß Art. 2791 c.c. mangels gegenteiliger Vereinbarung berechtigt, die unmittelbar aus der Sache hervorgehenden Früchte zu ziehen, hat in diesem Fall aber den Ertrag auf die gesicherte Forderung anzurechnen. Eine Parallele zum deutschen Recht ergibt sich insoweit, als dem Verpfänder einer fruchttragenden Sache aufgrund der Vermutungsregel des § 1213 Absatz 2 BGB ebenfalls der Nachweis obliegt, dass das Fruchtziehungsrecht im konkreten Fall ausgeschlossen wurde. Anders als in der deutschen Kommentarliteratur, welche aus der genannten Regelung in wörtlicher Auslegung lediglich ein Recht des Pfandgläubigers herleitet,[22] wird jedoch in weiten Teilen der italienischen Literatur über den Wortlaut des Art. 2791 c.c. hinaus von einer Pflicht zur Fruchtziehung gesprochen, da nur so ein unnötiger Verlust des Schuldners vermieden werden könne.[23] Die italienische Rechtsprechung hat sich zu dieser Frage soweit ersichtlich, noch nicht geäußert.

γγ) Herausgabeanspruch aus eigenem und fremdem Recht

Wird dem Pfandgläubiger der Besitz an der Pfandsache entzogen, kann er sowohl eigene Besitzschutzansprüche auf Wiedereinräumung des Besitzes (Artt. 1168 ff. c.c.) als auch den Herausgabeanspruch des Verpfänders aus dessen Eigentumsrecht (Artt. 948 ff. c.c.) geltend machen, Art. 2789 c.c.

---

[21] Vgl. Cian/Trabucchi, Compl. giur., Art. 1176, I.

[22] MüKo/Damrau, 4. Aufl., § 1213 Rn. 1; Palandt/Bassenge, § 1213 Rn. 1.

[23] Vgl. Cendon, Art. 2791; Cian/Trabucchi, Art. 2791, II. Rn. 1; Gorla-Zanelli, *Del Pegno*, S. 83; Rubino, *La responsabilità*, S. 248.

δδ) Vorzeitiger Verkauf bei fortschreitendem Wertverlust

Eine zusätzliches Gläubigerrecht bietet Art. 2795 Absatz 1 c.c. für den Fall, dass die Pfandsache im Begriff ist, sich wesentlich zu verschlechtern und die zukünftige Forderungssicherung somit gefährdet scheint. Gemäß dieser Vorschrift kann der Gläubiger nach vorheriger Benachrichtigung des Verpfänders auch schon vor Fälligkeit der Hauptschuld[24] bei Gericht die Genehmigung zum Verkauf der Sache beantragen. Um eine unverhältnismäßige Benachteiligung des Verpfänders zu vermeiden, ist der Verkaufserlös stets in durch das Gericht näher festzulegender Art und Weise zu hinterlegen. Auch hat der Verpfänder nach Art. 2795 Absatz 2 c.c. die Möglichkeit, den vorzeitigen Verkauf durch Angebot einer vom Gericht als ausreichend erachteten anderen dinglichen Sicherheit zu verhindern. Die Durchführung des Verkaufs richtet sich mangels eigener gesetzlicher Regelung nach den noch näher zu erläuternden Vorschriften des Art. 2797 Absatz 2 c.c[25] (s. unten § 2 I. 4. b)) und erfolgt daher im Rahmen einer öffentlichen Versteigerung oder mittels einer zum Verkauf autorisierten Person.

εε) Ersatzanspruch bei bereits eingetretenem erheblichem Wertverlust

Geht die Pfandsache zufällig unter oder hat sich ihr Wert, auch ohne Zutun des Verpfänders, so sehr verringert, dass die Sicherung des Gläubigers bereits nicht mehr gewährleistet ist, hat dieser nach Art. 2743 c.c. die Möglichkeit, die pfandrechtliche Belastung eines anderen geeigneten Gegenstandes, andernfalls die sofortige Leistung auf die gesicherte Forderung zu verlangen. Nach überwiegender Auffassung stellt der Pfandgegenstand dann keine ausreichende Sicherheit mehr dar, wenn sein Wert unter die Höhe der Pfandforderung nebst Nebenforderungen, erhöht um ein Drittel, fällt.[26] Argumentiert wird insoweit mit der Regelung der Artt. 2874, 2875 c.c., wonach die mit einer Zwangshypothek belegten Gegenstände insoweit zu reduzieren sind, als ihr Wert die Höhe der zu sichernden Forderung um ein Drittel übersteigt. Dies überzeugt nicht. Aus dem bloßen Umstand, dass der Gesetzgeber die Übersicherung für einen bestimmten Fall bis zu einem gewissen Grad zulässt, kann nicht der Schluss gezogen werden, dass unterhalb dieser Grenze generell eine Untersicherung vorliegt. Von einer nicht mehr ausreichenden Sicherung ist nach dem systematischen Zusammenhang des Art. 2743 c.c. im Normalfall vielmehr erst dann auszugehen, wenn der Wert des Sicherungsgegenstandes unter die Höhe der gesicherten Forderung[27] fällt.[28] Eine dem § 237 Satz 1 BGB entsprechende Regelung, wonach im speziellen Fall der Sicherheitsleistung mit einer beweglichen Sache nur von einem Sicherungswert von zwei Dritteln des geschätzten Sachwerts auszugehen ist, findet sich im italienischen Gesetz nicht.

---

[24] Realmonte, *Il pegno*, Tr. Rescigno, Bd. 19, S. 844.
[25] Vgl. Cendon, Art. 2795; Realmonte, a.a.O.
[26] Cian/Trabucchi, Art 2743, III. Rn. 1; Andrioli, *Della responsabilità patrimoniale*, in Comm. SB, S. 43; einschränkend Roppo, *La responsabilità patrimoniale del debitore*, Tr. Rescigno, Bd. 19, S. 554, wonach die Regel des Art. 2875 c.c. im Rahmen des Art. 2743 c.c. lediglich einen Anhaltspunkt darstellt.
[27] S. hierzu unten § 2 I 4 c.
[28] So auch Rubino, *La responsabilità patrimoniale*, Tr. Vassalli, S. 19.

β) Allgemeine Rechte des Verpfänders

αα) Vorzeitiger Verkauf bei Wertminderung oder günstiger Verkaufsmöglichkeit

Liegt die baldige Verwertung aufgrund einer fortschreitenden Wertminderung der Pfandsache oder einer besonders vorteilhaften Verkaufsgelegenheit im Interesse des Verpfänders selbst, so kann dieser gemäß Art. 2795 Absätze 3 und 4 c.c. bei Gericht die Genehmigung zum Verkauf beantragen und nach Erteilung der Genehmigung den Verkauf vornehmen. Soweit der Verkauf aufgrund der besonders günstigen Verkaufsbedingungen erfolgt (Absatz 4), sind die Einzelheiten zur Durchführung des Verkaufs und zur Hinterlegung des Erlöses nicht durch Gesetz vorgegeben, sondern werden von Fall zu Fall durch Gericht festgelegt.[29] In der Alternative des Absatzes 3 hingegen richten sich die Verkaufsmodalitäten nach Art. 2797 Absatz 2 c.c. (s. unten § 2 I. 4. b)).

ββ) Herausgabeanspruch bei vollständiger Zahlung

Sobald die gesicherte Forderung inklusive Zinsen und sonstiger Nebenkosten, etwa aus der Pfandrechtsbestellung, vollständig beglichen ist, kann der Verpfänder die Pfandsache schließlich vom Gläubiger zurückverlangen, Art. 2794 Absatz 1 c.c. Eine Ausnahme hierzu besteht gemäß Art. 2794 Absatz 2 c.c. insoweit, als das Pfandrecht durch den Schuldner bestellt wurde und dem Pfandgläubiger gegenüber diesem eine weitere Schuld zusteht, die erst nach Pfandrechtsbestellung entstanden ist, aber schon vor Bezahlung der ersten Schuld zur Zahlung fällig war. In diesem Fall steht dem Gläubiger zum Schutz der zweiten Forderung zwar kein drittwirksames Pfandrecht, dem Schuldner gegenüber jedoch ein Zurückbehaltungsrecht an der ursprünglich als Pfand hingegebenen Sache zu (*pignus Gordianum*)[30]. Anders als das BGB, welches über § 273 ein Zurückbehaltungsrecht generell nur für den Fall vorsieht, dass der Anspruch des Gläubigers und der Gegenanspruch des Schuldners auf demselben rechtlichen Verhältnis beruhen,[31] verzichtet der *Codice Civile* in Art. 2794 Absatz 2 somit auf die Voraussetzung der Forderungskonnexität.

γ) Besonderheiten im Zusammenhang mit bestimmten Bankgeschäften

Gesetzliche Sonderregeln bestehen hinsichtlich der allgemeinen Gläubigerrechte bei der pfandrechtlichen Absicherung einer seitens einer Bank gewährten Kreditlinie (*credito bancario*, Artt. 1842 ff. c.c.). Bei dieser Art der Darlehensgewährung verpflichtet sich die Bank, dem Darlehensnehmer einen bestimmten Betrag für einen festgelegten oder unbestimmten Zeitraum zur Verfügung zu halten. Reicht das Pfand, sei es auch nur aufgrund der allgemeinen Wertminderung, zur Sicherung nicht mehr aus, so kann die kreditgebende Bank die Bereitstellung weiterer Sicherheiten verlangen und im Falle der Nichtgewährung den Kreditrahmen entsprechend der Wertminderung verringern oder

---

[29] Vgl. Cendon, Art. 2795; Realmonte, a.a.O.
[30] Dieses Zurückbehaltungsrecht geht auf Kaieser Gordianus III. zurück; vgl. C.8.26.1.2 f. (239 n.Chr.).
[31] Vgl. hierzu auch Palandt/Heinrichs, BGB, § 273 Rn. 9.

sogar vom Vertrag zurücktreten, Art. 1844 Absatz 2 c.c. Die Gläubigersicherung nach dieser Vorschrift geht somit über die eben beschriebenen[32] allgemeinen Schutzvorschriften für den Pfand- bzw. Hypothekengläubiger, Art. 2743 c.c., hinaus, wonach eine Ergänzung der Sicherheit nur verlangt werden kann, wenn die Wertminderung auf eine tatsächliche Verschlechterung des Sicherungsgegenstandes zurückzuführen ist.[33]

Eine weitere Besonderheit ergibt sich im Zusammenhang mit dem sog. Bankvorschuss (*anticipazione bancaria*). Zu verstehen ist hierunter im Gegensatz zur längerfristigen Einräumung einer Kreditlinie gemäß Art. 1846 c.c. die Gewährung eines einmaligen Darlehensbetrages seitens einer Bank gegen Verpfändung von Wertpapieren oder Waren. Unabhängig von einer tatsächlichen Gefährdung der ausreichenden Absicherung kann die Bank vom Schuldner eine Ergänzung der Sicherheit immer dann verlangen, wenn sich der Wert der Sicherungsgegenstände im Vergleich zum Moment des Vertragsschlusses um mindestens ein Zehntel oder einen anderen vertraglich vereinbarten Wert[34] verringert. Auch hier wiederum reicht eine allgemeine Wertminderung aus.[35] Kommt der Schuldner der Ergänzungsforderung nicht nach, ist die Bank zum sofortigen Verkauf der Pfandgegenstände nach dem in Art. 2797 Absätze 2 und 4 c.c. geregelten Verfahren berechtigt, Art. 1850 Absatz 1 c.c. Zudem kann die Bank, soweit sie aus dem Verkauf nicht befriedigt wurde, nach Art. 1850 Absatz 2 c.c. die sofortige Rückzahlung des Vorschusses verlangen.

Um die Wahrung der Verhältnismäßigkeit des Geschäfts auch zugunsten des Schuldners zu gewährleisten, gibt Art. 1849 c.c. diesem - in Abweichung zum allgemeinen Prinzip der Unteilbarkeit des Pfandrechts, Art. 2799 c.c.[36] - das Recht, die Pfandgegenstände in Höhe der erfolgten Rückzahlungen zurückzunehmen, soweit die verbleibenden Gegenstände zur Absicherung der Forderung ausreichen.

bb) Forderungen

α) Pflichten des Pfandgläubigers

Besteht das Pfandobjekt in einer oder mehreren Forderungen, so ist der Pfandgläubiger nicht nur nach Art. 2802 c.c. zur Einziehung der aus den Forderungen hervorgehenden Zinsen unter Anrechnung auf die gesicherte Forderung verpflichtet, sondern er hat, sobald diese fällig ist, auch die Drittschuld selbst geltend zu machen, Art. 2803 c.c. Den hieraus erhaltenen Betrag kann der Gläubiger, falls die gesicherte Forderung bereits fällig ist, in der zu seiner Befriedigung nötigen Höhe einbehalten. Ansonsten ist die eingezogene Summe zu hinterlegen. Ebenso wie nach der Regelung des § 1281 BGB[37] ist eine

---

[32] S. oben εε.
[33] Vgl. hierzu Molle, *I contratti bancari*, Tr. CM, S. 242.
[34] Molle, S. 338.
[35] Cian/Trabucchi, Art. 1850 Rn. 2.
[36] Vgl. unten § 2 I 5; s. auch Cian/Trabucchi, Art. 1849 Rn. 1.
[37] S. hierzu Palandt/Bassenge, § 1281 Rn. 1 f.

Verfügung des Pfandgläubigers über den erhaltenen Betrag somit erst nach Eintritt der Pfandreife möglich.

β) Pflichten des Verpfänders

Falls die verpfändete Forderung aus einem Schriftstück, beispielsweise einer Rechnung, hervorgeht, ist der Verpfänder gemäß Art. 2801 c.c. verpflichtet, dieses an den Pfandgläubiger auszuhändigen. Allerdings soll die Aushändigung lediglich dem Pfandgläubiger die Einziehung der verpfändeten Forderung erleichtern, stellt aber keine Voraussetzung für die Wirksamkeit der Pfandrechtsbestellung an sich dar.[38]

γ) Rechte des Drittschuldners

Der Schuldner der verpfändeten Forderung kann gegenüber dem Pfandgläubiger gemäß Art. 2805 Absatz 1 c.c. grundsätzlich alle Einreden geltend machen, die ihm auch gegenüber seinem eigentlichen Gläubiger zustünden. Ausgeschlossen ist, falls der Drittschuldner die Verpfändung vorbehaltlos angenommen hat, lediglich die Einwendung einer vor Pfandrechtsbestellung erfolgten Aufrechnung, Art. 2805 Absatz 2 c.c.

b) Pfandverwertung

aa) Bewegliche Sachen

α) Im Falle der Nichtzahlung trotz Fälligkeit[39] kann der Pfandgläubiger die Pfandsache gemäß Art. 2796 Absatz 2 c.c. auf eigene Initiative versteigern lassen. Voraussetzung hierfür ist jedoch, dass er den Schuldner sowie den Eigentümer der Pfandsache zuvor durch den Gerichtsvollzieher unter Androhung des Verkaufs zur Zahlung aufgefordert und diese nicht innerhalb von fünf Tagen nach der Aufforderung gezahlt oder begründeten Widerspruch erhoben haben, Art. 2797 Absatz 1c.c.

Unterschiedlich beurteilt wird, obwohl Art. 2797 Absatz 4 c.c. grundsätzlich die Möglichkeit abweichender vertraglicher Vereinbarungen vorsieht, die Frage, inwieweit die genannte Form der Androhung zur Disposition der Parteien steht. Während die höchstrichterliche Rechtsprechung davon ausgeht, dass eine formlose Verkaufsandrohung vereinbart[40] werden könne, wird in der Literatur die Einschaltung des Gerichtsvollziehers teils als unverzichtbar angesehen.[41] Eine solche Einschränkung der Dispositionsfreiheit ist mit dem Wortlaut von Art. 2797 Absatz 4 c.c. kaum zu vereinbaren und erscheint nach Sinn und Zweck der Regelung auch nicht notwendig. Ein ausreichender Schutz des Schuldners ist vielmehr bereits gewährleistet, wenn dieser so unmissverständlich von dem drohenden Zwangsverkauf erfährt, dass er ihn durch eine kurzfristige Zahlung ver-

---

[38] Cian/Trabucchi, Art. 2801, II. Rn. 4.
[39] Realmonte, S. 845.
[40] Cass. 13.6.1956 n. 2051, Rep. Foro it. 1956, Stichwort „pegno".
[41] Rubino, *La responsabilità*, S. 260; Lordi, *Del pegno*, S. 635.

hindern kann.[42] Problematisch ist in diesem Zusammenhang freilich die in der Rechtsprechung überwiegende Auffassung, wonach eine weitere vertragliche Verkürzung der ohnehin sehr knapp bemessenen Zahlungsfrist von fünf Tagen möglich ist.[43]

Umstritten ist auch die Frage, ob die Versteigerung nach Art. 2797 c.c. zusätzlich die Existenz eines gerichtlichen Vollstreckungstitels voraussetzt. Dies wird zum Teil mit dem Argument bejaht, soweit Art. 2797 c.c. keine spezifische Regelung treffe, gälten die allgemeinen Vollstreckungsvorschriften der Artt. 2910 c.c., 501 ff c.p.c.[44] Eine Erleichterung zugunsten des Pfandgläubigers ergäbe sich hiernach lediglich insofern, als der zwangsweise Verkauf der Pfandsache gemäß Art. 502 c.p.c ohne vorhergehende Pfändung (*pignoramento*) durchgeführt werden kann. Die überwiegende Meinung in Literatur und Rechtsprechung jedoch geht davon aus, dass dem Pfandgläubiger mit den Vorschriften des Art. 2797 c.c. alternativ zu den Regeln des *Codice di Procedura Civile* ein eigenständig gestaltetes vereinfachtes Verfahren der Selbstvollstreckung zur Verfügung steht.[45] Als Vollstreckungsgrundlage reiche demnach das wirksam bestellte Pfandrecht aus. Angesichts des klaren Wortlauts der Artt. 2796, 2797 c.c., welche die Voraussetzungen des Zwangsverkaufs einzeln aufführen, ist letztgenannter Auffassung der Vorzug zu geben. Somit herrscht weitgehende Übereinstimmung insofern mit den Regelungen der §§ 1228, 1233 Absatz 1 BGB, wonach die Berechtigung zum Pfandverkauf lediglich die Fälligkeit der Pfandforderung voraussetzt.

Der Verkauf selbst erfolgt gemäß Art. 83 att. c.c. durch bei der Handelskammer eingeschriebene Versteigerer und wird mittels eines bei der Geschäftsstelle des Vollstreckungsgerichts einsehbaren Protokolls dokumentiert.

β) Neben dem selbständigen Verkauf gemäß Artt. 2796, 2797 c.c. steht dem Pfandgläubiger die bereits erwähnte allgemeine gerichtliche Zwangsveräußerung nach Artt. 2910 c.c., 501 ff c.p.c. zur Wahl.[46] Jedoch ist diese Art der Verwertung für den Gläubiger wenig attraktiv, da sie nicht nur das Bestehen eines Vollstreckungstitels (Art. 474 c.p.c.), sondern auch die vorherige Anhörung der beteiligten Parteien (Art. 530 c.p.c.) sowie den Erlass einer richterlichen Versteigerungsverfügung (Art. 534 c.p.c.) voraussetzt und damit einen erheblichen Zeitaufwand erfordert.

γ) Alternativ zum Verkauf der Pfandsache hat der Pfandgläubiger nach Art. 2798 c.c. die Möglichkeit, sich das Eigentum an der Pfandsache an Zahlungs Statt zuweisen zu lassen, muss jedoch an den Pfandgeber jedoch insoweit Ausgleich zahlen, als der Wert der

[42] So auch Molle, *In tema di vendita del pegno nell'apertura di credito garantito da titoli di credito*, in Banca, borsa, tit cred. 1957 II, S. 3 ff.
[43] Cass. 15.4.1976 n. 1333, Rep. Foro it. 1976; Cass. 13.6.1956 n. 2051, Rep. Foro it. 1956, jeweils Stichwort „pegno"; dagegen: Cendon, Art. 2797; Gorla-Zanelli, *Del pegno*, S. 111.
[44] Rubino, a.a.O.; Pratis, *Della tutela dei diritti. Del pegno*, S. 99.
[45] Gorla-Zanelli, S. 103; Realmonte, *Il pegno*, Tr. Rescigno, Bd. 19 S. 668; Cass. 13.6.1956, n. 2051, Rep. Foro it. 1956, Stichwort „pegno".
[46] Cian/Trabucchi, Art. 2797, I. Rn. 1.

Pfandsache über die Forderung hinausgeht.[47] Um einen Verstoß gegen das Verbot der Verfallsabrede (*divieto del patto commissorio*) gemäß Art. 2744 c.c. zu vermeiden, wonach die vertragliche Verabredung einer automatischen Übereignung des Sicherungsgegenstandes für den Fall der Nichtleistung unzulässig ist,[48] bestimmt Art. 2798 c.c. aber auch, dass die Eigentumszuweisung nur durch das Gericht vorgenommen werden kann.

bb) Forderungen

Falls der durch Forderungspfand gesicherte Gläubiger Befriedigung nicht bereits durch Einziehung der Drittforderung nach Art. 2803 c.c. erlangt hat, etwa weil diese noch nicht fällig ist, kann er sich die Inhaberschaft an der Drittforderung bis zur Höhe der gesicherten Forderung in der eben beschriebenen Weise an Zahlungs Statt zuweisen lassen. Vor Fälligkeit der Drittforderung kann er diese auch gemäß den Vorschriften des Art. 2797 c.c. veräußern, Art. 2804 c.c.

c) Umfang des aus dem Pfandrecht resultierenden Rechts auf Verwertung und vorzugsweise Befriedigung gegenüber Drittgläubigern

Einer eingehenderen Betrachtung bedarf aufgrund der insoweit sehr unklar formulierten gesetzlichen Regelung die Frage, inwieweit sich das aus dem Pfandrecht resultierende Recht auf Verwertung und vorzugsweise Befriedigung gegenüber Drittgläubigern neben der Hauptforderung auf die Zinsen erstreckt. Art. 2788 c.c. bestimmt hierzu, dass auch die Zinsen für das im Zeitpunkt der vom Pfandgläubiger nach den Vorschriften der Zivilprozessordnung erwirkten Pfändung (*pignoramento*) oder der Zustellung der förmlichen Leistungsaufforderung (*precetto*) gemäß Artt. 479, 480 c.p.c. laufende Jahr erfasst werden. Darüber hinaus fallen, allerdings beschränkt auf die Höhe des gesetzlichen Zinssatzes (Art. 1284 c.c.)[49], diejenigen Zinsen unter das Recht auf vorzugsweise Befriedigung, welche danach bis zum Zeitpunkt des Verkaufs der Pfandsache entstanden sind.

Nach klar überwiegender Auffassung stellt Art. 2788 c.c. keine Einschränkung des erfassten Zinszeitraumes dar. Aus der Verwendung des Wortes „auch" ergebe sich vielmehr, dass die Einbeziehung sämtlicher Zinsen, die vor dem Jahr der Pfändung oder der förmlichen Leistungsaufforderung angefallen sind, vom Gesetzgeber als selbstverständlich vorausgesetzt werde.[50] Insoweit gehe der gesicherte Zinsanspruch des Pfandgläubigers über denjenigen des Hypothekengläubigers, der gemäß Art. 2855 Absatz 2 c.c. auf die zwei der Einleitung der Zwangsveräußerung vorausgehenden Kalenderjahre begrenzt sei,[51] hinaus.[52]

---

[47] Gorla-Zanelli, S. 144.
[48] Siehe hierzu näher unten § 2 IV 1.
[49] Der gesetzliche Zinssatz kann nach Art. 1284 c.c. bis spätestens 15.12. jeden Jahres für das Folgejahr durch Erlass des italienischen Finanzministeriums neu festgelegt werden, zuletzt zum 1.12.2003 auf 2,5 %.
[50] Gorla-Zanelli, *Del pegno*, S. 95; a.A. Pratis, *Della tutela dei diritti. Del pegno*, S. 64.
[51] Siehe auch unten § 2 II 5 a.

Kontrovers betrachtet wird auch die in ihren finanziellen Auswirkungen weniger bedeutende Frage, ob das Pfandrecht sämtliche im Jahr der Pfändung anfallenden oder nur die bis zum Zeitpunkt der Befriedigung des Pfandgläubigers entstandenen Zinsen umfasst. Während die erstgenannte Auffassung ausgehend vom Wortlaut der Norm argumentiert, der Gesetzgeber habe angesichts der geringen finanziellen Unterschiede den zusätzlichen Aufwand einer anteiligen Zinsberechnung für nicht lohnend gehalten,[53] wird diesem entgegengehalten, dass Zinsansprüche generell nur bis zur Erfüllung der Hauptschuld entstehen könnten.[54] Zur Stützung dieser im Ergebnis überzeugenderen Ansicht wird darauf hingewiesen, dass die unklare Formulierung des Art. 2788 c.c. die genannte Differenzierung zwar nicht ausdrücklich vorsehe, aber durchaus eine Auslegung in diesem Sinne zulasse.

Erläuterungs- und auslegungsbedürftig ist auch die Verwendung des aus der allgemeinen Zwangsvollstreckung stammenden Begriffes des *precetto* in Art. 2788 c.c. Gemäß Artt. 479, 480 c.p.c. handelt es sich hierbei um eine Leistungsaufforderung, welche dem Vollstreckungsschuldner vor Einleitung der eigentlichen Zwangsvollstreckung zusammen mit dem Vollstreckungstitel zuzustellen ist. Geht man davon aus, dass die Verwertung der Pfandsache regelmäßig nicht nach den Vollstreckungsvorschriften des *Codice di Procedura Civile*, sondern durch den unkomplizierteren Verkauf nach den speziellen Regeln des Art. 2797 c.c. erfolgt[55], muss man die dort erwähnte Zahlungsaufforderung (*intimazione di pagamento*) dem in Art. 2788 c.c. genannten *precetto* gleichstellen.[56]

Nicht zu überzeugen vermag eine in der Literatur geäußerte aber nicht begründete Auffassung[57], wonach die für das *privilegio* geltende Regelung des Art. 2749 c.c. auch auf das Pfandrecht anzuwenden und dementsprechend die Kosten des Zwangsvollstreckungsverfahrens mit in den Schutzbereich des Pfandrechts einzubeziehen seien.

5. Erlöschen

Zwar ist das Pfandrecht in seinem Bestand grundsätzlich akzessorisch zur gesicherten Forderung.[58] Jedoch ist eine Teilung bzw. Reduzierung des Pfandrechts nach Art. 2799 c.c. nicht möglich, so dass es als Ganzes bestehen bleibt, bis die zugrundeliegende Forderung vollständig beglichen ist, Art. 2794 Absatz 1 c.c.

Eine Ausnahme zum Grundsatz der Unteilbarkeit bildet die bereits erwähnte Vorschrift des Art. 1849 c.c., wonach die im Zusammenhang mit einem Bankvorschuss gewährten

---

[52] Cendon, Art. 2788.
[53] Rubino, *La responsabilità*, S. 191.
[54] Pratis, S. 64.
[55] Vgl. oben unter § 2 I 4 b aa.
[56] Perlingieri, Art. 2788.
[57] Ravazzoni, *Le garanzie*, S. 328.
[58] S. auch oben § 2 I 1.

Pfandsicherheiten proportional zur Höhe der Rückzahlung des Darlehensbetrages von der Bank herauszugeben sind.[59]

Im Gegensatz hierzu ergibt sich eine Ausweitung des Gläubigerschutzes hinsichtlich der Gewährung eines Kreditrahmens durch eine Bank. Da Inhalt der vertraglichen Regelung hier nicht nur die einmalige Gewährung eines Darlehens, sondern die wiederkehrende Möglichkeit der Inanspruchnahme des Kredits ist, erlischt gemäß Art. 1844 Absatz 1 c.c. eine für die Krediteröffnung gewährte dingliche Sicherheit unabhängig vom jeweiligen Bestehen einer Geldforderung erst mit Beendigung des gesamten Vertragsverhältnisses.

6. Pfandrecht in der Schuldnerinsolvenz

a) Einzelverwertung

Gemäß Art. 51 l. fall. sind Einzelvollstreckungsmaßnahmen nach Eröffnung des Insolvenzverfahrens grundsätzlich unzulässig. Inhaber eines Pfandrechts können jedoch, nachdem ihre Forderung als bevorrechtigte festgestellt worden ist, gemäß Art. 53 l. fall. beim Insolvenzgericht die Zulassung der Zwangsveräußerung beantragen. Das Gericht entscheidet nach Anhörung des Insolvenzverwalters und der Gläubigerversammlung über Art[60] und Zeitpunkt des Verkaufs. Alternativ hierzu kann das Gericht den Insolvenzverwalter zum Kauf der Pfandsache ermächtigen.

Umstritten ist die Frage, ob der Erlös des Einzelverkaufs ausschließlich dem Pfandgläubiger zugute kommt,[61] oder ob eine Verteilung nach den noch zu beschreibenden[62] allgemeinen Regeln des Art. 111 l. fall. zu erfolgen hat.[63] Vorzuziehen ist sowohl nach dem Wortlaut als auch nach dem systematischen Zusammenhang der Regelung die erstgenannte Auffassung. So führt der Verkauf nur dann zu der in Art. 53 l. fall. genannten „Realisierung" der pfandrechtlich gesicherten Forderung, wenn der Verkaufserlös, soweit zu dessen Befriedigung notwendig, vollständig dem Pfandgläubiger zufließt. Zudem spricht für eine Verwendung des Verkaufserlös ausschließlich zugunsten des Pfandgläubigers der Umstand, dass diesem die Einzelveräußerung anderenfalls keinen Vorteil gegenüber der ohnehin im Rahmen der allgemeinen Masseverteilung nach Art. 111 l. fall. stattfindenden Berücksichtigung brächte.

Deutlich klarer sind im Vergleich hierzu die Regelungen der deutschen Insolvenzordnung zur Verwertung der gemäß § 50 Absatz 1 InsO von einem Absonderungsrecht er-

---

[59] Hierzu oben § 2 I 4 a aa γ.

[60] Der Verkauf kann entweder über einen Kommissionär, Art. 532 c.p.c. oder durch öffentliche Versteigerung, Art. 534 c.p.c. erfolgen.

[61] Cass. 19.10.1977 n. 4474; Maffei Alberti, *Legge Fallimentare*, Art. 53, I. Rn. 2.; Inzitari; *Comm. SB*, Art. 53, S. 90.

[62] S. unter b.

[63] Trib. Parma 4.5.1974, *D. fall.* 1974, II, 765; Trib. Monza 4.3.1987, *Il fall.* 1987, 1188; Pazzaglia, *D. fall.* 1953, I, 244.

fassten Pfandsache. Hat der Insolvenzverwalter die Pfandsache in seinem Besitz, so kann er die (freihändige) Verwertung selbst vornehmen, § 166 Absatz 1 InsO. Der Verkaufserlös fällt in diesem Fall dem Pfandgläubiger erst nach Abzug der Feststellungs- und Verwertungskosten des Verwalters zu. Überlässt der Insolvenzverwalter die Verwertung hingegen dem Pfandgläubiger, so muss dieser nach § 166 Absatz 2 InsO lediglich die Feststellungskosten an die Masse abführen. Falls die Pfandsache hingegen von vornherein im Besitz des Pfandgläubigers bleibt, hat dieser gemäß § 173 Absatz 1 InsO auch nach Eröffnung des Insolvenzverfahrens ein uneingeschränktes Verwertungsrecht.

b) Masseverteilung

Kommt es nicht zur Einzelverwertung gemäß Art. 53 l. fall., sondern wird das Pfand zugunsten der Masse verwertet, so ist der Pfandgläubiger wie folgt an der Verteilung der Masse zu beteiligen: Art. 111 l. fall. bestimmt unter Nr. 1 zunächst den absoluten Vorrang der Verfahrenskosten und verweist hinsichtlich des Erlöses aus der Verwertung der belasteten Gegenstände unter Nr. 2 i.V.m. Art. 54 l. fall. auf die allgemein in Art. 2748 und Art. 2777 ff. c.c. geregelte Rangordnung zwischen den einzelnen Vorzugsrechten. Konkret ergibt sich aus Art. 2748 c.c., dass der Pfandgläubiger gegenüber dem Inhaber eines Vorzugsrechts (*privilegio)* vorrangig berücksichtigt wird, seine Befriedigung somit unmittelbar nach Begleichung der Verfahrenskosten erfolgt.[64] Den Umfang der Berücksichtigung regelt Art. 54 Absätze 1, 2 l. fall. i. V. m. Art. 2788 c.c. Hiernach wird die pfandrechtlich gesicherte Forderung bis einschließlich zum Jahr der Insolvenzeröffnung zum vertraglich vorgesehenen Zinssatz, danach bis zur Verwertung der Pfandsache zu dem in Art. 1284 c.c. festgelegten gesetzlichen Satz verzinst.[65]

Falls der Verwertungserlös aus der Pfandsache zur Befriedigung des Pfandgläubigers nicht ausreicht, wird dieser hinsichtlich seiner Restforderung gemäß Art. 54 Absatz 1 2. Halbsatz l. fall. i.V.m. Art. 111 Nr. 3 l. fall. den allgemeinen Insolvenzgläubigern gleichgestellt.

7. Besondere Arten des Pfandrechts

a) Das Schinkenpfandrecht (*pegno sui prosciutti*), l. 24 luglio 1985, n. 401

Ein von den allgemeinen Vorgaben des *Codice Civile* zumindest teilweise abweichendes spezifisches Sicherungsrecht hat der italienische Gesetzgeber im Jahre 1985 mit den *Norme sulla costituzione di pegno sui prosciutti a denominazione d'origine tutelata*[66] (im Folgenden „l.p.p“) geschaffen.

---

[64] S. zur Frage der Rangfolge auch unter § 2 III 4 b.
[65] S. hierzu auch oben unter § 2 I 4 c.
[66] Veröffentlicht in der Gazzetta Ufficiale n. 187 vom 9.8.1985.

aa) Ursprung

Beweggrund für die Schaffung des neuen Gesetzes war die zunehmende Bedeutung des Handels mit bestimmten hochwertigen Schinkenarten, insbesondere durch die Ausweitung auf den nordamerikanischen Markt und der hiermit verbundene erhöhte Bedarf an Investitionskapital seitens der Schinkenproduzenten.[67] Eine der Kreditsicherung dienende Verpfändung der zum Teil noch im Reifungsprozess befindlichen Schinkenstücke nach den allgemeinen Regeln, d.h. unter anderem mit Besitzübertragung auf den Gläubiger, ist in diesem Marktbereich gänzlich unpraktikabel, da die Produktion der Schinken sowohl eine spezielle Lagerung als auch die Überwachung durch geschultes Personal erfordert.[68]

bb) Mögliche Pfändungsgegenstände und Pfandrechtsbesteller

Anwendbar sind die spezifischen Normen des Schinkenpfandrechts nur auf Schinken mit geschützter Herkunftsbezeichnung, konkret den „Prosciutto di Parma", „Prosciutto di San Daniele" und „Prosciutto veneto berico-euganeo".[69] Demzufolge kommen gemäß Art. 1 l.p.p. als Verpfänder nur solche Produzenten in Betracht, welche die zur Bestimmung dieser Schinkenarten dienenden gesetzlichen Vorgaben erfüllen. Der Umstand, dass die Regelungen zum Schinkenpfandrecht lediglich die Verpfändung durch den Schuldner selbst, nicht aber durch Dritte, vorsehen, entspricht dem bereits erwähnten spezifischen Gesetzeszweck, den Schinkenproduzenten die Beschaffung von Finanzierungskapital zu ermöglichen.

cc) Bestellung

Ebenfalls nach Art. 1 l.p.p. erfolgt die Bestellung des Pfandrechts durch die Kennzeichnung des einzelnen Schinkens und die durch Ministerialerlasse[70] näher geregelte Eintragung in ein eigens dafür vorgesehenes, für jeden Gläubiger einzeln anzulegendes Register. Zusätzlich erfolgt die Eintragung in ein offen zugängliches, bei der jeweiligen gewerblichen Niederlassung befindliches Gesamtverzeichnis, so dass eventuelle pfandrechtliche Belastungen hinsichtlich aller in einer Niederlassung gelagerten Schinken sofort ersichtlich sind.[71]

Das Pfandrecht kann ausschließlich aufgrund einer vertraglichen Vereinbarung entstehen. Eine Bestellung kraft Gesetzes oder durch gerichtliche Anordnung, wie sie im Zusammenhang mit der Hypothek durch die Artt. 2817 f. c.c. geregelt wird, ist im Rahmen der l.p.p. hingegen nicht vorgesehen. Auch dies entspricht der Ratio des Gesetzes, das in erster Linie nicht eine Erweiterung der möglichen Zwangsvollstreckungsmaßnahmen

---

[67] Vgl. Costantino/Jannarelli, *La costituzione di pegno sui prosciutti*, S. 542.
[68] Siehe auch Gabrielli, *Il pegno „anomalo"*, S. 18 f.
[69] Vgl. Gesetze Nrn. 506 und 507 vom 4.7.1970 und Nr. 628 vom 4.11.1981.
[70] Ministerialerlass vom 30.10.1985, veröffentlicht in der Gazzetta Ufficiale Nr. 272 vom 19.11.1985 und Ministerialerlass vom 30.11.1985, veröffentlicht in der Gazzetta Ufficiale Nr. 286 vom 5.12.1985.
[71] Vgl. Art 10 Präsidialerlass Nr. 83 vom 3.01.1978 und Art. 10 Präsidialerlass Nr. 307 vom 23.2.1982.

bezweckt, sondern dem noch aktiven Produzenten finanzielle Handlungsfähigkeit verleihen soll.[72]

dd) Rechtsnatur

Schwierig ist die genaue dogmatische Einordnung des Schinkenpfandrechts und die hieraus folgende Bestimmung der anzuwendenden Normen.

α) Pfandrecht oder Hypothek?

Hinsichtlich der Frage nach dem nächstliegenden allgemeinen Rechtsinstitut mag eine gewisse Vorgabe sowohl in der Bezeichnung als *pegno* als auch in der Tatsache zu sehen sein, dass Art. 7 l.p.p. die Anwendbarkeit der Regeln über das Pfandrecht bestimmt, soweit diese passend sind.

Jedoch finden sich wesentliche Elemente, in denen das spezielle Sicherungsrecht eine größere Nähe zur Mobiliarhypothek aufweist. In diesem Zusammenhang vor allem zu nennen sind das Fehlen des Erfordernisses der Besitzaufgabe und als zwingende Folge die notwendige Registereintragung. Denn während bei der Bestellung des allgemeinen Pfandrechts die für den Schutz des Gläubigers gegenüber Dritten unerlässliche Publizität der Belastung durch die Übergabe der Pfandsache an den Gläubiger oder einen von diesem bestimmten Dritten erreicht wird, folgt die Außenwirkung des hier beschriebenen *pegno sui prosciutti* aus dessen Vermerk in den dafür vorgesehenen Verzeichnissen.

In der Praxis wichtiger als diese Tatsache selbst ist die sich aus ihr ergebende Konsequenz, dass der belastete Schinken als Teil des beim Schuldner vorhandenen Vermögens dem Zugriff dritter, die Zwangsvollstreckung betreibender Gläubiger ausgesetzt ist. Wie sich hieraus ergebende Konflikte zwischen dem Pfandrechtsinhaber und den Vollstreckungsgläubigern lösen lassen, wird noch Gegenstand eingehender Untersuchung sein.[73]

Im Vergleich zu den genannten Punkten erscheinen folgende rein formale Unterschiede zur Mobiliarhypothek eher unwesentlich. So bezieht sich diese, wie etwa im Zusammenhang mit Kraftfahrzeugen, nur auf Gegenstände, die schon im Vorfeld der sicherungsrechtlichen Belastung der Registerpublizität unterlagen. Dagegen erfordert die Bestellung des Schinkenpfandrechts zusätzlich die Kennzeichnung des jeweiligen Schinkenstücks.

Eine generelle Bestimmung der anzuwendenden Vorschriften ist demgemäß nicht möglich. Vielmehr bleibt hinsichtlich der im einzelnen auftretenden Fragen zu prüfen, ob die Berufung auf die Regelungen zum Pfandrecht über Art. 7 l.p.p. praktikabel erscheint

---

[72] Vgl. auch Costantino/Jannarelli, S. 546.

[73] S. unter § 2 I 7 a ee δ.

oder ob aufgrund der größeren strukturellen Nähe eine Anwendung der Hypothekenvorschriften im Wege der Analogie vorzuziehen ist.[74]

β) Entstehungszeitpunkt des Pfändungsobjekts

Eine weitere, im Gesetz selbst nicht geregelte Problematik ergibt sich aus der Tatsache, dass das Objekt des hier untersuchten Rechts ausschließlich der fertige Schinken mit geschützter Herkunftsbezeichnung ist, während die Pfandrechtsbestellung im Allgemeinen bereits während der Produktion, also an den noch nicht zum Schinken verfeinerten Schweinekeulen vorgenommen wird. Im Rahmen der Frage, wie eine solche Belastung eines künftigen Gutes zu behandeln sei, ist vor allem zu prüfen, ob die Bestellung des Sicherungsrechtes auch schon vor der Entstehung des fertigen Schinkens gewisse rechtliche Wirkungen erzeugt.

ee) Rechtliche Folgen

α) Gläubigerrechte und Schuldnerpflichten zur Gewährleistung des Produktionsablaufs

Gemäß den Ministerialerlassen[75] zum Gesetz über das Schinkenpfandrecht kann das Sicherungsrecht ab dem Zeitpunkt bestellt und eingetragen werden, in dem die Schweinekeulen mittels eines speziellen Siegels ihre Bestimmung erhalten, nach Abschluss eines bestimmten Produktionsverfahrens zum „Schinken mit geschützter Herkunftsbezeichnung" zu werden. Hierin liegt eine Abweichung von Art. 2823 c.c., nach welchem eine für eine künftige Sache bestellte Hypothek erst dann wirksam eingetragen werden kann, wenn die Sache zur Existenz gelangt ist.

Naturgemäß hat der bereits vor Entstehung des fertigen Produkts eingetragene Sicherungsgläubiger ein schützenswertes Interesse daran, dass das Pfandobjekt plangemäß seinen Status als „Schinken mit geschützter Herkunftsbezeichnung" erreicht. In diesem Zusammenhang ist der Verpfänder verpflichtet, die gesetzlichen Verarbeitungsvorschriften einzuhalten und unterliegt insoweit wie ein Verwahrer dem Sorgfaltsmaßstab „des guten Familienvaters"[76], Art. 2 Absatz 1 l.p.p. i.V.m. Art 1768 c.c.

Als Entsprechung zu dieser Verpflichtung des Verpfänders bestimmt Art. 2 Absatz 2 l.p.p. das Recht des Sicherungsgläubigers, die Einhaltung der für eine ordnungsgemäße Verarbeitung notwendigen Voraussetzungen durch den jeweiligen Gewahrsamsinhaber zu kontrollieren. In Ergänzung hierzu hat der Gläubiger nach Art. 5 l.p.p. die Möglichkeit, die Beschlagnahme des Pfandgutes zu veranlassen, falls der Gewahrsamsinhaber entweder seinen Sorgfaltspflichten hinsichtlich der Verarbeitung nicht nachkommt, oder ein sonstiger schwerwiegender Grund besteht. Will man dem in der allgemeinen Formu-

---

[74] So auch Costantino/Jannarelli, S. 544; a.A. Capaldo, *Osservazioni su un'ipotesi legislativa di pegno senza spossessamento*, in Dir. banc. 1987, I, 462, der unter Berufung auf den Wortlaut von Art. 7 l.p.p. von der ergänzenden Anwendbarkeit ausschließlich der Pfandrechtsvorschriften ausgeht.

[75] Erlass vom 30.10.1985, veröffentlicht in der Gazzetta Ufficiale n. 272 vom 19.11.1985; Erlass vom 30.11.1985, veröffentlicht in der Gazzetta Ufficiale n. 286 vom 5.12.1985.

[76] Vgl. hierzu oben § 2 I 4 a aa α αα.

lierung von Art. 5 l.p.p. zum Ausdruck kommenden Bestreben des Gesetzgebers nachkommen und dem Interesse des Sicherungsgläubigers an der Entstehung der eigentlichen Pfandsache umfassenden Schutz gewähren, muss man ein Recht zur Beschlagnahme aus einem sonstigen Grund zumindest dann annehmen, wenn das noch unfertige Produkt von seiner Produktionsstätte entfernt wird und eine ordnungsgemäße Lagerung durch den neuen Besitzer nicht gewährleistet ist.[77]

Bedeutung erlangt das Recht zur Beschlagnahme auch in strafrechtlicher Hinsicht. Denn durch Art. 9 l.p.p. werden primär nur die Fälschung, der unberechtigte Gebrauch und die unberechtigte Löschung der Pfandkennzeichnung strafrechtlich sanktioniert. Widersetzt sich jedoch der Verpfänder den im Rahmen der Beschlagnahme getroffenen richterlichen Anordnungen, erfüllt er hierdurch die Straftatbestände der Artt. 388 und 388-bis c.p. Folgt hieraus zwar kein unmittelbarer Vorteil für den Gläubiger, so erhöht sich aus der strafrechtlichen Erfassung aber doch der Druck auf den Verpfänder, der Vollendung des Produktionszyklus nicht entgegenzuwirken.

Keine Schwierigkeiten bereitet im Zusammenhang mit den genannten Präventivmaßnahmen die Frage, zu welchem Zeitpunkt die spezifischen Befugnisse des Gläubigers entstehen. Da durch die Überwachung der Verarbeitung die Entstehung des fertigen Produkts gerade erst gesichert werden soll, muss dem Gläubiger die Ausübung seiner Rechte bereits ab Eintragung des Pfandes und Kennzeichnung der Schweinekeulen gewährt werden.

Eine allgemeingesetzliche Parallele zu der in Artt. 2 Absatz 2 und 5 l.p.p. enthaltenen Zwecksetzung findet sich in der Vorschrift des Art. 1356 c.c. Hiernach kann derjenige, der einen Gegenstand unter einer aufschiebenden Bedingung erwirbt, bereits vor Eintritt der Bedingung, beispielsweise durch eine Sicherungsbeschlagnahme gemäß Art. 2905 c.c., Maßnahmen zum Schutz des erworbenen Gegenstandes ergreifen.[78]

β) Allgemeine Folgen des Untergangs oder der Verschlechterung der Pfandsache

Nicht praktikabel ist, da der Gewahrsam am Schinken beim Verpfänder verbleibt, eine Anwendung der generell für den Untergang oder die Verschlechterung eines Pfandgegenstandes geltenden Regelungen des *Codice Civile*. Insbesondere die in Art. 2790 c.c. enthaltene Haftungsbestimmung zu Lasten des Gläubigers geht offensichtlich davon aus, dass die Pfandsache in dessen Besitz übergegangen ist.

Vielmehr bietet sich auch hier die Zuhilfenahme der sachlich näher liegenden Hypothekenvorschriften an.[79] Mangels Besitzes haftet der Gläubiger nicht für den Untergang der Sache. Der Verpfänder ist, soweit er durch sein Verhalten die Gefahr des Untergangs oder der Verschlechterung der Sache begründet, entsprechend Art. 2813 c.c einem Un-

[77] Vgl. hierzu Costantino/Jannarelli, S. 554.
[78] Vgl. hierzu Cian/Trabucchi, Art. 1356 II. Rn. 1.
[79] So auch Costantino/Jannarelli, S. 547.

terlassungsanspruch des Pfandgläubigers ausgesetzt. Für den Fall, dass die Pfandsache gegen den Untergang versichert war, gehen die Ansprüche gegen den Versicherer unabhängig von Verschuldensfragen gemäß der für alle dinglichen Sicherungsrechte geltenden Vorschrift des Art. 2742 Absatz 1 c.c. auf den Pfandgläubiger über. Ansonsten bestimmt Art. 2878 Nr.4 c.c. als Folge des Untergangs das Erlöschen des Sicherungsrechts.

Während Art. 2813 c.c. vor Abschluss des Produktionszyklus neben den genannten Spezialvorschriften der Artt. 2 und 5 l.p.p. keine praktische Bedeutung zukommt, ist kein Grund ersichtlich, die genannten Rechtsfolgen der Artt. 2742 Absatz 1 und 2878 Nr. 4 c.c. nicht bereits ab Entstehung des Pfandrechts anzuwenden.[80]

γ) Verkauf der Schweinekeulen durch den Schuldner

Gemäß Art. 3 l.p.p. darf der Besitz an den verpfändeten Schinken im Rahmen einer Veräußerung nur dann an Dritte übertragen werden, wenn die Hauptschuld bereits beglichen wurde oder der Pfandgläubiger der Übergabe mittels entsprechender Registereintragung zugestimmt hat. Nicht betroffen wird hierdurch die Eigentumsübertragung, welche im italienischen Recht mangels Trennungsprinzips durch den bloßen Abschluss des Kaufvertrages erfolgt (Artt. 1470, 1376 c.c.).[81]

αα) Normzweck

Angesichts des Umstandes, dass das eingetragene Schinkenpfandrecht unabhängig von seiner genauen rechtlichen Einordnung zu einer dinglichen Belastung der Pfandsache führt, die grundsätzlich unabhängig vom jeweiligen Besitzer (und Eigentümer) bestehen bleibt, mag sich zunächst die Frage nach Sinn und Zweck der in Art. 3 l.p.p. bestimmten Einschränkung stellen. Zieht man jedoch in Betracht, dass einerseits die Veräußerung des belasteten Gegenstandes ohne örtliche Beschränkung an meist nicht mehr zu ermittelnde Käufer erfolgen kann, andererseits das Pfandrecht durch den Untergang der Pfandsache, insbesondere durch den bestimmungsgemäßen Verzehr des Schinkens, untergeht (Art. 2878 Nr. 4 c.c.), wird das faktische Interesse des Pfandgläubigers an der Veräußerungsbeschränkung deutlich.

ββ) Anwendungsbereich

Unproblematisch greift das Verbot der Übergabe gemäß Art. 3 l.p.p. auch dann ein, wenn zwar der Verkauf die noch im Reifungsprozess befindlichen Schweinekeulen, die tatsächliche Übergabe (*tradizione*) aber schon den fertigen Schinken zum Objekt hat. Untersagt ist nämlich, wie eben erwähnt, nicht das Rechtsgeschäft des Verkaufs an sich, sondern lediglich der diesem folgende Realakt der Übergabe.[82]

---

80 So auch Costantino/Jannarelli, S. 547.

81 S. auch unten § 2 IV 1 c.

82 Costantino/Jannarelli, S. 548; Gabrielli, *Il pegno anomalo*, S. 22 Fn. 40.

Nach dem Wortlaut von Art. 3 l.p.p. hingegen nicht geregelt ist, da dieser nur von Schinken *(prosciutti)* und nicht von Schweinekeulen spricht, die Übergabe vor Abschluss des Reifungsprozesses. Zieht man jedoch die Verwendung dieses Ausdrucks in den weiteren Artikeln des Gesetzes, insbesondere in Art. 2 Absatz 1 l.p.p. in Betracht, der die noch in Bearbeitung befindlichen *prosciutti* erwähnt, wird deutlich, dass allein aus dem Wortlaut nicht auf den Willen des Gesetzgebers geschlossen werden kann, hinsichtlich der grundsätzlichen Geltung des Übergabeverbots nach dem Produktionsstadium zu differenzieren. Vielmehr muss man, möchte man der Belastung des unfertigen Produktes nicht jegliche Wirkung nehmen, davon ausgehen, dass die Vorschrift nach ihrem Sinn und Zweck bereits vor Abschluss des Produktionszyklus Anwendung finden soll.[83]

γγ) Rechtsfolgen

Noch nicht beantwortet ist damit freilich die Frage, welche Konsequenzen ein Verstoß gegen Art. 3 l.p.p. im jeweiligen Fall nach sich zieht. Wird die ordnungsgemäße Lagerung nach der *tradizione* nicht unmittelbar fortgesetzt und der Reifungsprozess demgemäss mit endgültiger Wirkung unterbrochen, hat dies zunächst nach der bereits erwähnten Vorschrift des Art. 2878 Nr. 4 c.c. das automatische Erlöschen des Sicherungsrechtes zur Folge.

Kommt es hingegen beim Erwerber zur Entstehung der fertigen Schinken, bietet sich, da die Hypothekenvorschriften in diesem Zusammenhang eine passende Lösung bereithalten, eine analoge Anwendung der Artt. 2808 Absatz 1, 2910 Absatz 2 c.c., 602 c.p.c. an.[84] Hiernach bleibt das Pfandrecht dem Erwerber gegenüber vollumfänglich bestehen. Der Pfandgläubiger kann gegen diesen im Wege der Zwangsvollstreckung gemäß Artt. 543 ff. c.p.c. vorgehen.

Gerade im Fall des Untergangs des Sicherungsrechtes drängt sich aber die Frage nach einer zusätzlichen Bedeutung des in Art. 3 l.p.p. geregelten Verbots auf. Als Haftungssubjekt von Interesse ist hierbei nicht der Schuldner selbst, da dieser ohnehin aus dem Grundgeschäft zur Zahlung des Forderungsbetrages verpflichtet ist, sondern der Erwerber als zusätzlicher Schuldner für den Fall eines nötigen Rückgriffs.

Zieht man den im Vergleich zum deutschen Recht sehr weiten Deliktsbegriff in Art. 2043 c.c. in Betracht, nach dem jeder auf Schadensersatz haftet, der einem anderen durch Verletzung einer Pflicht vorsätzlich oder fahrlässig einen Schaden zufügt, kann man der Spezialvorschrift des Art. 3 l.p.p., soweit das Sicherungsrecht untergeht, die Konsequenz einer Haftungsbegründung für den Erwerber des mit Pfandstempel versehenen Schinkens entnehmen. Der zu ersetzende Schaden realisiert sich hierbei dann, wenn die nunmehr ungesicherte Schuld aus dem Grundgeschäft nicht erfüllt wird und be-

---

[83] So auch Costantino/Jannarelli, a.a.O.

[84] So auch Gabrielli, S. 22 Fn. 40.

stimmt sich in der Höhe nach dem Wert der untergegangenen Pfandsache. Insoweit haftet der Erwerber gemäß Artt. 2043, 2740 c.c. mit seinem gesamten Vermögen.[85]

Um dem Interesse des Gläubigers an einem ordnungsgemäßen Produktionsablauf umfassend Genüge zu tun, muss Art. 3 l.p.p mittels teleologischer Erweiterung auch in den Fällen Anwendung finden, in denen die Übergabe an einen Dritten nicht aufgrund eines Kaufvertrages stattfindet. Denn für das Schutzbedürfnis des Gläubigers ist die *causa* der Übergabe irrelevant.[86]

Anders ist die Rechtslage dann, wenn der Pfandgläubiger der Übergabe zugestimmt hat und diese Zustimmung im Pfandregister eingetragen ist. Zwar bleibt auch in diesem Fall das Pfandrecht gegenüber dem Erwerber bestehen. Geht die Pfandsache jedoch unter oder wird sie beschädigt, erscheint es angemessen, die Haftung des Erwerbers in entsprechender Anwendung der für Hypothekengegenstände geltenden Regelung des Art. 2864 Absatz 1 c.c. nur dann auf sein gesamtes Vermögen zu erstrecken, wenn er den Untergang oder die Verschlechterung zumindest grob fahrlässig herbeigeführt hat.

Da das Pfandrecht in seiner Wirkung durch die Eigentumsübertragung nicht beeinträchtigt wird, gehen für den Fall, dass die Schweinekeulen im Rahmen des Verkaufs durch den Erwerber in eine neue gewerbliche Niederlassung verbracht werden, die Sorgfaltspflichten des Schuldners hinsichtlich der Aufbewahrung aus Art. 2 Absatz 1 l.p.p. auf den Erwerber über. Gleichzeitig behält der Gläubiger das Recht gemäß Art. 2 Absatz 2 l.p.p., die Einhaltung dieser Sorgfaltspflichten zu überprüfen.[87]

δ) Verhältnis zu anderen Gläubigern

Die Frage, inwieweit das Schinkenpfandrecht eventuellen Zwangsvollstreckungsmaßnahmen anderer Gläubiger entgegengehalten werden kann, richtet sich nach der allgemein für die Pfändung geltenden Vorschrift des Art. 2916 c.c. Hiernach hat das Sicherungsrecht überhaupt nur Relevanz, wenn es vor der Zwangsvollstreckungsmaßnahme des anderen Gläubigers entstanden war. Strittig ist in diesem Zusammenhang jedoch, ob die genannten allgemeinen Voraussetzungen für die Entstehung des Pfandrechts auch dafür ausreichen, dieses Dritten entgegenzuhalten. So bestimmt der bereits erwähnte Art. 2704 c.c., dass Datierungen in Privaturkunden nur bei Vorliegen bestimmter zusätzlicher Elemente Außenwirkung erzeugen.[88] Demgemäß wird zum Teil vorgeschlagen, eine Abschrift der Pfandrechtsverzeichnisse bei der jeweils zuständigen Handelskammer oder Gemeinde zu hinterlegen.[89]

Unabhängig von der Tatsache, dass die Umwandlung der ohnehin zu führenden Register in drittwirksame öffentliche Urkunden auch mittels amtlicher Beglaubigung erreicht

---

[85] Vgl. Alpa/Bessone, *Atto illecito e interessi tutelati*, Tr. Rescigno, Bd. 14, S. 122 ff. und 163 ff.
[86] Costantino/Jannarelli, S. 549.
[87] So auch Costantino/Jannarelli, S. 549.
[88] Siehe oben § 2 I 3 a.
[89] Guarneri, *Il pegno si adatta ai prosciutti*, in Corriere giur. 1985, S. 904.

werden kann (Art. 2699 c.c.), drängt sich die Frage auf, ob sich die Drittwirkung vorliegend nicht bereits aus Art. 2704 c.c. ergibt. Denn dieser Vorschrift gemäß reicht jede zusätzliche Tatsache aus, aus der sich der zeitliche Vorrang des im Verzeichnis aufgeführten Rechtes sicher ergibt. Eine solche Tatsache folgt hier aus der zum Zeitpunkt der Pfändung bereits auf den Schweinekeulen selbst angebrachten Kennzeichnung, die zur Bestellung des Pfandrechts nach Art. 1 l.p.p. erforderlich war.[90]

Geht man somit von einer grundsätzlichen Drittwirksamkeit aus, stellt sich die Frage, welche konkreten Wirkungen das hier zu untersuchende Sicherungsrecht im Rahmen der Zwangsvollstreckung durch Dritte hat.

aa) Zeitraum vor Abschluss des Produktionszyklus

Besonderheiten ergeben sich auch in diesem Zusammenhang daraus, dass das eigentliche Objekt der Sicherung erst der fertige Schinken mit geschützter Herkunftsbezeichnung darstellt. Zwar stehen dem Gläubiger auch schon vor Abschluss des Produktionszyklus gewisse, im Anschluss noch näher zu erläuternde Kontrollrechte gegenüber dem Verpfänder zu, eine Vollstreckung aus dem speziellen Sicherungsrecht ist in diesem Zeitraum aber noch nicht möglich. Völlig schutzlos ist der Sicherungsgläubiger jedoch auch in dieser Phase nicht. So bestimmt Art. 2919 c.c., dass der Käufer einer im Rahmen eines Zwangsvollstreckungsverfahrens veräußerten Sache diese nur belastet mit denjenigen Rechten erhält, denen bereits der Vollstreckungsschuldner ausgesetzt war. Da ein gutgläubig lastenfreier Erwerb angesichts der Kennzeichnung der Schweinekeulen nicht in Betracht kommt, unterliegt der jeweilige Eigentümer dem Sicherungsgläubiger gegenüber den Verwahrungspflichten aus Art. 2 Absatz 1 und Art. 5 l.p.p. Daneben steht letzterem gemäß Art. 2 Absatz 2 l.p.p. das Recht zu, die ordnungsgemäße Lagerung zu kontrollieren. Zwar verwendet der Gesetzgeber auch in den ebengenannten Vorschriften die Bezeichnung *prosciutto*. Jedoch würde eine Beschränkung ihres Anwendungsbereichs auf den Zeitraum nach Abschluss der Produktion dem Zweck der Regelungen, die ja gerade einen ordnungsgemäßen Ablauf des Produktionszyklus sichern sollen, zuwiderlaufen. Im Wege der gebotenen teleologischen Auslegung sind demgemäß sowohl die Verwahrungspflichten als auch die Kontrollrechte bereits hinsichtlich der Schweinekeulen zu bejahen.[91]

Sollte das Vollstreckungsgericht im Rahmen der Eigentumsübertragung gemäß Art. 164 der Ausführungsbestimmungen zum *Codice di Procedura Civile* die Löschung des Pfandrechts betreiben, welche nach Art. 2878 Nr. 7 c.c. zwingend den Untergang des Sicherungsrechts mit sich bringen würde, kann der Sicherungsgläubiger hiergegen mit der Vollstreckungsabwehrklage (Art. 617 c.p.c.) vorgehen.

---

[90] So auch Costantino/Jannarelli, S. 550.

[91] So auch Costantino/Jannarelli, S. 550.

ββ) Zeitraum nach Abschluss des Produktionszyklus

Teilweise umstritten ist die Rechtslage, in der sich der gesicherte Gläubiger nach der Entstehung des Pfandobjekts befindet. So folgt zwar zunächst eindeutig aus Art. 498 c.p.c., dass der Sicherungsgläubiger vom Vollstreckungsgläubiger über die geplante Vollstreckungshandlung zu informieren ist. Inwieweit jedoch die Zwangsvollstreckung tatsächlich verhindert werden kann, wird kontrovers beurteilt.

In einem Urteil vom 29. April 1969 hat der Kassationshof[92] einem mit einem vergleichbaren Sicherungsrecht[93] ausgestatteten Gläubiger das Recht zugestanden, gegen die Vollstreckung eines Dritten durch Drittwiderspruchsklage nach Art. 619 c.p.c. vorzugehen. Dieser Entscheidung wurde entgegengehalten, der Sinn des speziellen Sicherungsrechtes liege nicht darin, das gesicherte Gut gänzlich der Zwangsvollstreckung seitens Dritter zu entziehen, sondern in der bevorrechtigten Berücksichtigung des Sicherungsgläubigers bei der Verteilung des Vollstreckungserlöses.[94] Ein Teil der Lehre verneint mit der gleichen Argumentation die Anwendbarkeit des Art. 619 c.p.c. auf das Schinkenpfandrecht.[95] Dem ist jedoch nicht zuzustimmen. Da es sich bei dem *pegno sui prosciutti* unabhängig von dessen genauer dogmatischer Einordnung um ein auf der Sache lastendes, somit dingliches Recht handelt, kann es nach dem klaren Wortlaut des Art. 619 c.p.c. der Vollstreckung durch einen Dritten entgegengehalten werden. Spielraum für eine einschränkende Auslegung besteht insoweit nicht. Erwähnt sei in diesem Zusammenhang auch, dass das eigentliche, nach den Artt. 2784, 2786 c.c. entstandene Pfandrecht im italienischen Recht unstreitig die Grundlage einer Drittwiderspruchsklage bilden kann. Abgesehen von dem Umstand, dass Art. 619 c.p.c., anders als die entsprechende deutsche Regelung des § 771 ZPO keine Einschränkung auf „ein die Veräußerung hinderndes Recht" vornimmt, wird a fortiori mit der Vorschrift des Art. 2789 c.c. argumentiert, wonach der Pfandrechtsinhaber sowohl aus eigenem Besitzrecht als auch aus abgeleitetem Eigentumsrecht die Herausgabe der Pfandsache verlangen kann.[96]

Dies ändert jedoch nichts an der Tatsache, dass der Pfandgläubiger als Inhaber eines eingetragenen Vorzugsrechts auch die Möglichkeit hat, sich der Zwangsvollstreckung als solcher nicht zu widersetzen, sondern dieser gemäß Art. 499 c.p.c. beizutreten, was wiederum zur Folge hat, dass er nach den allgemeinen Regeln an der Verteilung des Veräußerungserlöses teilnimmt, Art. 500 c.p.c.

Probleme scheinen sich hinsichtlich der letztgenannten Alternative dann zu ergeben, wenn die dem Sicherungsrecht zugrundeliegende Forderung zum Zeitpunkt der fremden Vollstreckungshandlung noch nicht fällig ist. Denn gemäß Art. 525 c.p.c. setzt ein Bei-

---

[92] Cass. 29.4.1969, n. 1382, Foro it. 1969, I, 2229.
[93] Spezielles Vorzugsrecht an Bodenerträgen zur Sicherung eines landwirtschaftlichen Darlehens gemäß Art. 2766 c.c. (Vorschrift aufgehoben durch Art. 161 des Gesetzesdekrets Nr. 385 vom 1. September 1993).
[94] Vgl. Andrioli, *Aspetti processuali delle garanzie del credito agrario*, in Riv. dir. proc. 1975, 678 ff.
[95] Siehe beispielsweise Costantino/Jannarelli, S. 551.
[96] Vgl. Florino, Anm. zu Cass. 29.4.1969, n. 1382, Foro it. 1969, I, 2231 m.w.N.

tritt zur Zwangsvollstreckung grundsätzlich die Fälligkeit der eigenen Forderung voraus. Jedoch greift hier Art. 1186 c.c. ein: Zugunsten des Sicherungsgläubigers tritt die Fälligkeit unabhängig von abweichenden Vereinbarungen in dem Moment ein, in dem der realisierbare Wert des Sicherungsgutes durch die Drittvollstreckung gefährdet wird.[97]

Was die Reihenfolge der Befriedigung aus dem Verwertungserlös des Sicherungsgutes betrifft, so gelten die allgemeinen Regeln. Die durch das Pfandrecht geschützten Gläubiger gehen den einfachen Gläubigern vor. Hinsichtlich des Verhältnisses zwischen mehreren Pfandgläubigern bietet sich angesichts der vergleichbaren Sachlage, insbesondere in Betreff der Publizitätsvoraussetzungen, die Anwendung der Hypothekenvorschriften, konkret des Art. 2852 c.c., an. Hiernach findet derjenige Gläubiger vorrangig Befriedigung, dessen Recht zuerst im Pfandregister eingetragen wurde.

Praktische Schwierigkeiten für den nachrangigen Gläubiger ergeben sich bei einer Mehrzahl von Gläubigern jedoch bezüglich der Durchführung der Verwertung. Da ein eigenhändiger Verkauf nach Artt. 2796, 2797 c.c. durch jeweils vorrangige Gläubiger nach Art. 617 c.p.c. verhindert werden kann, ist die freie Verwertung nur bei einer Einigung aller beteiligten Sicherungsgläubiger möglich. Ansonsten besteht nur die Option einer im allgemeinen wesentlich weniger einträglichen Verwertung durch Gericht gemäß Artt. 2910 c.c. und 501 ff. c.p.c.

ε) Mögliche Arten der Zwangsvollstreckung für den Sicherungsgläubiger

Besteht kein Konkurrenzverhältnis mit weiteren Gläubigern, so hat der Pfandrechtsinhaber die Wahl zwischen den nachfolgenden Verwertungsmöglichkeiten.

aa) Zuweisung

Gemäß Art. 2798 c.c., auf den in Art. 3 Absatz 2 l.p.p. explizit verwiesen wird, kann der gesicherte Gläubiger nach Abschluss des Produktionszyklus und bei zusätzlicher Fälligkeit der Hauptforderung jederzeit verlangen, dass ihm das Eigentum an der Pfandsache durch den Richter an Zahlungs Statt zugewiesen werde. Jedoch besteht dieses Recht nur insoweit, als der Wert der Pfandsache die Forderung nicht übersteigt.

Die Vereinbarung eines bei Zahlungsverzug automatisch, d.h. ohne richterlichen Akt, eintretenden Eigentumsüberganges würde einen Verstoß gegen das in Art. 2744 c.c. normierte Verbot der Verfallsabrede darstellen und ist somit nicht zulässig.[98] Jedoch hat der Kassationshof allgemein hinsichtlich der Vollstreckung aus einem Pfandrecht gemäß Art. 2798 c.c. entschieden, dass die Zuweisung ohne vorhergehende Erwirkung eines Titels unmittelbar durch ein erkennendes Gericht erfolgen kann.[99]

---

[97] Vgl. hierzu auch Costantino, *Le espropriazioni forzate speciali. Lineamenti generali*, S. 243 ff.
[98] Siehe auch Roppo, *La responsabilità*, S. 433 ff.
[99] Cass. 10.8.1973, n. 2331, Foro it. 1974, I, 1760.

ββ) Vorzeitiger Verkauf

Ist eine Verschlechterung des Sicherungsgutes in der Weise zu befürchten, dass sein Wert zur Deckung der Forderung möglicherweise nicht mehr ausreichen werde, können bereits vor Fälligkeit sowohl der Gläubiger als auch der Schuldner gemäß Artt. 6 Absatz 1 l.p.p., 2795 c.c. vom Richter die Ermächtigung zum Verkauf des Sicherungsgutes verlangen. Nach Art. 6 Absatz 2 l.p.p. und in Abweichung zu Art. 2795 c.c. ist, soweit sich die Parteien hierauf schriftlich einigen, der vorzeitige Verkauf auch ohne richterliche Ermächtigung möglich.

Auch diese Art der Zwangsvollstreckung setzt jedoch voraus, dass das eigentliche Pfändungsobjekt, nämlich der fertige Schinken, zur Entstehung gelangt ist. Da vor diesem Zeitpunkt ein rechtlicher Grund für die bevorrechtigte Behandlung des Gläubigers noch nicht besteht, könnte der vorzeitige Verkauf, falls vom Schuldner vorgenommen, seitens der anderen Gläubiger gemäß Art. 2901 c.c. als schädigender Akt angefochten werden.

γγ) Zwangsweiser Verkauf

Bei Fälligkeit der Hauptschuld kann der Gläubiger die Pfandsache auch nach den Vorschriften der Artt. 2796, 2797 c.c. verkaufen. Falls ein Vollstreckungstitel vorliegt, besteht daneben die Möglichkeit eines Rückgriffs auf die gerichtliche Zwangsveräußerung nach Artt. 2910 c.c., 501 ff. c.p.c. [100]

b) Das revolvierende Pfand (*pegno rotativo*)

Als revolvierendes Pfand bezeichnet man ein Pfandrecht, das durch eine Verlängerungsklausel, den sogenannten *patto di rotatività*, auf alle künftig in die Verfügungsbefugnis des Sicherungsgläubigers gelangenden Gegenstände ausgeweitet wird. Anwendung findet diese Art des Sicherungsvertrages vor allem im Geschäftsverkehr mit Banken.[101]

Keinen Zweifeln unterliegt angesichts der grundsätzlichen vertraglichen Gestaltungsfreiheit die Wirksamkeit einer Verlängerungsklausel in schuldrechtlicher Hinsicht. Die Frage, bezüglich welcher Güter und zu welchem Zeitpunkt ein Pfandrecht bestellt werden soll, liegt vollumfänglich im Ermessen der Vertragsparteien.

Bedenken ergeben sich jedoch aus Art. 2787 Absatz 3 c.c. hinsichtlich der Außenwirksamkeit des verlängerten Pfandrechts. Nach dieser Vorschrift besteht ein Vorzugsrecht neben weiteren Voraussetzungen nur dann, wenn die als Pfand hingegebene Sache vertraglich genau bezeichnet und der exakte Zeitpunkt der Pfandrechtsbestellung genannt wird.

---

[100] Siehe hierzu im einzelnen unter § 2 I 4 b aa.

[101] Vgl. z.B. Art. 5 der *Norme che regolano i conti correnti di corrispondenza e servizi connessi*, Allg. Geschäftsbedingungen der A.B.I. (*Associazione Bancaria Italiana*), abgedruckt bei Viale, *Le garanzie bancarie*, in Tr. Galgano, Bd. 18, S. 75.

aa) Rechtsprechung

Aufgrund der genannten Bedenken wurde die Drittwirkung der Ersetzungsbefugnis in der früheren Rechtsprechung generell abgelehnt. Durch die Entstehung eines Pfandrechts, das in seiner Wirkung auf einen bereits früher abgeschlossenen Sicherungsvertrag bezogen wird, komme es im Falle der Schuldnerinsolvenz zur Benachteiligung anderer Gläubiger. Gerade eine solche Störung der *par conditio creditorum* solle durch die Vorschrift des Art. 2787 Absatz 3 c.c. verhindert werden.[102]

Erstmals durch ein Urteil des Kassationshofs vom 28.5.1998[103] wurde das revolvierende Pfand in der Rechtsprechung grundsätzlich anerkannt. Begründet wurde die Austauschbarkeit der Pfandgegenstände damit, dass es auch unter Berücksichtigung der Interessen der Drittgläubiger nicht auf das Sicherungsgut an sich, sondern auf dessen wirtschaftlichen Wert ankomme. Dieser Gedanke spiegele sich in mehreren Vorschriften des *Codice Civile* wider. So stellt etwa der bereits erwähnte Art. 2795 Absatz 1 c.c., der das Recht des Pfandgläubigers zum vorzeitigen Verkauf regelt, explizit auf den (sich verringernden) Wert der Pfandsache ab. Dementsprechend kann der Verpfänder gemäß Art. 2795 Absatz 2 c.c. den vorzeitigen Verkauf der Pfandsache verhindern und den ursprünglichen Pfandgegenstand zurückfordern, indem er eine andere vom Gericht für ausreichend erachtete dingliche Sicherheit stellt. Nach der Vorschrift des ebenfalls in diesem Zusammenhang vom Kassationshof erwähnten Art. 2825 Absatz 2 c.c. kann eine Hypothek, welche für einen Anteil an einem gemeinschaftlichen Eigentum bestellt wurde, nach der Teilung des Eigentums in Höhe des Wertes des ursprünglichen Eigentumsanteils auf die im Rahmen der Teilung zugewiesenen Gegenstände übertragen werden.[104]

Im gleichen Sinne die Einheitlichkeit des Pfandrechts bejahend und unter Verwendung des identischen Leitsatzes entschied der Kassationshof nochmals in einem Urteil vom 27.9.1999[105].

Jedoch unterliegt die Anerkennung des *pegno rotativo* auch nach den genannten Entscheidungen einigen wesentlichen Einschränkungen:

α) Als zwingende Folge der ausschließlichen Orientierung am Wert des Sicherungsgutes ergibt sich, dass die neu hingegebenen Pfandsachen den Wert der bisherigen, nunmehr ersetzten Pfandgegenstände nicht überschreiten dürfen.

β) Auch setzt eine Drittwirksamkeit des Pfandrechts weiterhin voraus, dass die neuen Pfandgegenstände in den Besitz des Gläubigers gelangen.

---

[102] Trib. Torino, 2.2.1996, Banca, borsa, tit. cred., 1996, II, S. 501.
[103] Cass. 28.5.1998, n. 5264, Foro it. 1998, 2405.
[104] Einzelheiten hierzu s. unten § 2 II 5 b cc.
[105] Cass. 27.9.1999, n.10685, Foro it. 2000, 527.

γ) Schließlich muss das Datum des Austausches gemäß Art. 2787 Absatz 3 c.c. in der Pfandrechtsurkunde festgehalten werden.

Nicht abschließend geklärt wird aber auch in den beiden genannten Urteilen des Kassationshofs[106], welche Konsequenzen der in der genannten Weise erfolgte Austausch des Pfandgutes mit sich bringt. Denn zu entscheiden war in den konkreten Fällen lediglich, welches Datum der Pfandrechtsbestellung im Rahmen einer Insolvenzanfechtung gemäß Art. 67 l. fall. zugrunde gelegt werden müsse. Während das Gericht in diesem Zusammenhang unter Verwendung des Wertargumentes von einem einheitlichen Pfandrechtstatbestand ausgeht und den ursprünglichen rein obligatorischen Sicherungsvertrag als entscheidend ansieht, lassen die Urteile offen, ob dies auch für sonstige Aspekte des Insolvenzverfahrens gilt. Konkret stellt sich hier etwa die Frage, ob nach Eröffnung des Insolvenzverfahrens ein zur Insolvenzmasse gehörender Gegenstand gegen gleichzeitige Freigabe eines mindestens gleichwertigen Gegenstandes in den Pfandverbund aufgenommen werden kann.

Geht man mit der Rechtsprechung davon aus, dass ein Austausch des Sicherungsgutes insoweit unproblematisch ist, als die Interessen der weiteren Gläubiger gewahrt bleiben, bestehen bei Einhaltung der ebengenannten Voraussetzungen keine Gründe, sich nicht auch diesbezüglich am Datum des ursprünglichen schuldrechtlichen Pfandvertrags zu orientieren und eine Auswechslung der Pfandgüter trotz der im Insolvenzverfahren bestehenden Verfügungsbeschränkungen zuzulassen.

bb) Lehre

Auch in der Literatur setzt sich zunehmend die Meinung durch, angesichts der gestiegenen Bedeutung von Sicherungsrechten im Wirtschaftsverkehr müsse die Begründung eines einheitlichen, einen längeren Zeitraum umfassenden Sicherungsverhältnisses möglich sein.[107] Unterschieden wird jedoch auch hier zwischen dem Schuldverhältnis als Grundlage der gegenseitigen vertraglichen Pflichten und den Voraussetzungen eines drittwirksamen Rechts auf vorzugsweise Befriedigung hinsichtlich des konkreten Sicherungsgutes. Denn sowohl aus dogmatischen als auch aus Gründen der Rechtssicherheit könne die Entstehung eines dinglichen Rechts bei Fehlen der in Art. 2787 Absatz 3 c.c. normierten Voraussetzungen nicht ohne weiteres angenommen werden. Voraussetzung sei hierbei in jedem Falle, dass der Gegenstand, auf welchen die pfandrechtliche Belastung zu einem späteren Zeitpunkt übertragen werden könne, bereits im ursprünglichen Pfändungsvertrag genannt werde.[108]

---

[106] Cass. 28.5.1998, n. 5264, Foro it. 1998, 2405;. Cass. 27.9.1999, n.10685, Foro it. 2000, 527.

[107] Vgl. Realmonte, *L'oggetto del pegno: problemi vecchi e nuovi*, Banca, borsa, tit.cred. 1993, I, 14; Napoleoni, *Pegno bancario di titolo di credito, modificazione dell'oggetto del pegno e revocatoria fallimentare*, Il fallimento 1993, S. 766; Gabrielli, *Il pegno "anomalo"*, S. 216 f.

[108] Realmonte, *Il pegno*, Tr. Rescigno, S. 826.

Neben dem eindeutigen Gesetzeswortlaut sei der Umstand zu berücksichtigen, dass eine Abweichung von den allgemeinen Regeln in einzelnen Fällen ausdrücklich gesetzlich legitimiert ist (vgl. Schinkenpfandrecht oben unter § 2 I. 7. a)), ein Verzicht auf die gesetzlichen Vorgaben des *Codice Civile* ansonsten vom Gesetzgeber offensichtlich nicht gewollt sei.

Was das Sicherungsbedürfnis der Drittgläubiger betrifft, so sei zu differenzieren: Zwar verliert die Datumsangabe, wenn - wie im Rahmen des *pegno rotativo* - der für die Wirksamkeit des Pfandrechts entscheidende Zeitpunkt im Abschluss des Verpfändungsvertrages gesehen wird, ihre Funktion, den Rang eines Sicherungsrechtes festzustellen. Praktisch bedeutend bleibe die *data certa* jedoch für die Frage, wann genau die Übertragung der pfandrechtlichen Belastung erfolgt ist.

Letztlich richtet sich somit auch die Literatur danach, ob nach der Ausgestaltung des Rechtsgeschäfts im konkreten Fall der Gegenstand des Pfandrechts jederzeit, d.h. auch nach einem eventuellen Austausch, klar identifizierbar ist.[109]

cc) Besonderheiten bei unregelmäßigem Pfand (*pegno irregolare*)

Fehlen die genannten, vom Kassationshof postulierten Voraussetzungen, ist die Anerkennung des *pegno rotativo* auch in seiner dinglichen Wirkung dennoch zu bejahen, wenn das Sicherungsrecht als *pegno irregolare* vereinbart wurde.

Normiert ist diese Rechtsfigur im Zusammenhang mit den Regelungen über den Bankvorschuss in Art. 1851 c.c. Sie eröffnet die Möglichkeit, zur Sicherung eines durch eine Bank gewährten Vorschusses Einlagen des Kunden in Form von Geld, Waren oder Wertpapieren zu belasten, ohne dass die belasteten Einlagegüter im einzelnen spezifiziert werden müssen und ohne der Bank das Verfügungsrecht über die Güter einzuräumen. Das vom Kunden verpfändete Recht bezieht sich in diesem Fall nicht auf ein bestimmtes Einlagegut, sondern erschöpft sich in einem Anspruch auf Herausgabe gleichartiger Güter gleicher Menge.

Über die gesetzlich genannten Fälle hinaus ist das *pegno irregolare* nach nahezu einhelliger Meinung in Rechtsprechung und Lehre immer dann anwendbar, wenn es sich auf vertretbare Güter bezieht, die jederzeit klar und einfach zu bewerten sind.[110] Die Gefahr eines Verstoßes gegen das in Art. 2744 c.c. normierte Verbot der Verfallsabrede besteht hierbei nicht, da der Gläubiger des unregelmäßigen Pfandrechts nach Art. 1851 c.c. verpflichtet ist, die Einlagegüter insofern freizugeben, als sie den Wert der gesicherten Forderung übersteigen.[111]

---

[109] S. Gabrielli, S. 217.
[110] S. Nachweise bei Cendon, Art. 1851, 1.
[111] So auch Dalmartello, *Pegno irregolare*, S. 803; Porzio, *L'anticipazione bancaria*, S. 182; eine ausführliche Erläuterung der mit dem Verbot der Verfallsabrede verbundenen Problematik erfolgt unter § 2 IV 1.

Aus der ebengenannten Tatsache, dass das Pfandobjekt hier nur eine gewisse Quantität an vertretbaren Gütern ist, folgt, dass eine Übertragung der pfandrechtlichen Belastung auf andere Güter gleicher Art nicht die Entstehung eines neuen Pfandrechts mit sich bringt und somit auch nicht den in Art. 2787 Absatz 3 c.c. festgelegten Entstehungsvoraussetzungen unterliegt.

c) Das Globalpfand (*pegno omnibus*)

Eine weitere aus der Bankpraxis stammende Sonderform des Pfandrechts ist das sogenannte Globalpfand. In seiner am häufigsten vorkommenden Fassung sieht dieses Recht in Kombination mit dem bereits erläuterten *patto di rotatività*[112] die Absicherung aller gegenwärtigen und zukünftigen Forderungen der Bank durch alle gegenwärtig oder zukünftig im Besitz der Bank befindlichen Waren oder Wertpapiere vor.[113]

Probleme ergeben sich, da hierbei weder die Höhe noch der Entstehungszeitpunkt der Forderungen feststehen, auch in diesem Zusammenhang wieder aus Art. 2787 Absatz 3 c.c. und dem Grundsatz der *par conditio creditorum*. Zwar sehen die Artt. 1346 c.c. unter gewissen Voraussetzungen die Möglichkeit vor, von den spezifischen gesetzlichen Vorgaben abweichende Verträge zu schließen, jedoch besteht auch hinsichtlich des *pegno omnibus* in Rechtsprechung und Lehre die weitverbreitete Meinung, solche Vereinbarungen hätten Wirkung lediglich zwischen den Vertragsparteien und können somit nicht anderen Gläubigern entgegengehalten werden.[114]

Zum Teil wird in der Literatur sogar die Ansicht vertreten, die genannte Erweiterungsklausel sei auch schuldrechtlich als unwirksam anzusehen, da eine Wirkung inter partes praktisch irrelevant sei und für die genannte Unterscheidung zwischen Innen- und Außenverhältnis somit kein Bedürfnis bestehe.[115] Dem ist jedoch zu erwidern, dass der Bank als Pfandnehmerin die Möglichkeit offen steht, unter Berufung auf die vertraglichen Zusagen die Herbeiführung der dinglichen Pfandrechtsvoraussetzungen zu erzwingen, indem sie den Kunden auf Unterzeichnung der vertraglich zugesagten Sicherungen verklagt, notfalls dessen Unterschrift gemäß Art. 2932 c.c. gerichtlich ersetzen lässt.

Der Kassationshof hingegen hat in einer Entscheidung vom 13.04.1977[116] einen generellen Hinweis auf das Kontokorrentkonto des Schuldners zur Bestimmung der Forderung als ausreichend angesehen. Diese sehr großzügige Einschätzung hat das Gericht jedoch

---

[112] S. oben § 2 I 7 b.
[113] Vgl. beispielsweise Art. 13 der *Norme bancarie uniformi sull'apertura di credito garantita da merci*, abgedruckt bei Molle, *I contratti bancari*, in Tr. CM, Bd. 35, 1. Hbd., S. 911.
[114] Trib. Bologna, 9.6.1997, Foro it. 1998, 2274; App. Torino, 11.12.1987, Giur. It. 1988 I, 2, 488; Trib. Torino, 18.12.1986, Il fall. 1987, 874; Gorla-Zanelli, *Del pegno*, 24 ff. und 88 ff.; Perassi, *In tema di pegno „omnibus"*, Giur. It. 1988, I, 2, 487.
[115] Vgl. Tamponi, *Sulla clausola estensiva della garanzia pignoratizia ai crediti presenti e futuri*, Riv. dir. civ. 1974, 215 ff.
[116] Cass. 13.4.1977, n. 1380, Giust. Civ. 1978, I, 1392.

in jüngerer Zeit wieder zurückgenommen. Zwar geht es immer noch davon aus, dass die hinreichende Konkretisierung der gesicherten Forderung auch durch externe, nicht im Pfandvertrag selbst enthaltene Aufzeichnungen erfolgen kann, doch verlangt es die Führung eines individuellen Forderungsregisters (*libro-fidi*) durch die Bank und einen hierauf verweisenden Vermerk im Pfandvertrag.[117]

d) Pfandrecht an Wertpapieren in der Sammelverwahrung der Monte Titoli S.p.A.

Durch Gesetz Nr. 289 vom 19.06.1986 hat der italienische Gesetzgeber die Errichtung eines zentralen Wertpapierdepots, des sog. *Monte titoli* bestimmt. Die Einbringung der Wertpapiere erfolgt hier durch im Auftrag ihrer Kunden agierende Banken. Die Möglichkeit, diese eingebrachten Wertpapiere pfandrechtlich zu belasten, ist in Art. 7 des genannten Gesetzes normiert. Nach dieser Vorschrift muss sich das Sicherungsrecht hier - in Abweichung zur allgemeinen gesetzlichen Regelung in Art 1997 c.c. - nicht aus dem Papier selbst ergeben. Die Eintragung der Belastung erfolgt stattdessen in einem vom Verwahrer zu führenden Verzeichnis (*registro dei vincoli*).

Zur Beurteilung der Frage, inwieweit ein Austausch der eingebrachten Wertpapiere ohne Veränderung des ursprünglichen Pfandrechts in diesem Zusammenhang möglich ist, muss zunächst bestimmt werden, worin genau das dem Hinterleger, d.h. dem jeweiligen Bankkunden, zustehende Recht und damit das Objekt des Sicherungsgeschäftes zu sehen ist.

Vertreten wird die Meinung, dass der Hinterleger das Eigentum an den Wertpapieren in vollem Umfang aufgebe und lediglich Inhaber einer schuldrechtlichen Rückgabeforderung aus dem Verwahrungsvertrag werde.[118]

Gegen diese Auffassung spricht Art. 3 des einschlägigen Gesetzes. Hiernach werden die Wertpapiere bei der Monte Titoli S.p.A. in regelmäßige Verwahrung (*deposito regolare*) gegeben. Diese Art der Verwahrung steht im Gegensatz zur unregelmäßigen Verwahrung (*deposito irregolare*) gemäß Art. 1782 c.c., bei welcher der Verwahrer das Eigentum an den eingebrachten Gütern erwirbt und lediglich zur Rückgabe von Sachen gleicher Art und Güte verpflichtet ist.

Überzeugender erscheint somit die überwiegende Ansicht[119], nach der die Eigentumsposition des Hinterlegers hinsichtlich der eingebrachten Wertpapiere zwar entmaterialisiert werde, dafür aber zu einer bestimmten Quote Miteigentum am Gesamtbestand entste-

[117] Cass. 24.6.1995, n.7163, Banca, borsa, tit.cred.1996, II, 501 ff.
[118] So etwa Gualandi, *Il Monte titoli, Le operazioni*, S. 135.
[119] Vgl. beispielsweise Oppo, *Dal progetto alla legge Monte titoli*, *Riv. dir. civ.*, 1986 II, 446; Airoldi, *Pegno di titoli conferiti alla Monte titoli*, Dir. banc. 1987, I, S. 367 ff.; Gabrielli, *Il pegno „anomalo"*, S. 30 f.

he.[120] Durch diese Theorie wird sowohl den Grundsätzen der regelmäßigen Verwahrung als auch der Regelung des genannten Art. 7 Rechnung getragen. So lässt sich die Zulässigkeit eines Verzichts auf die Eintragung des Pfandrechts auf dem Wertpapier auch unter Berufung auf die Entmaterialisierung des zu belastenden Eigentumsrechts begründen.

Geht man unter Zugrundelegung der herrschenden Meinung davon aus, dass das Sicherungsobjekt somit in einer Miteigentumsquote zu sehen ist, steht der einheitlichen Beurteilung eines wirksam entstandenen Pfandrechts auch bei zwischenzeitlichem Austausch der konkret eingebrachten Wertpapiere nichts entgegen. Maßgeblicher Zeitpunkt bei der Rangfestsetzung gegenüber den Sicherungsrechten Dritter ist folglich die Entstehung des ursprünglichen Pfandrechts.

e) Sammelverwahrung bei der Banca d'Italia

Auch bei der Banca d'Italia, der nationalen italienischen Zentralbank, befindet sich eine Sammelverwahrungsstelle für Wertpapiere. Die Einbringung wird, wie bei der Monte Titoli S.p.A., durch ein zwischengeschaltetes Kreditinstitut vorgenommen. Dem Zweck der Einrichtung entsprechend, welche durch eine ungehinderte und reibungslose Verwaltung der zunehmenden Bedeutung des Wertpapierhandels Rechnung tragen soll, erfolgt sowohl die Einbringung als auch die Übertragung der Werte durch bloße buchhalterische Umschreibungen.[121]

Da auch die bei der Banca d'Italia deponierten Papiere nach den Grundsätzen der regelmäßigen Verwahrung verwaltet werden[122], ist gemäß den oben unter § 2 I. 7. d) dargestellten Erwägungen davon auszugehen, dass der Hinterleger durch die Einbringung zu einer entsprechenden Quote Miteigentümer an der Gesamtheit der in Verwahrung befindlichen Wertpapiere wird.

Nicht geregelt sind hingegen in diesem Zusammenhang die Voraussetzungen für die drittwirksame pfandrechtliche Belastung dieses anteiligen Eigentumsrechts.

Die Eintragung des Sicherungsrechts gemäß der allgemeinen Regel des Art. 1997 c.c. auf dem Wertpapier selbst ist, da der Miteigentumsanteil des Hinterlegers rein ideeller Natur ist, aus tatsächlichen Gründen nicht möglich. Zu überlegen ist jedoch, ob eine Abweichung von dieser Norm auch ohne ausdrückliche gesetzliche Legitimierung begründet werden kann. So wird, wie eben dargestellt, bereits das Eigentumsrecht des Hinterlegers nicht durch das Wertpapier selbst verkörpert, sondern beschränkt sich auf eine

---

[120] Diese Konstruktion entspricht in etwa der römisch-rechtlichen *vindicatio pro parte;* vgl. etwa Ulp./Pomp. D. 6.1.3.2, 5pr. Hierzu Kaser, *Das römische Privatrecht I*, S. 430.
[121] Gabrielli, S. 40.
[122] Gabrielli, S. 41.

entmaterialisierte Quote. Art. 1997 c.c., der nur durch ein konkretes Wertpapier verbriefte Rechte betrifft, ist somit schon nach seinem Wortlaut nicht anwendbar. Freilich muss auch in diesem Zusammenhang ein wirksamer Schutz der Drittgläubiger durch eine angemessene Publikation der Belastung gewährleistet werden. Die Eintragung hat somit am gleichen Ort zu erfolgen, an dem das zu belastende Recht selbst vermerkt ist, konkret in dem vom Verwahrer zu führenden Verzeichnis.[123]

f) Pfandrechtliche Sicherung durch in Vermögensverwaltung befindliche Güter

Hinsichtlich der Frage, welche Regeln auf die pfandrechtliche Belastung solcher Gegenstände anzuwenden sind, die zum Zwecke der Vermögensverwaltung an einen Treuhänder übergeben wurden, ist die Rechtslage nicht eindeutig. Aufgrund der Natur und Funktionsweise der Verwaltung von Vermögensgütern ist jedoch gerade hier die Austauschbarkeit auch der belasteten Güter besonders wichtig.[124]

Unter der Prämisse, dass neben dem Besitz auch das Eigentum an diesen Gegenständen auf den Treuhänder übergeht, dem Treugeber also lediglich ein schuldrechtlicher Herausgabeanspruch verbleibt, ließe sich die erforderliche Flexibilität unproblematisch begründen. Da es dem Verwalter auch nach den vertraglichen Vereinbarungen naturgemäß freistehen muss, über die eingebrachten Vermögensgegenstände im Rahmen seiner Tätigkeit zu verfügen, kann sich der genannte Herausgabeanspruch von Anfang an nur auf die Gegenstände beziehen, die letztlich aus der Vermögensverwaltung hervorgehen. Durch einen Austausch der einzelnen Gegenstände wird dieser Anspruch inhaltlich nicht berührt.

Jedoch ist nicht davon auszugehen, dass ein Eigentumsübergang dem Willen des Treugebers entspricht. Trotz der notwendigen Übertragung gewisser tatsächlicher und rechtlicher Befugnisse sind die Verwaltungsgüter nach ihrer wirtschaftlichen Zugehörigkeit weiterhin dem Treugebervermögen, dessen Verwaltung ja gerade Inhalt des Vertrages ist, zuzurechnen.[125]

Hiermit ist aber auch im Zusammenhang mit der Vermögensverwaltung die Praktikabilität des Pfandrechts stark eingeschränkt. Zwar steht den Parteien eine vertragliche Dynamisierung des Pfandobjekts in der Weise offen, dass eine pfandrechtliche Sicherung durch die jeweils in Verwaltung befindlichen Güter vereinbart wird.[126] Jedoch unterliegt die dingliche Umsetzung einer solchen Vereinbarung mangels spezialgesetzlicher Regelungen den allgemeinen Vorgaben des *Codice Civile.*

---

[123] S. auch Gabrielli, S. 42.
[124] Gabrielli, S. 44.
[125] Vgl. auch Bochicchio, *Gestione di patrimoni mobiliari da parte di enti finanziari e pegno*, Contr. e impr. 1988, S. 392.
[126] Bochicchio, a.a.O.

Unproblematisch ist in diesem Zusammenhang das Erfordernis der Besitzübertragung. Denn die Übergabe der Pfandsache im Rahmen der Pfandrechtsbestellung kann nach Art. 2786 Absatz 2 c.c. mit Zustimmung des Pfandgläubigers auch an einen Dritten, hier den Treuhänder, erfolgen.

Unsicherheiten bestehen aber wiederum hinsichtlich der Frage, welche Voraussetzungen zum Schutz von Drittgläubigern erfüllt sein müssen. Während die in Art. 2787 Absatz 3 c.c. geforderte schriftliche Dokumentierung der ursprünglichen Pfandrechtsbestellung und ihres Zeitpunkts sowie der jeweiligen Pfandsachen zur Gewährung eines Mindestmaßes an Publizität keinen Einschränkungen unterworfen werden dürfen, kann auch hier bezweifelt werden, ob der bloße Austausch der Sicherungsgüter zwingend die Entstehung eines neuen Pfandrechts mit sich bringt.

Angesichts der vergleichbaren Sach- und Interessenlage kann auf die oben unter § 2 I. 7. b) dargestellte Argumentation zum revolvierenden Pfand verwiesen werden. Solange der Wert der Pfandgüter und damit der dem Zugriff von Drittgläubigern entzogene Anteil am Schuldnervermögen durch den Austausch nicht erhöht wird, bestehen gegen die Annahme eines auf den ursprünglichen schuldrechtlichen Vertrag bezogenen einheitlichen Pfandrechtsverhältnisses keine praktischen Bedenken. Auch eine widersprechende gesetzliche Regelung findet sich nicht. Freilich ist mit der zitierten Rechtsprechung[127] auch hier für die Entstehung des Pfandrechts an der konkreten neu eingebrachten Pfandsache dessen Vermerk in einem mit sicheren Datum versehenen Schriftstück gemäß Art. 2787 Absatz 3 c.c. zu verlangen.

g) Nicht verbriefte Staatsanleihen

Besonderheiten ergeben sich hinsichtlich der Verpfändung noch nicht emittierter Wertpapiere. Weitgehende Einigkeit besteht darüber, dass die bei Erwerb der Anleihe ausgestellte provisorische Quittung keine Verbriefung der Forderung darstellt und damit nicht Objekt einer Verpfändung sein kann.[128]

Zu prüfen ist somit, ob eine pfandrechtliche Belastung vor der Emittierung überhaupt möglich ist und worin genau gegebenenfalls der Gegenstand des Pfandrechts zu sehen ist. Dabei soll von dem in der Praxis üblichen Fall ausgegangen werden, dass eine Bank sowohl mit dem Erwerb als auch mit der Verwahrung der Wertpapiere beauftragt wird.

Aus dem Auftrag erhält der Kunde einen Anspruch gegen die Bank auf Abtretung der noch zu verbriefenden Geldforderung in Höhe des durch die Quittung bestätigten Betrages. Soll dieser Anspruch wiederum zugunsten der Bank pfandrechtlich belastet werden,

---

[127] Vgl. oben § 2 I 7 b aa.

[128] Vgl. Vittimberga, *Buoni e certificati di credito del tesoro*, Enc. giur., Bd. 5, S. 3ff.; Cass. 9.10.68, n. 3171, Foro it. 1968, I., 2978.

geschieht dies in Form einer Forderungsverpfändung mit der Folge, dass die Bank allein die Überlassung der Wertpapiere bzw. des entsprechenden Geldbetrages verlangen kann.[129]

Kommt es in der Folge zur Emittierung eines auf den Kunden als Inhaber ausgestellten Wertpapiers, wandelt sich das bereits erteilte Forderungspfand in ein Sachpfand, zu dessen Wirksamkeitserhalt nachträglich die Voraussetzung des Art. 2786 c.c., konkret die Besitzübertragung an den Pfandnehmer oder einen gemeinsam bestimmten Dritten, erfüllt werden muss. Soweit das auf diese Weise gebildete neue Pfandrecht nicht von einer vertraglichen Verlängerungsklausel (*patto di rotatività*)[130] erfasst wird, kann es aufgrund des unterschiedlichen Pfandobjekts jedoch nicht auf den Entstehenszeitpunkt des ursprünglichen Forderungspfandes zurückbezogen werden.[131]

---

[129] Colombo, *Problemi risolti e irrisolti nella giurisprudenza sul pegno*, Banche e banchieri 1989, S. 103 ff.

[130] S. oben § 2 I 7 b.

[131] Vgl. hierzu auch Gabrielli, S. 49.

II. Hypothek (*ipoteca*), Art. 2808 c.c.

1. Dogmatischer Charakter

Wie das Pfandrecht findet sich die Hypothek im Sechsten Buch, Dritter Titel, des *Codice Civile* und ist ausgestaltet als akzessorisches[132] dingliches Sicherungsrecht. So bestimmt Art. 2878 Nr. 3 c.c. ausdrücklich, dass die Hypothek in ihrer Wirksamkeit vom Bestand der Hauptforderung abhängig ist. Weitere Regelungen, aus denen der akzessorische Charakter der Hypothek deutlich wird, finden sich in den Artt. 2824 und 2843 i.V.m. 1263 c.c.[133] Ein der deutschen Grundschuld nach §§ 1191 ff. BGB vergleichbares Grundpfandrecht, welches in Wirksamkeit und Bestand unabhängig von einer zugrundeliegenden Forderung ist,[134] kennt der *Codice Civile* nicht.[135]

Zusätzliches Wesensmerkmal der Hypothek ist gemäß Art. 2809 Absatz 1 c.c. ihre Bestimmtheit. Sowohl der belastete Gegenstand als auch die gesicherte Forderung müssen demgemäß im Rahmen der Bestellung klar genannt werden.

2. Mögliche Hypothekengegenstände

Hypothekarisch belastbar sind gem. Art. 2810 c.c. Immobilien, einzelne dingliche Rechte an diesen Immobilien, Staatsanleihen, Schiffe, Flugzeuge und Automobile. Die Besonderheit hinsichtlich der genannten Rechte und beweglichen Sachen liegt darin, dass sie, ähnlich den Immobilien, in öffentlichen Registern vermerkt sind.

a) Immobilien

Wird eine Hypothek an einer Immobilie bestellt, so umfasst die Belastung gemäß Artt. 2810 Nr. 1, 817 c.c. das Zubehör und gemäß Art. 2811 c.c. die an dem Sicherungsgegenstand nach Hypothekenbestellung eingetretenen Verbesserungen, ohne dass hierfür eine gesonderte Vereinbarung oder Eintragung notwendig wäre.[136] Zubehör in diesem Sinne sind nach Art. 817 c.c. all diejenigen Gegenstände, die dauerhaft dazu bestimmt sind, der Immobilie als solcher oder ihrem äußeren Erscheinungsbild zu dienen. Nicht hierunter fallen beispielsweise die in einem Gebäude befindlichen Produktionsmittel, da diese nur die wirtschaftliche Nutzung betreffen, nicht aber die Betriebsstätte als Immobilie prägen.[137]

---

[132] Perlingieri, *Codice Civile*, Art. 2808, Nr. 1.
[133] S. unten § 2 II 4 b.
[134] Vgl. Palandt/Bassenge, § 1191 Rn. 1.
[135] S. hierzu Boero, *Le ipoteche*, S. 54, Rubino, *L'ipoteca*, Tr. CM, S. 23.
[136] Vgl. auch Cass. 28.7.1965, n. 1807, Rep. Foro it. 65, Stichwort „ipoteca"; Gorla-Zanelli, *Del pegno*, S. 183.
[137] Cass. 26.1.1985 n. 391, Rep. Foro it. 85, Stichwort „ipoteca".

b) Dingliche Rechte

Gesetzlich vorgesehen ist in Art. 2810 c.c. auch die hypothekarische Belastung des Nießbrauchs (Artt. 978 ff. c.c.) sowie der in der Praxis kaum mehr relevanten Rechtsfiguren des Überbaurechts (Artt. 952 ff. c.c.) und der Erbpacht (Artt. 957 ff. c.c.). Besonderheiten bestehen gemäß Art. 2814 c.c. hinsichtlich des Erlöschens der Nießbrauchhypothek.[138]

c) Rechte und bewegliche Sachen

Möglich ist schließlich auch die Bestellung einer Hypothek an Staatsanleihen, Schiffen, Flugzeugen und Kraftfahrzeugen. Insoweit verweist Art. 2810 Absatz 2 c.c. auf die jeweiligen Spezialgesetze.[139] Die Einzelheiten der im Rechtsverkehr nicht unbedeutenden Autohypothek werden im folgenden noch Gegenstand näherer Erläuterung sein.[140]

3. Bestellung und Entstehung der Hypothek

Konstitutiv für die Entstehung der Hypothek ist, ebenso wie nach §§ 873, 1113 BGB, in allen Fällen ihre Eintragung in das entsprechende Register, Art. 2808 Absatz 2, 2827 ff. c.c. Hierdurch erlangt die Hypothek ihre Publizität, wodurch erst ihre absolute Wirkung gerechtfertigt wird.[141] Was die jeweilige Rechtsgrundlage betrifft, so ist zu unterscheiden zwischen Hypothek kraft Gesetzes, gerichtlicher Zwangshypothek und Hypothek kraft Rechtsgeschäfts.

a) Hypothek kraft Gesetzes, Art. 2817 c.c.

Einen unabhängig vom Willen der Parteien bestehenden Rechtsgrund für die Eintragung einer Hypothek sieht der *Codice Civile* in einigen Fällen vor, in denen der beteiligte Gläubiger aufgrund der rechtsgeschäftlichen Situation oder aufgrund seiner Person als besonders schützenswert erscheint.[142]

aa) Immobilienverkauf

Geschützt wird nach Art. 2817 Nr.1 c.c. der Verkäufer einer Immobilie. So hat dieser zur Sicherung seiner Forderung ein auf der Immobilie selbst lastendes gesetzliches Hypothekenrecht. Hiervon werden neben dem Kaufpreis selbst auch die anfallenden Zinsen sowie alle sonstigen Kosten umfasst, die in einem unmittelbaren kausalen Zusammenhang mit dem Veräußerungsgeschäft stehen.[143]

---

[138] S. unten § 2 II 12 b.
[139] Staatsanleihen: Artt. 32 ff. Gesetz v. 17.7.1910, n. 53; Schiffe: Artt. 565 ff. Codice della navigazione; Flugzeuge: Artt. 1027 ff. Codice della navigazione; Kraftfahrzeuge: Gesetzesdekret vom 15.3.1927 n. 436.
[140] Vgl. unten § 2 II 14.
[141] Vgl. hierzu Perlingieri, *Codice Civile*, Art. 2808, Nr. 7.
[142] Vgl. etwa Rubino, *L'ipoteca*, S. 257.
[143] Perlingieri, *Codice Civile*, Art. 2817, Nr. 2.

Sinn und Zweck der Vorschrift liegen darin, dem erheblichen Sicherungsinteresse des Verkäufers Genüge zu tun und damit seine Bereitschaft zu dem im Immobilienbereich unerlässlichen Ratenverkauf zu fördern.[144] Demgemäß findet Art. 2817 Nr. 1 c.c. nach einhelliger Meinung aufgrund der geringeren Schutzbedürftigkeit des Verkäufers keine Anwendung auf den unter § 2 IV. 1. c) näher erläuterten Verkauf mit Rückgabevereinbarung[145] sowie den Verkauf einer fremden oder zukünftigen Sache.[146]

Die Eintragung der Hypothek wird gemäß Art. 2834 c.c. von Amts wegen zusammen mit der Eintragung der Veräußerung selbst durch den Registerbeamten vorgenommen.

bb) Teilung von gemeinschaftlichem Eigentum

Der in Art. 2817 Nr. 2 c.c. geregelte Fall betrifft die Auseinandersetzung von Vermögen, welches im gemeinschaftlichen Eigentum von Miterben, Gesellschaftern oder sonstigen Rechtsgemeinschaften steht. Fällt das Eigentum an einer Immobilie infolge der Auseinandersetzung einem der ursprünglichen gemeinschaftlichen Eigentümer allein zu, so erfolgt an der Immobilie selbst eine hypothekarische Belastung zur Absicherung der den anderen Eigentümern zustehenden Ausgleichszahlungen. Grundlage für die Ausgleichsforderungen können entweder zwischen den Eigentümern getroffene Vereinbarungen oder, wie im Falle der Erbengemeinschaft (Art. 728 c.c.), die gesetzlichen Regelungen sein. Hypothekarisch geschützt werden nicht nur Forderungen, die aus der Auseinandersetzung selbst resultieren, sondern auch solche, die bereits im Rahmen der zuvor bestehenden Gemeinschaft entstanden sind.[147]

Die Eintragung der Hypotheken richtet sich ebenfalls nach Art. 2834 c.c. und erfolgt somit von Amts wegen zusammen mit der Eintragung der Teilung selbst.

cc) Forderungen des Staates aus strafrechtlichen Verfahren

Keine Anwendung mehr findet die in Art. 2817 Nr 3 c.c. genannte Hypothek zugunsten des Staates, welche im einzelnen in den Artt. 189 - 191 c.p geregelt war. Erfasst wurden hiernach diejenigen Fälle, in denen im Rahmen eines Strafverfahrens eine Zahlungsverpflichtung zulasten des Beschuldigten bestimmt wird. Eventuell vorhandenes Immobiliarvermögen des Beschuldigten wurde demgemäß insoweit hypothekarisch belastet, als dieser zur Zahlung einer Geldstrafe oder zur Erstattung der Verfahrenskosten verpflichtet war.

Durch Art. 218 des Gesetzesdekrets Nr. 271 vom 28.07.1989 wurden zum einen die genannten Vorschriften des italienischen Strafgesetzbuches aufgehoben, zum anderen wurde bestimmt, dass die strafrechtliche Hypothek, soweit sie in anderen gesetzlichen

---

[144] Gorla-Zanelli, *Del pegno*, S. 222.
[145] Vgl. Rubino, S. 263; Gorla-Zanelli, S. 224.
[146] Vgl. Bencini, *L'ipoteca legale*, RDIp, 1967, S. 13.
[147] Rubino, S. 271; Gorla-Zanelli, S. 226.

Normen vorgesehen ist, durch die Sicherungsbeschlagnahme (*sequestro conservativo*)[148] zu ersetzen ist. Hiermit wurde dem Umstand Rechnung getragen, dass nach den Vorschriften der am 24.10.1989 in kraft getretenen sogenannten Neuen Strafprozessordnung (*Nuovo Codice di Procedura Penale*) ebenfalls nur noch die Sicherungsbeschlagnahme als Immobiliarsicherungsrecht für strafrechtliche Forderungen vorgesehen wurde, Art. 316 c.p.p.[149]

b) Gerichtliche Zwangshypothek, Art. 2818 c.c.

Grundlage für die Eintragung einer Hypothek ist auch jeder zivilrechtliche Vollstreckungstitel, der zur Zahlung einer Geldsumme oder Erfüllung einer sonstigen Verbindlichkeit verpflichtet. Vollstreckungstitel in diesem Sinne sind sowohl Urteile als auch für vollstreckbar erklärte Schiedssprüche (*sentenze arbitrali*), Art. 2819 c.c. und Vollstreckungsbescheide (*decreti ingiuntivi*), Artt. 2836 c.c, 655 c.p.c.

Nach überwiegender Ansicht ist die Eintragung der Hypothek bereits vor Rechtskraft des jeweiligen Titels möglich.[150] Unerheblich ist hierbei, ob eine gerichtliche Entscheidung in der Hauptsache getroffen wurde, oder ob sich die Zahlungspflicht lediglich aus einer Kostenentscheidung ergibt.[151]

Die Auswahl des konkreten Hypothekengegenstandes erfolgt nicht im Titel, sondern wird durch den Gläubiger getroffen.[152] Mögliche Hypothekenobjekte sind gemäß Art. 2828 c.c. alle gegenwärtig und zukünftig im Vermögen des Schuldners stehenden Immobilien, über den Wortlaut hinaus aber auch die oben unter § 2 II. 2. genannten dinglichen Rechte.[153] Aufgrund des dinglichen Spezialitätsgrundsatzes entsteht eine drittwirksame Hypothek jedoch nur insoweit, als die einzelnen Gegenstände im Hypothekenverzeichnis eingetragen werden.[154]

Wird der zugrundeliegende Titel rechtskräftig aufgehoben, so verliert auch die Eintragung der Hypothek ihre materielle Berechtigung. Eine sofortige Löschung darf jedoch nur dann vorgenommen werden, wenn die aufhebende Entscheidung eine diesbezügliche Anordnung trifft.[155] Fehlt eine solche Anordnung, so muss in einem gesonderten Verfahren der Erlass einer gerichtlichen Löschungsverfügung beantragt werden.[156]

---

[148] Zur Sicherungsbeschlagnahme näher unten § 4 III.
[149] Cian/Trabucchi, Art. 2817, IV.
[150] Gorla-Zanelli, S. 232; Ravazzoni, *Le ipoteche*, Tr. Rescigno, Bd. 20, S. 47; a.A. Protetti, *L'ipoteca*, S. 77.
[151] Gentile, *Le ipoteche*, S. 118.
[152] Cian/Trabucchi, Art. 2828 Rn.1.
[153] Boero, S. 494.
[154] Gorla-Zanelli, S. 235.
[155] Cass. 11.01.1943, Rep. Foro it. 1943; Cass. 22.5.1945, Rep. Foro it. 1945, jeweils Stichwort „ipoteca"; Rubino, S. 299; Gorla-Zanelli, S. 236.
[156] Rubino, S. 299.

c) Rechtsgeschäftliche Hypothek, Artt. 2821 ff. c.c.

Schließlich kann die Eintragung einer Hypothek auch aufgrund eines Vertrages oder eines einseitigen Rechtsgeschäftes erfolgen, wozu gemäß Art. 2821 Absatz 1 c.c. die Willenserklärung des Bestellenden erforderlich ist. Diese Erklärung muss schriftlich festgehalten werden, Art. 2821 c.c., und den belasteten Gegenstand genau bezeichnen, Art. 2826 c.c.

Ausdrücklich ausgeschlossen ist die Einräumung der Hypothek mittels Testament, Art. 2821 Absatz 2 c.c. Hierdurch soll die gleiche Position aller Gläubiger nach dem Tode des Schuldners gesichert werden.[157]

Wirksam kann die Hypothek nur vom Eigentümer der zu belastenden Sache eingeräumt werden, Art. 2822 c.c. Die Belastung eines fremden Gegenstandes hat hingegen nur schuldrechtliche Wirkung. In diesem Fall verpflichtet sich der Bestellende durch seine Erklärung dazu, dem Gläubiger das Hypothekenrecht zu verschaffen, d.h. die Bestellung der Hypothek durch den Eigentümer zu erreichen oder die Sache selbst zu erwerben.[158] Erst nach Schaffung einer dieser Voraussetzungen ist die wirksame Eintragung der Hypothek möglich.

Ähnlich stellt sich die Lage bei der Belastung zukünftiger Gegenstände dar. Die Hypothek kann erst dann eingetragen werden, wenn die Sache tatsächlich zur Entstehung gelangt ist, Art. 2823 c.c. Davor besteht lediglich die schuldrechtliche Verpflichtung, dem belasteten Gegenstand zur Existenz zu verhelfen.[159]

4. Die einzelnen Elemente der Registerpublizität

a) Eintragung (*iscrizione*), Artt. 2827 ff. c.c.

Wie bereits erwähnt, ist die Eintragung Voraussetzung für das Entstehen der Hypothek. Soll die Eintragung aufgrund einer Privaturkunde vorgenommen werden, ist die diesbezügliche Unterschrift des Bestellenden öffentlich oder gerichtlich zu beglaubigen, Art. 2835 c.c.

Unabhängig von der Art des konkreten Rechtstitels für die Entstehung der Hypothek wird für den Akt der Eintragung zusätzlich ein vom Antragsteller unterzeichnetes Schriftstück benötigt, aus dem sich genaue Informationen über Gläubiger, Schuldner, gesicherte Forderung und Gegenstand der Belastung ergeben, Artt. 2839 c.c. Eine Ausnahme besteht insoweit hinsichtlich der Hypothek kraft Gesetzes nach Art. 2817 c.c., deren Eintragung gemäß Art. 2834 c.c. von Amts wegen zu erfolgen hat.

---

[157] Vgl. Ravazzoni, *Le garanzie*, S. 245.
[158] Vgl. Boero, S. 234.
[159] Vgl. Ravazzoni, S. 249.

b) Umschreibung bzw. Anmerkung (*annotazione*), Art. 2843 c.c.

Durch die Umschreibung bzw. Anmerkung, die sogenannte *annotazione*, wird jede Übertragung oder Veränderung des Hypothekenrechts (z.B. bei Abtretung oder Verpfändung der Forderung, Rangwechsel etc.) publik gemacht. Dabei geht die Vorschrift des Art. 2843 c.c. von dem Umstand aus, dass die Hypothek von Verfügungen über die gesicherte Forderung zwingend miterfasst wird.[160] Gegenstand der *annotazione* ist darüber hinaus die Reduzierung der Hypothek in dem Fall, dass der Wert der Sicherungsgegenstände den Betrag der gesicherten Forderung in unverhältnismäßiger Weise übersteigt.[161]

c) Erneuerung, Artt. 2847 ff. c.c.

Die Eintragung verliert gemäß Art. 2847 c.c. ihre Wirkung nach 20 Jahren. Verhindert werden kann dies durch eine Erneuerung der Hypothekeneintragung vor Ablauf dieses Zeitraums. Die Eintragungsvoraussetzungen sind gegenüber der ursprünglichen Eintragung insofern vereinfacht, als nach Artt. 2850 Absatz 2, 2839 c.c. anstelle des Rechtstitels für die Entstehung der Hypothek der ursprüngliche Antrag vorgelegt werden kann. Rangänderungen ergeben sich in diesem Zusammenhang nicht.

Anders ist die Rechtslage, wenn die 20-Jahres-Frist abgelaufen ist. Zwar ist auch in diesem Fall eine Neueintragung möglich, da nicht die Grundlage der Hypothek selbst weggefallen ist, sondern lediglich deren Eintragung ihre Wirkung verloren hat.[162] Jedoch richtet sich hierbei nicht nur der Rang der Hypothek gemäß Art. 2848 Absatz 1 c.c. nach dem Datum der neuerlichen Einschreibung. Auch die Wirkung an sich tritt erst zu diesem Zeitpunkt ein, so dass die Hypothek zwischenzeitlichen Erwerbern des belasteten Objekts nicht entgegengehalten werden kann, Art. 2848 Absatz 2 c.c.

5. Wirkung und Umfang der Hypothek

Die Hypothek verleiht dem Gläubiger einer fälligen Geldforderung das Recht, auch gegenüber Dritterwerbern, die belastete Sache zwangsweise zu veräußern (*ius distrahendi*) und sich aus dem Erlös bevorrechtigt zu befriedigen (*ius praelationis*), Art. 2808 c.c.

Eingeleitet wird die Zwangspfändung gemäß Art. 555 c.p.c. durch Zustellung eines Schriftsatzes an den Schuldner, in welchem der von der Zwangsvollstreckung betroffene Hypothekengegenstand genannt und dem Hypothekenschuldner ein entsprechendes Verfügungsverbot auferlegt wird.

---

[160] Rubino, S. 35.
[161] Vgl. hierzu auch unten § 2 II 11.
[162] Vgl. Cian/Trabucchi, Art. 2848 Rn. 1; Zu der insoweit ergänzenden gesetzlichen Regelung in Art. 2878 c.c. siehe § 2 II 12 a.

a) Gesicherte Forderung

Dinglich gesichert werden gemäß Art. 2855 Absatz 1 c.c. durch die Eintragung der Hauptforderung neben dieser auch die mit der Bestellung, der Eintragung und der Vollstreckung verbundenen Kosten.

Was die hinsichtlich der Hauptforderung anfallenden Zinsen anbelangt, so ist zu differenzieren: Unabdingbar[163] begrenzt auf den Zeitraum des im Moment der Zwangspfändung laufenden und der beiden vorausgehenden Kalenderjahre werden Zinsschulden in voller Höhe des aus der Eintragung hervorgehenden Zinssatzes umfasst, Art. 2855 Absatz 2 c.c. Ab dem auf die Zwangspfändung folgenden Jahr bis zum Verkauf des Hypothekengegenstandes erfolgt die hypothekarische Absicherung lediglich unter Zugrundelegung des gesetzlichen Zinssatzes[164], Art. 2855 Absatz 3 c.c.

b) Sicherungsgegenstand

Was den Sicherungsgegenstand anbelangt, so ist die Hypothek gemäß Art. 2809 Absatz 2 c.c. unteilbar und umfasst die belastete Sache grundsätzlich als ganze. Besonderheiten ergeben sich insoweit, als der Hypothekengegenstand im gemeinsamen Eigentum mehrerer steht. Da das aus dem germanischen Rechtskreis stammende Institut des Gesamthandseigentums im italienischen Recht nicht existiert,[165] ist rechtlicher Ausgangspunkt jeweils ein Miteigentum in Form einzelner ideeller Anteile.

aa) Hypothek zu Lasten aller Miteigentümer

Besteht eine einheitliche Forderung gegen alle Eigentümer als Gesamtschuldner und soll demnach auch die Hypothek zu Lasten aller gehen, ist danach zu differenzieren, ob die Hypothek vor oder nach der Entstehung des Miteigentums eingetragen wurde.

Soweit die Entstehung von Miteigentum, wie beispielsweise im Erbfall, wenn zur Erbmasse ein hypothekarisch belastetes Grundstück gehört und mehrere Erben vorhanden sind, erst im Nachhinein erfolgt, bleibt die Hypothek gemäß Art. 2809 c.c. in ihrer Wirkung unberührt und damit ungeteilt auf dem ganzen Gegenstand bestehen.[166]

Wird hingegen eine bereits im Miteigentum stehende Sache hypothekarisch belastet, so entstehen rechtstechnisch zwingend mehrere, auf die jeweiligen Eigentumsanteile bezogene Einzelhypotheken.[167] Einschränkungen hinsichtlich der möglichen Zwangsmaßnahmen ergeben sich daraus jedoch nicht. Da eine Gesamtschuld generell den Rückgriff auf jeden der Schuldner ermöglicht, muss es auch im Fall von mehreren Sicherungsgebern für eine Schuld zu einer Unterwerfung des gesamten belasteten Gegenstandes unter die oben genannten Rechte des Hypothekengläubigers kommen. Die Zwangsvollstre-

---

[163] Vgl. Cian/Trabucchi, Art. 2855, III. Rn. 2.
[164] Zur Regelung des gesetzlichen Zinssatzes in Art. 1284 c.c. siehe oben § 2 I 4 c.
[165] Vgl. zu den einzelnen Formen mehrheitlichen Eigentums Cian/Trabucchi, vor Art. 1100 Rn. 11.
[166] Vgl. auch Boero, S. 267; Ravazzoni, *Le garanzie*, S. 211.
[167] Rubino, S. 145 f.

ckung in das Miteigentum und die bevorrechtigte Befriedigung aus dem Veräußerungserlös sind somit uneingeschränkt möglich.[168] Findet vor Durchführung der Zwangsvollstreckung eine Aufhebung der Rechtsgemeinschaft statt, so setzt sich das Hypothekenrecht entweder einheitlich an dem ungeteilt gebliebenen Hypothekengegenstand oder, im Falle der Teilung, in Form mehrerer Hypotheken an den einzelnen Teilen des ursprünglichen Hypothekengegenstandes fort.[169]

bb) Hypothek am Anteil an einer Rechtsgemeinschaft

Die Möglichkeit der Verfügung über einen einzelnen Miteigentumsanteil und damit auch dessen hypothekarischer Belastung ergibt sich aus Art. 1103 c.c. Ergänzend sind die mit der Belastung eines Anteils verbundenen Wirkungen in Art. 2825 c.c. geregelt. Gemäß Absatz 1 dieser Vorschrift sind Zwangsmaßnahmen ausschließlich zu Lasten des jeweiligen Sicherungsgebers zulässig. Die Konsequenzen hinsichtlich der tatsächlichen Durchführung der Zwangsvollstreckung seien an folgendem Beispiel illustriert[170]:

A und B bilden eine Miterbengemeinschaft zu gleichen Anteilen. Die Erbmasse hat einen Wert von 100 und setzt sich zusammen aus einer Privatimmobilie (Wert 60) und einem Geschäftslokal (Wert 40). A hat zugunsten des Gläubigers G eine Hypothek in Höhe seines Erbanteils (50) auf die einzelnen Gegenstände der Erbmasse eintragen lassen.

α) Wird die bevorrechtigte Vollstreckung vor Aufhebung der Rechtsgemeinschaft durchgeführt, so richtet sie sich nach den Regeln der Artt. 599 ff. c.p.c. Sämtliche Miteigentümer sind gemäß Art. 599 Absatz 2 c.p.c. von der bevorstehenden Pfändung zu informieren. Nach Anhörung aller Beteiligten nimmt das Gericht die materielle Abtrennung des dem Schuldner zustehenden Anteils nach Art. 1114 c.c. vor, Art. 600 Absatz 1 c.p.c. Ist die Abtrennung aufgrund der Beschaffenheit des Pfändungsgegenstandes nicht möglich, so ordnet das Gericht entweder die Veräußerung der abstrakten Quote an oder verfügt die Aufhebung der Miteigentümergemeinschaft durch Trennung gemäß Art. 1111 ff. c.c.

β) Falls es hingegen vor der Zwangsvollstreckung zu einer Aufhebung der Rechtsgemeinschaft kommt, ist zu differenzieren.

Entspricht der Wert der dem Schuldner im Rahmen der Vermögensaufteilung zugewiesenen Güter demjenigen der hypothekarisch belasteten Quote, so kommt es nach Art. 2825 Absatz 1 c.c. automatisch zur Übertragung der Hypothek auf diese Güter, ohne dass hierfür eine gesonderte Registereintragung notwendig ist.[171]

---

[168] Vgl. auch Boero, S. 267; Ravazzoni, S. 211.
[169] Vgl. Rubino, S. 145; Boero, S. 267.
[170] Siehe zu den Beispielen Torrente/Schlesinger, *Manuale del diritto privato*, § 529.
[171] Boero, S. 271; Ravazzoni, S. 213; umstritten ist insoweit lediglich die rein theoretische Frage, ob sich diese Wirkung mit der Rückwirkung der Teilung (so Maiorca, *Ipoteca*, Nov. Dig., S. 94; Rubino, S. 148) oder mit einer dinglichen Surrogation des Sicherungsgegenstandes (so Cicu, *La divisione ereditaria*, S. 20) begründen lässt.

Wird der belastete Quotenwert durch die zugewiesenen Güter überschritten, werden diese zwar ebenfalls sämtlich von der Hypothek erfasst, eventuelle im Rahmen der Teilung entstandenen Ausgleichsansprüche der anderen Eigentümer sind jedoch gemäß Art. 2650 Absatz 3 c.c. durch eine vorrangige gesetzliche Hypothek nach Art. 2817 Nr. 2 c.c. geschützt.[172]

Wird A im Rahmen der Teilung das Eigentum an der Privatimmobilie zugesprochen, setzt sich somit die Hypothek an dieser mit einem Wert von 50 fort. Soweit B über einen Ausgleichsanspruch aus der Teilung verfügt, ist dieser in Höhe von 10 durch vorrangige gesetzliche Hypothek abgesichert.

Soweit schließlich die zugewiesenen Güter wertmäßig hinter dem Miteigentumsanteil zurückbleiben und der Schuldner demgemäß einen gemäß Art. 2817 Nr. 2 c.c. hypothekarisch gesicherten Anspruch auf finanziellen Ausgleich gegen die anderen Eigentümer hat, wandelt sich die Hypothek des Gläubigers in analoger Anwendung des Art. 2825 Absatz 4 c.c. in ein Pfandrecht an den Ausgleichsforderungen.[173]

Übertragen auf den Beispielsfall ergibt sich folgende Konstellation:

A erhält im Rahmen der Teilung das Eigentum an dem Geschäftslokal und hat dementsprechend einen Ausgleichsanspruch gegen B in Höhe von 10. Die Hypothek des G (50) bleibt in voller Höhe auf dem Geschäftslokal (Wert 40) bestehen und setzt sich zusätzlich als Pfandrecht an der Ausgleichsforderung des A (Wert 10) fort.

cc) Hypothek auf einem einzelnen Gegenstand der Rechtsgemeinschaft

Ebenfalls differenziert zu betrachten ist die Rechtslage im Falle der uneingeschränkten hypothekarischen Belastung einzelner zum Miteigentum gehörender Gegenstände durch einen Miteigentümer, etwa bei folgender Konstellation:

A und B bilden eine Miterbengemeinschaft zu gleichen Anteilen. Die Erbmasse besteht aus einer Privatimmobilie und einem Geschäftslokal. A hat zugunsten des Gläubigers G eine Hypothek auf das Geschäftslokal eintragen lassen.

α) Erhält A im Rahmen der Teilung das Eigentum an dem ursprünglich belasteten Hypothekengegenstand, hier dem Geschäftslokal, so bleibt die Hypothek in unveränderter Form bestehen.[174]

β) Problematischer ist die Lage dann, wenn anlässlich der Teilung der Miteigentumsgemeinschaft der ursprünglich zu Lasten des Schuldners tangierte Hypothekengegenstand einem anderen Miteigentümer zugewiesen wird, so, wenn im vorliegenden Fall B das

---

[172] Rubino, S. 149; Gorla-Zanelli, *Del pegno*, S. 307.
[173] Vgl. Gorla-Zanelli, S. 255, Boero, S. 272.
[174] Boero, S. 275.

Geschäftslokal erhält. Einen Ausgleich zwischen den Interessen der Miteigentümer und des Hypothekengläubigers bietet Art. 2825 Absatz 2 c.c. So geht diese Vorschrift zwar davon aus, dass eine Ausübung der hypothekarischen Rechte gegenüber dem neuen Eigentümer nicht möglich ist. Der Hypothekengläubiger jedoch kann die Hypothek ohne Rangverlust aufrechterhalten, indem er sie innerhalb von 90 Tagen nach Eintragung der Teilung begrenzt auf den Wert des ursprünglichen Sicherungsgegenstandes (hier des Geschäftslokals) auf die dem Hypothekenschuldner (hier A) im Rahmen der Teilung zugewiesene Sache (hier die Privatimmobilie) umschreiben lässt.

Unbeschadet von der Umschreibung bleiben gemäß Art. 2825 Absatz 3 c.c. die gegen die Miteigentümergemeinschaft eingetragenen Hypotheken sowie die gesetzlichen Hypotheken für die Ausgleichsforderungen der Miteigentümer nach Art. 2817 Nr. 2 c.c.[175]

6. Rangordnung

a) Prioritätsgrundsatz

Der Rang der Hypothek richtet sich grundsätzlich nach dem Eintragungszeitpunkt, Art. 2852 c.c. Nachrangige Hypothekengläubiger finden Berücksichtigung erst nach vollständiger Befriedigung der im Rang vorgehenden Gläubiger.[176] Bei gleichzeitiger Eintragung und folglich gleichem Rang erfolgt die Befriedigung gemäß Art. 2854 c.c. proportional zur Höhe der jeweils gesicherten Forderung.

b) Eintritt in vorrangiges Hypothekenrecht

Aus deutscher Sicht interessant, weil es an einer vergleichbaren Regelung fehlt, ist die Vorschrift des Art. 2856 c.c. Hiernach kann ein Gläubiger, der aufgrund der bevorrechtigten Befriedigung eines im Rang vorgehenden Gläubigers selbst nicht oder nicht vollständig befriedigt wird, in die Hypothek des befriedigten Gläubigers eintreten und eine bevorzugte Vollstreckung bezüglich der Gegenstände betreiben, auf die sich lediglich die im Rang vorgehende Hypothek bezog. Der nachrangige Gläubiger wird somit vor den Nachteilen geschützt, die ihm durch die, möglicherweise rein zufällige, Entscheidung des vorrangigen Gläubigers entstehen würden, trotz weiterer Auswahl gerade die doppelt belasteten Gegenstände zu verwerten. Logische Voraussetzung ist somit, dass Objekt der vorrangigen Hypothek auch, aber nicht nur die von der nachrangigen Hypothek erfassten Gegenstände sind. Jedoch unterliegt der Eintritt in die fremde Rechtsposition folgenden Einschränkungen:

Um eine Benachteiligung des Schuldners zu vermeiden, wird die hypothekarische Sicherung nur in Höhe der Forderung zugestanden, für welche die noch vorhandenen Gegenstände zugunsten des vorrangigen Gläubigers hypothekarisch belastet waren.[177] Generell

---

[175] Siehe hierzu Rubino, S. 154 f.
[176] Ravazzoni, S. 266.
[177] Ravazzoni, S. 269.

unzulässig ist der Rechtseintritt gemäß Art. 2857 c.c. dann, wenn die Hypothek an den fraglichen Gegenständen nicht durch den Hauptschuldner, sondern durch einen Dritten eingeräumt wurde. Als Hintergrund dieser Regelung wird zum einen Art. 1203 Nr. 1 c.c. gesehen.[178] Hiernach erfolgt kraft Gesetzes eine Einsetzung desjenigen, der, ohne selbst Schuldner zu sein, einem bevorrechtigten Gläubiger Zahlung leistet, in dessen Rechtsposition. Da auch die Leistung durch den persönlich nicht verpflichteten Hypothekenbesteller die ebengenannten Wirkungen zur Folge hat, käme es bei gleichzeitiger Geltung des Art. 2856 c.c. zu einer unlösbaren Kollision zwischen dem nachrangigen Hypothekengläubiger und dem schuldrechtlich nicht selbst verpflichteten Hypothekenschuldner. Zum anderen wird argumentiert, die beschriebene Interessenkollision ergebe sich aus Art. 2869 c.c.[179] Der Rangeintritt des nachrangigen Hypothekengläubigers könne nicht stattfinden, da hierdurch der Rangeintritt des Hypothekenbestellers verhindert würde, was wiederum zum Erlöschen der Hypothek führen würde.

c) Rangtausch

Ein weiteres Institut, welches zu einer nachträglichen Rangänderung führt, ist der einverständliche Rangtausch (*postergazione*). Zwar fehlt eine ausdrückliche gesetzliche Regelung dieser Rechtsfigur, jedoch wird sie in Art. 2843 c.c. erwähnt und somit offensichtlich als existent vorausgesetzt. Wie sich aus dieser Vorschrift ergibt, setzt die Wirksamkeit eines Rangtausches dessen Registervermerk in Form einer *annotazione*[180] voraus. Da der Rangwechsel nicht aufgrund einer gesetzgeberischen Wertung, sondern auf bloße Vereinbarung der beiden beteiligten Gläubiger hin erfolgt, ist er nur zulässig, soweit er nicht zu einer Benachteiligung der weiteren Hypothekeninhaber führt. Der Eintritt in ein höherrangiges Hypothekenrecht ist somit nur in Höhe des Betrages möglich, der bereits in diesem Rang abgesichert war.[181] Zur Veranschaulichung sei folgendes Beispiel genannt:

Gläubiger 1 (G1) ist Inhaber einer mit erstem Rang in Höhe von 20 abgesicherten Forderung. Gläubiger 2 (G2) hält eine zweitrangige Hypothek von 30. Gläubiger 3 (G3) hat ein Hypothekenrecht in Höhe von 50, dies aber lediglich auf dem dritten Rang.

Nicht möglich ist ein einfacher Rangtausch zwischen G1 und G3, der folgende Rangordnung herbeiführen würde: Erstrangige Hypothek für G3 in Höhe von 50, zweitrangige Hypothek für G2 in Höhe von 30 und drittrangige Hypothek für G1 in Höhe von 20.

Möglich ist hingegen folgende Konstellation: G3 erhält eine erstrangige Hypothek über 20 sowie eine drittrangige über 30. G2 bleibt unverändert zweitrangiger Hypothekenin-

---

[178] Ravazzoni, S. 270.
[179] Rubino, S. 402.
[180] Siehe oben unter § 2 II 4 b.
[181] Ravazzoni, S. 263.

haber in Höhe von 30. G1 schließlich befindet sich mit seiner Hypothek von 20 nach dem Rangtausch auf dem vierten und letzten Rang.

d) Verhältnis zu anderen Vorzugsrechten

Was das Verhältnis zu anderen Vorzugsrechten anbelangt, vgl. unten § 2 III 4.

e) Beschränkte dingliche Rechte

Nach Eintragung der Hypothek an der Sache bestellte Dienstbarkeiten und Nießbrauchsrechte sowie dingliche Gebrauchs- und Wohnrechte können gemäß Art. 2812 Absatz 1 c.c. dem Hypothekengläubiger nicht entgegengehalten werden, was zur Folge hat, dass dieser den Hypothekengegenstand lastenfrei durch Zwangsveräußerung verwerten kann. Inhaber eines Überbaurechts (*diritto di superficie*, Art. 952 c.c.) oder eines Erbpachtrechts (*enfiteusi*, Art. 957 c.c.) hingegen verfügen gemäß Art. 2812 Absatz 3 c.c. über die gleichen Rechte wie Erwerber der belasteten Sache und haben somit die Möglichkeit, den Hypothekengegenstand nach den Regelungen des Art. 2858 c.c. von seiner Belastung zu befreien.[182]

7. Zwangsvollstreckung durch Dritte

Im Rahmen der Zwangsvollstreckung Dritter findet das Hypothekenrecht nur dann Berücksichtigung, wenn es vor Beginn des Vollstreckungsverfahrens nach Art. 555 c.p.c. eingetragen wurde, Art. 2916 c.c. So muss in diesem Fall der Drittgläubiger, der die Zwangsvollstreckung in den Hypothekengegenstand betreibt, den Hypothekengläubiger hiervon gemäß Art. 498 Absätze 1 und 2 c.p.c. innerhalb von fünf Tagen nach Einleitung der Vollstreckung durch Zwangspfändung verständigen. Dem Hypothekengläubiger stehen nun zwei Möglichkeiten offen.

Entweder er tritt dem Vollstreckungsverfahren im Wege der sogenannten Intervention nach Artt. 499, 525 ff. c.p.c. bei und nimmt damit an der Verteilung des Veräußerungserlöses als bevorrechtigter Gläubiger teil.[183] Oder er einigt sich, ermächtigt durch das Vollstreckungsgericht, im Rahmen der Zwangsveräußerung mit dem Erwerber nach Art. 508 c.p.c. dahingehend, dass dieser unter Befreiung des ursprünglichen Schuldners sowohl die Schuld als auch die zu ihrer Absicherung bestellte Hypothek übernimmt.

8. Sicherung des Hypothekengegenstandes

Ein Mittel, den Sicherungsgegenstand vor Wertminderungen zu schützen, steht dem Hypothekengläubiger gemäß Art. 2813 c.c. zur Verfügung. Hiernach kann er, falls der Schuldner oder ein Dritter Handlungen vornehmen, welche die materielle Verschlechterung der belasteten Sache befürchten lassen, bei Gericht den Erlass einer Unterlassungs-

---

[182] Siehe hierzu unten § 2 II 9 a.

[183] Zum Rangverhältnis der verschiedenen Sicherungsrechte untereinander siehe unten § 2 III 4.

anordnung oder die Anordnung eventuell notwendiger Sicherungsmaßnahmen beantragen. Hierbei ist es irrelevant, ob durch die Verschlechterung ein Verfall des Wertes unter die Höhe der gesicherten Forderung droht.[184] Nach überwiegender Auffassung findet Art. 2813 c.c. nicht nur Anwendung auf aktive schädliche Handlungen, sondern auch auf das Unterlassen notwendiger Schritte.[185] Umstritten ist insoweit jedoch, ob ein Unterlassen nur im Falle grober Fahrlässigkeit erfasst wird,[186] oder ob eine allgemeine Pflicht des Hypothekenschuldners oder Dritter gegenüber dem Hypothekengläubiger zur Erhaltung des Hypothekengegenstandes besteht.[187] Angesichts des Umstandes, dass bereits die grundsätzliche Einbeziehung von Unterlassungen eine erhebliche Ausweitung der nach ihrem Wortlaut nur für Handlungen geltenden Vorschrift[188] zulasten des Schuldners darstellt, scheint die Annahme einer allgemeinen Sorgfaltspflicht mit dem Willen des Gesetzgebers nicht mehr vereinbar. Angemessen ist die Gleichstellung des Unterlassens vielmehr nur dann, wenn die Ergreifung schützender Maßnahmen dem Schuldner oder Dritten einerseits zumutbar, andererseits zur Verhinderung einer erheblichen Verschlechterung notwendig ist.[189]

9. Erwerb des belasteten Gegenstandes durch Dritte

Wegen der dinglichen Wirkung der Hypothek bleibt die Belastung des Gegenstandes auch Dritterwerbern gegenüber bestehen, Art. 2808 c.c. Jedoch kann der Erwerber, wenn die zur späteren Vollstreckung führende Klage gegen den Veräußerer erst nach der Eintragung des Eigentumsüberganges ins Grundbuch erhoben wurde, dem Hypothekengläubiger gegenüber alle Einwendungen geltend machen, die dem veräußernden Schuldner im Rahmen des Prozesses oder der Zwangsvollstreckung zugestanden hätten, Art. 2859 c.c.

a) Allgemeine Entlastungsmöglichkeiten

Gemäß Art. 2858 c.c. stehen dem Erwerber, soweit er nicht selbst gegenüber dem Hypothekengläubiger persönlich verpflichtet ist, drei Möglichkeiten offen, die Sache von der Belastung zu befreien:

aa) Er kann nach der allgemeinen Regel des Art. 2878 Nr. 3 c.c. durch Begleichung der gesicherten Forderungen die Löschung der Hypothek herbeiführen.

bb) Alternativ hierzu steht es ihm offen, gemäß Artt. 2861 ff. c.c. den belasteten Gegenstand durch Erklärung vor dem Landgericht (*tribunale*) innerhalb von 10 Tagen nach

---

[184] Gorla-Zanelli, S. 257 f.
[185] Cian/Trabucchi, Art. 2813, II.
[186] So Rubino, S. 346.
[187] So Gorla-Zanelli, a.a.O.
[188] Vgl. demgegenüber § 1134 Absatz 2 Satz 2 BGB, der die gerichtliche Anordnung von Sicherungsmaßnehmen auch für den Fall des Unterlassens seitens des Eigentümers ausdrücklich vorsieht.
[189] So auch Rubino, S. 346.

Eintragung der Zwangspfändung[190] den Gläubigern zu überlassen, mit der Folge, dass die Zwangsvollstreckung nicht gegen ihn, sondern gegen einen vom Gericht ernannten Verwalter fortgeführt wird. Dingliche Rechte, die vor Eintragung der Überlassung des belasteten Gegenstandes an die Gläubiger dem Erwerber gegenüber begründet worden sind, werden gemäß Art. 2862 c.c. durch die Überlassung nicht beeinträchtigt, solche des Erwerbers selbst, die zunächst durch Konsolidation (vgl. etwa Art. 1014 Nr. 2 c.c.) erloschen sind, leben wieder auf. Solange die Zwangsvollstreckung nicht durch die Veräußerung des Sicherungsgegenstandes beendet ist, kann der Erwerber diesen durch Bezahlung der gesicherten Forderungen nebst Zinsen und Verfahrenskosten zurückerwerben, Art. 2863 c.c.

cc) Schließlich besteht die Möglichkeit, die Sache gemäß dem in Artt. 2889 ff. c.c. geregelten Verfahren von der hypothekarischen Belastung zu befreien. Hierbei bietet der Erwerber spätestens 30 Tage nach Pfändung den Gläubigern zur Befreiung denjenigen Preis an, zu dem er selbst die Sache erworben hat. Beantragt keiner der Gläubiger innerhalb einer Frist von 40 Tagen nach Zustellung des Angebots die Veräußerung des Sicherungsgegenstandes im Wege der Zwangsversteigerung unter gleichzeitiger Abgabe eines eigenen, um mindestens 10 Prozent darüber liegenden Ersteigerungsgebotes, kann der Dritterwerber die Sache durch Hinterlegung des von ihm festgesetzten Preises von der Hypothek befreien.

Durch diese Regelung soll dem Erwerber die Entlastung des Hypothekengegenstandes für den Fall erleichtert werden, dass der Umfang der gesicherten Forderung den Wert der Sache selbst deutlich übersteigt.[191]

b) Entlastungsmöglichkeit bei ausstehender Kaufpreiszahlung

Eine zusätzliche Möglichkeit, den Erwerbsgegenstand von der hypothekarischen Belastung zu befreien, bietet Art. 2867 c.c. Hat der bereits als Eigentümer eingetragene Erwerber seine dem Veräußerer gegenüber bestehende Zahlungsverpflichtung noch nicht erfüllt, kann er auf Aufforderung der Hypothekengläubiger hin direkt an diese zahlen. Reicht der Zahlbetrag zur Befriedigung aller Hypothekeninhaber aus oder haben diese trotz eines verbleibenden Fehlbetrags die Zahlung einverständlich verlangt, wird der Sicherungsgegenstand von seinen Belastungen befreit.

c) Zwangsvollstreckung durch die Hypothekengläubiger

Kommt es zu einer Zwangsvollstreckung in den belasteten Gegenstand durch die Hypothekengläubiger, gestaltet sich die Rechtslage folgendermaßen:

---

[190] Gemäß Artt. 555 ff. c.p.c. wird die Zwangsvollstreckung in Immobilien nach italienischem Recht mit deren Pfändung eingeleitet.

[191] Ravazzoni, S. 284.

aa) Pflichten und Haftung des Erwerbers

Die aus der Liegenschaft hervorgegangenen Früchte hat der Erwerber gemäß Art. 2865 c.c. ab dem Zeitpunkt der Zwangspfändung (Art. 555 c.p.c.) den Hypothekengläubigern zu überlassen.

Hinsichtlich der Haftung für Schäden an dem hypothekarisch belasteten Gegenstand ist zu differenzieren. Während der Erwerber vor der Pfändung gemäß Art. 2864 c.c. den geschädigten Hypothekargläubigern gegenüber nur insoweit zum Ersatz verpflichtet ist, als er zumindest grob fahrlässig gehandelt hat, untersteht er mit erfolgter Zwangspfändung den Pflichten eines Verwahrers, Art. 1177 c.c., und haftet bereits bei normaler Fahrlässigkeit.[192]

bb) Rechte des Dritterwerbers

Im Gegenzug zu den ebengenannten Pflichten kann der Erwerber für an der Liegenschaft vorgenommene Verbesserungen Aufwendungsersatz aus dem Veräußerungserlös verlangen, Art. 2864 Absatz 2 c.c.

Darüber hinaus verleiht Art. 2866 Absatz 1 c.c. dem Erwerber gegenüber seinem Rechtsvorgänger einen Anspruch auf Ersatz des ihm durch die Zwangsvollstreckung oder deren Abwendung entstandenen Schadens. Zur Sicherung dieses Anspruchs hat der Erwerber, ebenso wie der nachrangige Hypothekengläubiger[193], das Recht, in die Sicherungsposition des befriedigten Gläubigers einzutreten, soweit sich dessen Hypothek auch auf sonstige Güter des Schuldners erstreckt, Art. 2866 Absatz 2 c.c.

10. Bestellung der Hypothek durch einen Dritten, Artt. 2868 ff. c.c.

Die ebengenannten Möglichkeiten, den belasteten Gegenstand durch Überlassung oder nach dem Verfahren der Art. 2889 ff. c.c.[194] von der Hypothek zu befreien, stehen demjenigen, der von vornherein eine Hypothek für die Schuld eines anderen bestellt, nicht zu. Der Grund dafür, dass der Gesetzgeber dem Dritterwerber im Vergleich zum Drittbesteller zusätzliche Alternativen hinsichtlich der Entlastung des Hypothekengegenstandes gewährt, wird einerseits in der bewussten Förderung der Umlauffähigkeit[195], andererseits in dem Umstand gesehen, dass der freiwillig für den Schuldner eintretende Drittbesteller eher dem Bürgen gleichzustellen sei.[196]

Hingegen stehen auch dem Drittbesteller, soweit er an dem auf die Verurteilung des Schuldners gerichteten Rechtsstreit nicht beteiligt war, gemäß Artt. 2870, 2859 c.c. die

---

[192] Cian/Trabucchi, Art. 2864, I. Rn. 2.
[193] S. oben § 2 II 6 b.
[194] Hierzu oben § 2 II 9 a.
[195] Boero, S. 764.
[196] Ravazzoni, S. 289.

vom Schuldner dort nicht erhobenen oder erst nach der Verurteilung entstandenen Einreden zu.

Zahlt der Drittbesteller auf die gesicherte Forderung oder kommt es zur zwangsweisen Veräußerung des Hypothekengegenstandes, kann er sich gemäß Art. 2871 c.c. am Schuldner, dessen Bürgen und, proportional zu der jeweiligen Sicherungshöhe, an möglichen weiteren Drittbestellern einer Hypothek schadlos halten. Gegenüber Erwerbern hat er die Möglichkeit, den in Art. 2866 Absatz 2 c.c. geregelten Eintritt in die Rechtsposition des befriedigten Hypothekengläubigers geltend zu machen.

Die Einrede der Vorausklage steht dem Drittbesteller, ebenso wie dem Bürgen (vgl. Art 1944 c.c.) nur dann zu, wenn hierüber eine Vereinbarung mit dem Hypothekengläubiger besteht, Art. 2868 c.c.

11. Reduzierung der Hypothek, Artt. 2872 ff. c.c.

Eine nachträgliche Herabsetzung des Hypothekenrechts kann nach Art 2872 c.c. sowohl hinsichtlich der gesicherten Forderung als auch hinsichtlich der belasteten Gegenstände erfolgen. Ist lediglich ein Gegenstand hypothekarisch belastet, setzt eine diesbezügliche Reduzierung voraus, dass er aus abgegrenzten oder abgrenzbaren Einzelteilen besteht.

Während die freiwillige Reduzierung der Hypothek durch den Gläubiger allgemein als Teilverzicht interpretiert wird und damit keinen besonderen Beschränkungen unterliegt,[197] ist eine einseitige Herbeiführung der Herabsetzung durch den Besteller nur möglich, wenn die Grundlagen der Hypothek zum Eintragungszeitpunkt nicht eindeutig bestimmt waren oder durch spätere Teilzahlungen ein Missverhältnis entstanden ist.

Demgemäß ist nach Art. 2873 Absatz 1 c.c. ein Reduzierungsantrag grundsätzlich unzulässig, sofern die Menge der Sicherungsgegenstände bzw. die Höhe der zu sichernden Forderung durch Vereinbarung oder Urteil festgesetzt sind. Als Ausnahme hierzu kann gemäß Absatz 2 der Vorschrift eine Herabsetzung des eingetragenen Forderungsbetrages beantragt werden, sobald ein Fünftel der ursprünglichen Schuld durch Teilzahlungen getilgt ist.

Sind die Hypothekengegenstände oder der abzusichernde Forderungsbetrag in dem der Hypothekeneintragung zugrundeliegenden Rechtstitel nicht festgelegt, bestimmen sich die Voraussetzungen für einen Reduzierungsanspruch nach Artt. 2874 ff c.c. Nach diesen Vorschriften werden gerichtliche und gesetzliche Hypotheken, mit Ausnahme der in Art. 2817 Nr. 1 und 2 c.c. geregelten, auf Antrag reduziert, soweit der bei der Einschreibung angegebene Sicherungsbetrag den gerichtlich bestimmten um ein Fünftel oder soweit der Wert der belasteten Sachen den der zu sichernden Forderung um ein Drittel übersteigt.

---

[197] Vgl. Rubino, S. 489; Gorla-Zanelli, S. 470.

Zwar wird in der Literatur zum Teil die Ansicht vertreten, auch aufgrund Vertrages eingetragene Hypotheken könnten nach den Regeln der Artt. 2874 ff. c.c. herabgesetzt werden.[198] Jedoch widerspricht diese Auffassung nicht nur dem eindeutigen Wortlaut des Gesetzes, sie ist auch von geringer praktischer Bedeutung, da Forderungsbetrag und Gegenstand der Belastung in der Vereinbarung über die Bestellung der Hypothek meist festgelegt werden.[199]

12. Erlöschen der Hypothek

a) Allgemeine Erlöschensgründe, Artt. 2878 ff. c.c.

Systematisch uneinheitlich ist die gesetzliche Regelung hinsichtlich des Erlöschens der Hypothek. So beziehen sich die in Art. 2878 c.c. genannten Erlöschensgründe teils auf das Hypothekenverhältnis, teils auf die zugrundeliegende Rechtsbeziehung, teils auf den Hypothekengegenstand.[200]

In konsequenter Fortführung des Grundsatzes, dass die wirksame Eintragung der Hypothek für deren Bestand konstitutiv ist, bestimmt Art. 2878 Nr. 1 und Nr. 2 c.c. das Erlöschen der Hypothek für den Fall, dass die Eintragung gelöscht oder nicht rechtzeitig gemäß Art. 2847 c.c. erneuert wird. Die der Löschung oder mangelnden Erneuerung zugrunde liegende rechtliche Situation ist insoweit irrelevant. Ebenfalls zu beachten ist in diesem Zusammenhang aber die Regelung des Art. 2848 c.c., wonach die Hypothek auch nach Ablauf der Erneuerungsfrist auf bloße Initiative des Gläubigers hin neu eingetragen werden kann. Zwar ist für deren Rang und Wirkung der Zeitpunkt der neuerlichen Eintragung entscheidend, jedoch geht Art. 2848 c.c. nach seinem Wortlaut davon aus, dass der Rechtsgrund für die Hypothek als solcher durchgehend Bestand hatte.[201]

Weitere aus dem Hypothekenverhältnis selbst hervorgehende Löschungsgründe sind der Verzicht auf die Hypothek gemäß Artt. 2878 Nr. 5, der Ablauf einer zeitlich befristeten oder auflösend bedingten Hypothek gemäß Art. 2878 Nr. 6 c.c. sowie die gerichtliche Verfügung, durch welche der Hypothekengegenstand im Rahmen der Zwangsverwertung an den Erwerber übertragen und die gleichzeitige Löschung der Hypothek angeordnet wird, Art. 2878 Nr. 7 c.c. Wirksamkeitsvoraussetzung für einen Verzicht seitens des Hypothekars ist, wie bei allen Rechtsgeschäften, die ein dingliches Immobiliarrecht zum Gegenstand haben, das Festhalten der Erklärung in einer Urkunde, Art. 2879 Absatz 1 c.c.

Das der hypothekarischen Belastung zugrundeliegende Rechtsverhältnis erlangt solange Relevanz, als eine wirksame Eintragung besteht. So kann der Grund für ein Erlöschen

---

198 Rubino, S. 488; Gorla-Zanelli, S. 474.
199 S. hierzu auch Tamburrino, *Della tutela dei diritti*, S. 334; Ravazzoni, S. 295.
200 Vgl. zu dieser Einteilung Cian/Trabucchi, Art 2878, I. Rn. 2.
201 Siehe hierzu auch oben § 2 II 4 c.

der Hypothek auch im Wegfall der gesicherten Forderung liegen, Art. 2878 Nr. 3. Das automatische Erlöschen des Hypothekenrechts im Falle des Untergangs der zugrundeliegenden Hauptforderung folgt zwingend aus dessen streng akzessorischem Charakter.[202]

Zu einem Erlöschen der Hypothek führt schließlich auch der Untergang des Hypothekengegenstandes, Art. 2878 Nr. 4 c.c.

b) Besonderheiten beim Nießbrauch

Eine Ausnahme zur ebengenannten Regelung des Art. 2878 Nr. 4 c.c. ergibt sich aus Art. 2814 Absatz 1 Satz 2 c.c. Hiernach bleibt, falls der Nießbrauch durch Verzicht oder Missbrauch des Nießbrauchers beendet wird, die am Nießbrauch bestellte Hypothek bis zu dessen ursprünglich vorgesehener Beendigung bestehen.

c) Drittwirksamkeit des Erlöschens

Dritten kann ein Erlöschen der Hypothek in allen Fällen erst nach erfolgter Löschung der Eintragung entgegengehalten werden.[203] Ein wirksamer Erwerb der Hypothek durch Abtretung der gesicherten Forderung gemäß Art. 1263 Absatz 1 c.c. ist somit möglich, solange die Eintragung der Hypothek besteht. Dies gilt selbst dann, wenn der Zessionar zum Abtretungszeitpunkt bösgläubig ist, d.h. das Erlöschen der Hypothek kannte oder hätte kennen müssen.[204]

13. Hypothek in der Schuldnerinsolvenz

a) Zwangsvollstreckung

Die Möglichkeit, gemäß Art. 53 l. fall. in Ausnahme zum Verbot der Einzelzwangsvollstreckung beim Insolvenzgericht die Zulassung der Zwangsveräußerung des Sicherungsgegenstandes zu beantragen, steht dem Hypotheken -, anders als dem Pfandgläubiger[205] nicht zu.

b) Masseverteilung

Auch hinsichtlich der Berücksichtigung des Hypothekengläubigers gelten jedoch im Insolvenzverfahren einerseits der absolute Vorrang der Verfahrenskosten gemäß Art. 111 l. fall., andererseits über Art. 54 l. fall. die allgemein in Art. 2748 und Art. 2777 ff. c.c. geregelte Rangordnung zwischen den einzelnen Vorzugsrechten. Konkret ergibt sich aus Art. 2748 c.c., dass der Hypothekeninhaber gegenüber dem Inhaber eines Vorzugsrechts an der Immobilie (Artt. 2770 ff. c.c.) nachrangig berücksichtigt wird. Nach Eröffnung des Insolvenzverfahrens ist die Eintragung einer Hypothek zwar noch zulässig,

---

[202] S. auch Cian/Trabucchi, Art. 2878, III.
[203] Vgl. Ravazzoni, S. 301.
[204] Gazzoni, *Manuale di dir. priv.*, S. 290.
[205] Vgl. oben § 2 I 6 a.

kann gemäß Art. 45 l. fall. den Massegläubigern aber nicht entgegengehalten werden. Was die Berücksichtigung von Zinsen und sonstigen Nebenforderungen anbelangt, so verweist Art. 54 Absatz 3 l. fall. auf die oben unter § 2 II. 5. a) bereits dargestellte allgemeine Regelung des Art. 2855 c.c., wobei der Zeitpunkt des gerichtlichen Insolvenzbeschlusses insoweit dem Zeitpunkt des Pfändungsbeginns gleichzusetzen ist.

14. Sonderfall der Autohypothek (*ipoteca automobilistica*)

Wie bereits angesprochen,[206] ergibt sich die hypothekarische Belastbarkeit von Kraftfahrzeugen nach italienischem Recht schon aus der Tatsache, dass deren Rechtsverhältnisse allgemein einer Eintragungspflicht unterliegen, Artt. 815, 2810 Absatz 3 c.c.

Einzelheiten zu den Entstehungsvoraussetzungen, eintragungspflichtigen Tatsachen und den dinglichen Rechtsfolgen finden sich im Gesetz Nr. 436 vom 15.3.1927 über die Veräußerung von Kraftfahrzeugen und die Einrichtung des öffentlichen Kraftfahrzeugregisters (im Folgenden: "r.d.l.n. 436") und den diesbezüglichen Ausführungsbestimmungen Nr. 1814 vom 29.7.1927. Zwar sprechen diese Normen ausschließlich von *privilegi*. Jedoch bestand bereits vor Einführung des *Codice Civile* von 1942 Einigkeit darüber, dass das in Frage stehende Vorrecht angesichts seiner inhaltlichen Ausgestaltung der Hypothek gleichzustellen sei.[207] Endgültig bestätigt wurde diese Auffassung durch die Bezeichnung dieser Sicherungsrechte als *ipoteche* in Art. 2810 Absatz 3 c.c.

Gesetzlich vorgesehen ist die Entstehung einer Autohypothek sowohl zugunsten des Verkäufers zur Sicherung des Kaufpreises (Art. 2 Absatz 1 r.d.l.n. 436) als auch zugunsten desjenigen Dritten, der die Kaufpreiszahlung für den Schuldner übernommen hat (Art. 2 Absatz 2 r.d.l.n. 436). Uneingeschränkt möglich ist daneben die vertragliche Vereinbarung, das KFZ zur Sicherung einer beliebigen Forderung zu belasten, Art. 2 Absatz 3 r.d.l.n. 436. Gemäß Art. 2 Absatz 5 r.d.l.n. 436 hat die Autohypothek, abweichend von Art. 2847 c.c., zunächst eine Höchstdauer von fünf Jahren ab Eintragung, kann aber vor Ablauf dieser Frist um weitere fünf Jahre verlängert werden.

Eine zusätzliche Sicherung, analog zur Regelung des Art. 2742 c.c., bietet Art. 3 r.d.l.n. 436. Hiernach stehen eventuelle Versicherungs- oder Schadensersatzzahlungen im Falle der Verschlechterung bzw. des Untergangs des belasteten Fahrzeugs primär dem Hypothekengläubiger zu.
Gemäß Art. 5 r.d.l.n. 436 geht die Autohypothek allen anderen Vorzugsrechten mit Ausnahme der in Artt. 2751 (Absicherung von Begräbnis-, Pflege- und Versorgungskosten) und 2755 c.c. (Absicherung von Verfahrenskosten) genannten vor. Die Rangfolge mehrerer Hypothekenrechte untereinander bestimmt sich nach dem Zeitpunkt ihrer jeweiligen Eintragung.

---

[206] Vgl. oben § 2 II 2 c.

[207] Boero, S. 296.

Entscheidend ist die ordnungsgemäße Eintragung der Autohypothek aber nicht nur für deren Rang, sondern auch generell für die Wirksamkeit gegenüber Dritten, Art. 6 r.d.l.n. 436. Konkretes Publizitätsmittel ist gemäß Art. 11 i. V. m. 12 lit. g das beim Italienischen Automobilklub (*A.C.I.*) zentral geführte Öffentliche Automobilverzeichnis (*Pubblico registro automobilistico*). Zusätzlich zur Möglichkeit, dieses Verzeichnis einzusehen, erhält der KFZ-Eigentümer gemäß Artt. 93 Absatz 5, 94 Absatz 1 bzw. Art. 93 Absatz 1 und 2 Nuovo Codice della Strada 1992 einen Registerauszug und eine Bescheinigung (*certificato di proprietà*)[208], aus denen die Eigentümerstellung und eventuelle hypothekarische Belastungen ersichtlich sind.

Soweit sich aus den beschriebenen Regelungen keine Besonderheiten ergeben, unterliegt die Autohypothek den allgemeinen Vorschriften über die Hypothek.

---

[208] S. oben Fn. 9.

III. Vorzugsrechte (*privilegi*), Artt. 2745 ff. c.c.

1. Dogmatischer Charakter

Das Vorzugsrecht gibt dem Gläubiger die Möglichkeit, sich aus bestimmten Sachen bevorzugt zu befriedigen. Hinsichtlich der dogmatischen Einstufung des Vorzugsrechtes ist danach zu differenzieren, ob es sich auf das gesamte bewegliche Vermögen des Schuldners bezieht (*privilegio generale*) oder nur auf bestimmte Gegenstände (*privilegio speciale*).[209] Da im Rahmen des *privilegio generale* keine Zuordnung eines konkreten Gegenstandes an den Gläubiger erfolgt, ist dieses nach einhelliger Auffassung nicht als subjektives Sachenrecht anzusehen. Zur Gruppe der dinglichen Sicherungsrechte gezählt wird hingegen das zugunsten des Gläubigers an einem bestimmten Sicherungsobjekt bestehende *privilegio speciale*.[210]

Seinem Inhalt und Zweck entsprechend findet auch das Vorzugsrecht seine Regelung im dritten Teil des sechsten Buches des *Codice Civile*, welcher sich mit dem Schutz von Rechten durch vorzugsweise Befriedigung befasst, hier unter Abschnitt 2.

2. Mögliche Sicherungsgegenstände

Wie bereits unter 1. erwähnt, sind Gegenstand des Vorzugsrechtes, je nach der gesetzlichen Regelung, alle beweglichen Sachen des Schuldners (Art. 2751 ff. c.c.), bestimmte bewegliche Sachen (Art. 2755 ff. c.c.) oder bestimmte unbewegliche Sachen (Art. 2770 ff. c.c.).

a) Allgemeine Vorzugsrechte

Eine strenge Systematik der durch die Gesamtheit des beweglichen Schuldnervermögens gesicherten Forderungen ist der gesetzlichen Regelung nicht zu entnehmen. Die in der Praxis wichtigsten Rechte lassen sich jedoch grob in zwei Gruppen einteilen:

Auf der einen Seite stehen Forderungen der für den Schuldner tätigen Arbeitnehmer und Freiberufler (Art. 2751 bis c.c.), auf der anderen Seite Forderungen des Fiskus und der Sozialversicherungsträger (Artt. 2752, 2753 c.c.).

b) Besondere Vorzugsrechte an bestimmten beweglichen Sachen

Spezielle Vorzugsrechte sieht der *Codice Civile* vor zur Sicherung von Forderungen des Fiskus hinsichtlich indirekter Abgaben, wie etwa Registergebühren, Stempelmarken, Mehrwertsteuer, Zoll, an den beweglichen Sachen, auf die sich die Abgaben beziehen (vgl. Art. 2758 c.c.), sowie von Forderungen des Fiskus hinsichtlich der Einkommensteuer von Unternehmern aus den zwei der Vollstreckung vorhergehenden Jahren (vgl.

---

[209] Zur Unterscheidung zwischen den beiden genannten Arten des Vorzugsrechtes s. näher unter 2.
[210] Tucci, *I privilegi*, Tr. Rescigno, Bd. 19, S. 619; Torrente/Schlesinger, § 275.

Art. 2759 c.c.). Die Absicherung erfolgt im letztgenannten Fall durch die im Besitz des Zahlungspflichtigen befindlichen Betriebsgegenstände und Waren.

Unabhängig von der Person des Gläubigers gesichert sind Forderungen aus im Rahmen der Mobiliarzwangsvollstreckung aufgewandten Verfahrenskosten. Gegenstand des privilegierten Zugriffs sind hierbei die der konkreten Vollstreckung unterliegenden Sachen (vgl. Art. 2755 c.c.)

Eine Absicherung durch die im Gewahrsam des Gläubigers befindlichen Sachen besteht schließlich für Forderungen aus Leistungen und Aufwendungen zur Erhaltung und Verbesserung der jeweiligen Sache (vgl. Art. 2756 c.c.) und für Forderungen aus Beherbergungsvertrag (vgl. Art. 2760 c.c.).

c) Besondere Vorzugsrechte an bestimmten unbeweglichen Sachen

Hinsichtlich der unbeweglichen Vermögensgegenstände des Schuldners ergibt sich zum einen die Sicherung der Forderungen auf Erstattung der im Rahmen der Immobiliarzwangsvollstreckung aufgewandten Verfahrenskosten. Der privilegierte Zugriff umfasst hierbei die der konkreten Vollstreckung unterliegende Liegenschaft (vgl. Art. 2770 c.c.).

Zum anderen besteht ein - ebenfalls durch die Liegenschaft selbst gesichertes - Vorzugsrecht hinsichtlich der auf das Grundstück bezogenen Forderungen des Fiskus (vgl. Art. 2771 c.c.).

3. Entstehung kraft Gesetzes

Vorgesehen ist eine ipso iure eintretende Privilegierung in all den Fällen, in denen der Gesetzgeber den Gläubiger aufgrund seiner Person oder wegen des Rechtsgrundes der Forderung als besonders schützenswert ansieht.[211] Eine vertragliche Einflussnahme auf die Entstehung der einzelnen Vorzugsrechte ist daher nicht möglich. Einzige Ausnahme hierzu ist die in der Praxis unbedeutende Ausnahmeregelung des Art. 2766 Absatz 3 c.c., wonach die zur Sicherung landwirtschaftlicher Darlehen gesetzlich geregelten Vorzugsrechte vertraglich erweitert werden können.

Hinsichtlich der unbeweglichen Sicherungsgegenstände gibt es neben der gesetzlichen Erwähnung keine weiteren Bestandsvoraussetzungen, insbesondere ist das Vorzugsrecht nicht von einer Eintragung in ein entsprechendes Register abhängig.[212]

Was hingegen die beweglichen Sachen betrifft, so ist zu differenzieren: Zwar ist eine Übergabe des Sicherungsgegenstandes an den Gläubiger nicht generell Voraussetzung für das Entstehen des Rechts, jedoch wird, wie bereits oben unter 2. b) angedeutet, in

---

[211] Vgl. Cian/Trabucchi, Art. 2745, I. Rn. 1.
[212] Ciccarello, *Privilegio*, Enc. Dir., S. 727.

einzelnen Fällen der Belastung beweglicher Sachen der Bestand des Vorzugsrechts davon abhängig gemacht, dass sich die Sache noch beim Gläubiger befindet. So konstituiert beispielsweise Art. 2756 c.c., ähnlich dem deutschen Werkunternehmerpfandrecht nach § 647 BGB ein Sicherungsrecht für Forderungen, die aus der Erhaltung oder Verbesserung von beweglichen Sachen entstanden sind, soweit der Leistende noch im Besitz dieser Sachen ist. Ein entsprechendes Vorzugsrecht genießt - ähnlich wie nach § 704 BGB - der Gastwirt an den in seinen Beherbergungsbetrieb eingebrachten Sachen, Art. 2760 c.c.
Abgesehen von den erwähnten, gesetzlich ausdrücklich geregelten Fällen, hat die Übertragung des Besitzes an dem Sicherungsgegenstand weder einen Einfluss auf den Bestand noch auf den Rang des Vorzugsrechts.

4. Verhältnis zu den dinglichen Rechten

a) Allgemeines Vorzugsrecht

Gemäß Art. 2747 Absatz 1 c.c. ermöglicht ein allgemeines Vorzugsrecht grundsätzlich nicht die Zwangsvollstreckung in Gegenstände, die mit Rechten Dritter behaftet sind. Eine privilegierte Stellung ergibt sich somit nur bei der Zwangsvollstreckung in uneingeschränkt zum Schuldnervermögen gehörende Gegenstände gegenüber ungesicherten Drittgläubigern.

b)Verhältnis des besonderen Vorzugsrechts zu Pfandrecht bzw. Hypothek

Erstaunlich erscheint zunächst die in Art. 2748 c.c. geregelte Rangfolge unter den verschiedenen Realgarantien. So kann, vorbehaltlich einzelner abweichender gesetzlicher Regelungen[213], zwar einerseits das besondere Vorzugsrecht an beweglichen Sachen nicht zum Nachteil eines Pfandgläubigers ausgeübt werden, andererseits geht das Vorzugsrecht an unbeweglichen Sachen der Hypothek im Rang vor.

Der Vorrang des Pfandrechts lässt sich hierbei mit dem in Art. 1153 Absatz 2 c.c. manifestierten Rechtsgedanken erklären, wonach derjenige, der durch Übergabe in den Besitz einer Sache gelangt, in seinem Glauben an deren Lastenfreiheit geschützt werden soll. Nach überwiegender Auffassung[214] setzt die Regelung des Art. 2748 c.c. somit den gutgläubig lastenfreien Pfandrechtserwerb voraus. Wenig interessengerecht erscheint demgegenüber die Ansicht, wonach auch der bösgläubig und damit nach Art. 1153 c.c. nicht lastenfrei erwerbende Pfandrechtsinhaber eine gegenüber dem Inhaber eines speziellen Vorzugsrechts bevorrechtigte Befriedigung erlangen solle.[215]
Die nachrangige Befriedigung der Hypothekengläubiger hingegen beruht auf der Tatsache, dass die hypothekarisch gesicherte Forderung grundsätzlich keinen inhaltlichen

[213] Absoluten Vorrang haben die in Artt. 2755 und 2770 c.c. erwähnten Vorzugsrechte hinsichtlich bestimmter Verfahrenskosten.
[214] Gaetano, *I privilegi*, Tr. Vassalli, S. 59; Parente, *Il sistema dei privilegi del credito*, S. 279.
[215] So aber Tucci, S. 635.

Bezug zum belasteten Grundstück aufweist, während das Immobiliarvorzugsrecht in der Regel Ansprüche schützt, die im Zusammenhang mit Aufwendungen am Grundstück selbst entstanden sind. Da die Aufwendungen regelmäßig zu einer Verbesserung/Erhaltung des Grundstücks führen und so auch dem Hypothekar zugute kommen, ist dessen nachrangige Befriedigung gerechtfertigt.[216]

c) Verhältnis des besonderen Vorzugsrechts zu sonstigen dinglichen Rechten

aa) Besonderes Vorzugsrecht an beweglichen Sachen

Nach der allgemeinen Regelung des Art. 2747 Absatz 2 c.c. kann ein besonderes Mobiliarvorzugsrecht insoweit auch zum Nachteil berechtigter Dritter, mit Ausnahme der Pfandgläubiger, ausgeübt werden, als der Dritte sein Recht erst nach Entstehen des Vorzugsrechtes erworben hat.

Darüber hinausgehend ist in den Fällen, in welchen die Existenz des Vorzugsrechtes den Verbleib der Sache in der Gewahrsamssphäre des Gläubigers voraussetzt, die Ausübung des Vorzugsrechtes auch zum Nachteil bereits bestehender Rechte Dritter möglich, falls der Vorzugsgläubiger hinsichtlich der Lastenfreiheit der Sache zum Zeitpunkt der Entstehung des Vorzugsrechtes in gutem Glauben ist (Art. 2747 Absatz 2 i.V.m Artt. 2756 Absatz 2, 2757 Absatz 3, 2760 Absatz 2, 2761 Absatz 4, 2764 Absatz 6 c.c.). Eindeutig zu bejahen ist angesichts dieser klaren gesetzlichen Regelung auch die Möglichkeit eines gutgläubigen Erwerbs des Werkunternehmerprivilegs nach Art. 2756 c.c. Unvollständig sind insoweit hingegen die Bestimmungen der §§ 647 und 1257 BGB zum deutschen Werkunternehmerpfandrecht. Der gesetzlich nicht erwähnte Gutglaubenserwerb wird höchstgerichtlich inzwischen zwar einhellig abgelehnt[217], ist insbesondere in der Literatur jedoch seit Jahrzehnten Gegenstand von Kontroversen.[218]

bb) Besonderes Vorzugsrecht an unbeweglichen Sachen

Gesetzlich nicht geregelt ist, abgesehen von der bereits erwähnten Bestimmung hinsichtlich der Hypothek in Art. 2748 Absatz 2 c.c. das Verhältnis des besonderen Vorzugsrechts an unbeweglichen Sachen zu an der gleichen Immobilie bestehenden Rechten Dritter.

Der Verzicht auf eine entsprechende Regelung lässt sich unschwer mit dem Charakter der hier denkbaren Immobiliarrechte, des Überbaurechts (Artt. 952 ff. c.c.), der Erbpacht (Artt. 957 ff. c.c.), des Nießbrauchs (Artt. 978 ff. c.c.) sowie der Grunddienstbarkeit (Artt. 1027 ff. c.c.) erklären. So ist Ziel dieser Rechte einerseits nur eine bestimmte Nutzung, nicht aber die bevorrechtigte Befriedigung aus der Verwertung des Grundstücks, andererseits sind sie in ihrem Bestand von der Person des jeweiligen Eigentümers unab-

---

[216] Vgl. auch Andrioli, *Dei privilegi*, S. 93, Comm. SB.
[217] BGHZ 87, 274; BGHZ 119, 75.
[218] Vgl. die Nachweise bei Palandt/Bassenge § 1257 Rn. 2.

hängig,[219] werden somit von einer Veräußerung des Grundstücks im Verwertungsverfahren nicht berührt.

5. Rangordnung der Vorzugsrechte untereinander

a) Allgemein

Das Verhältnis der einzelnen Vorzugsrechte untereinander ist in den Artt. 2777 bis 2783 c.c. genau geregelt. Anders als im Rahmen der Hypothek, ist der Zeitpunkt des Entstehens für die Rangfolge zwischen den einzelnen Vorzugsrechten irrelevant.[220] Zusammengefasst ergibt sich folgende Rangordnung:

Absoluten Vorrang haben die in den Artt. 2755 und 2770 c.c. genannten Forderungen hinsichtlich bestimmter mit dem Vollstreckungsverfahren verbundener Kosten. Danach finden Berücksichtigung die Forderungen der als Arbeitnehmer oder Selbständige für den Schuldner tätigen Beschäftigten nach Art. 2751 bis c.c., die in Sondergesetzen als vorrangig bezeichneten Rechte, die Forderungen des Fiskus und der Sozialversicherungsträger und schließlich die sonstigen mit Vorzugsrecht versehenen Forderungen Privater.

b) Ausnahmen

Abweichungen hiervon können sich gemäß Art. 2781 c.c. in dem Fall ergeben, dass bezüglich desselben Gegenstandes eine pfandrechtliche Sicherung mit mehreren Vorzugsrechten zusammenfällt. Geht gemäß einer speziellen Regelung eines dieser Vorzugsrechte dem Pfandrecht vor, die anderen hingegen nach der allgemeinen Vorschrift des Art 2748 c.c. nicht, so wird das gegenüber dem Pfandrecht privilegierte Vorzugsrecht auch vor solchen konkurrierenden Vorzugsrechten berücksichtigt, die nach der genannten allgemeinen Rangordnung höher einzustufen wären.

Konkret realisiert sich diese Konstellation beim Zusammentreffen eines Pfandrechts mit Vorzugsrechten aus Art. 2751 bis c.c. einerseits und den in Art. 2777 Absatz 3 c.c. erwähnten Vorzugsrechten aus Sondergesetzen[221] andererseits. Letztere befinden sich im Rang zwar hinter den Rechten aus Art. 2751 bis c.c., gehen jedoch im Gegensatz zu diesen dem konkurrierenden Pfandrecht vor.

---

[219] Siehe auch Cian/Trabucchi, Art. 952, II. Rn. 1, Art. 959, I., vor Art. 978, I. Rn. 2, Art. 1027, I. Rn. 2.
[220] Ciccarello, *Privilegio*, Enc. D., 727.
[221] S. beispielsweise Art. 561 c. nav. (Spezielles Vorzugsrecht für Schiffsladungen).

6. Insolvenz des Schuldners

a) Zwangsvollstreckung

Soweit der Gläubiger durch ein Vorzugsrecht gemäß Artt. 2756 oder 2761 c.c. geschützt ist, hat er, gleich einem Pfandgläubiger, nach Art. 53 l. fall. die Möglichkeit, die Zulassung der Zwangsveräußerung zu beantragen.[222] Ansonsten gilt uneingeschränkt das Verbot der Einzelvollstreckung gemäß Art. 51 l. fall.

b) Masseverteilung

Auch die durch Vorzugsrecht geschützten Forderungen unterliegen im Insolvenzverfahren einerseits dem absoluten Vorrang der Verfahrenskosten gemäß Art. 111 l. fall., andererseits über Art. 54 l. fall. der allgemein in Art. 2748 und Artt. 2777 ff. c.c. geregelten, eben beschriebenen Rangordnung zwischen den einzelnen dinglichen Sicherungsrechten.

7. Das Vorzugsrecht gemäß Art. 46 testo unico in materia bancaria (t.u.)

Das für die Wirtschaftspraxis wohl wichtigste Vorzugsrecht normiert Art. 46 des zum 1. Januar 1994 in kraft getretenen einheitlichen italienischen Bankgesetzes.[223]

Gemäß seinem Zweck, Unternehmern die Sicherung und damit die Erlangung von Bankdarlehen ohne Beeinträchtigung der Geschäftstätigkeit zu ermöglichen, ist dieses Recht als besitzloses Sicherungsmittel ausgestaltet, entsteht also ohne Übertragung der Sachherrschaft an den jeweiligen Sicherungsgütern.

a) Mögliche Sicherungsgegenstände

Als Sicherungsgut belastet werden kann grundsätzlich das gesamte bewegliche Vermögen des Unternehmers, einschließlich der aus dem Verkauf der Sicherungswaren resultierenden Forderungen, Art. 46 Absatz 1 t.u. Nicht belastungsfähig sind nach der gleichen Vorschrift hingegen solche beweglichen oder unbeweglichen Gegenstände, die der öffentlichen Registerpflicht unterliegen. Vermieden wird hierdurch eine Kollision mit eventuellen hypothekarischen Belastungen.

b) Entstehung

Im Gegensatz zu den meisten im *Codice Civile* enthaltenen Vorzugsrechten[224] bedarf das *privilegio* nach Art. 46 Absatz 2 Satz 1 t.u. der Vereinbarung eines schriftlichen Sicherungsvertrages. Die Drittwirksamkeit des Vorzugsrechts setzt gemäß Art. 46 Absatz 3 t.u. zusätzlich dessen Eintragung in dem gemäß Art. 1524 c.c. für den Eigentumsvorbehalt vorgesehenen, beim Landgericht (*tribunale)* geführten Register voraus. Nach einer

---

[222] Zu den Einzelheiten vgl. oben unter § 2 I 6 a.

[223] Gesetzesdekret vom 1.9.1993, Nr. 385, veröffentlicht in der *Gazzetta Ufficiale* vom 30.9.1993, Nr. 230.

[224] Vgl. als Ausnahme den oben unter § 2 III 3 genannten Art. 2766 Absatz 3 c.c.

Ergänzung der Vorschrift durch gesetzgeberischen Erlass im Jahre 1999[225] hat die Eintragung nunmehr sowohl am Sitz der gewerblichen Niederlassung des Darlehensschuldners als auch, soweit diesbezüglich Abweichungen bestehen, am Sitz des Sicherungsgebers zu erfolgen.

c) Wirkung und praktische Bedeutung

Der Rang des Vorzugsrechts richtet sich gemäß Art. 46 Absatz 4 t.u. nach Art. 2777 Absatz 3 c.c. Vorrangig befriedigt werden somit die in Artt. 2755 und 2770 c.c. genannten Forderungen hinsichtlich der Verfahrenskosten sowie die in Art. 2751-bis c.c. aufgeführten Forderungen.[226]

Gemäß Art. 46 Absatz 5 Satz 1 t.u. bleibt das Vorzugsrecht gegenüber Erwerbern des belasteten Gegenstandes bestehen, soweit diese nicht nach Art. 1153 Absatz 2 c.c. gutgläubig lastenfrei erworben haben. Ist ein Vorgehen gegen den Erwerber aufgrund Gutglaubenserwerbs nicht möglich, so überträgt sich das Recht auf vorzugsweise Befriedigung auf den vom Veräußerer realisierten Kaufpreis, Art. 46 Absatz 5 Satz 2 t.u.

Zu einer dem deutschen Rechtsverkehr vergleichbaren Interessenkollision zwischen Lieferant und Kreditinstitut[227] kommt es durch die Bestellung des Vorzugsrechts nicht, da die pauschale Abtretung von Weiterveräußerungsforderungen an den Lieferanten, etwa im Rahmen eines verlängerten Eigentumsvorbehaltes, von der italienischen Rechtssprechung nicht akzeptiert und in der Geschäftspraxis daher nicht üblich ist.[228]

Eine wesentliche Einschränkung erfährt die Nutzbarkeit des genannten Vorzugsrechts in der Praxis aus der Tatsache, dass die Associazione Bancaria Italiana (A.B.I.), die italienische Bankenvereinigung, in einem bankintern bindenden Rundschreiben[229] die vertragliche Erstreckung der Sicherung auf künftig in den Besitz des Unternehmers gelangende Gegenstände und damit auch die Ersetzbarkeit der Sicherungsgüter kategorisch ausschließt und zudem die Mindestlaufzeit der durch Vorzugsrecht sicherbaren Bankkredite auf 18 Monate festlegt.

Der tatsächliche Einsatz seines naturgemäß flexibel zu haltenden Umlaufvermögens wird dem Unternehmer somit auch hier verwehrt.

---

[225] S. Art. 8 Absatz 2 Gesetzesdekret vom 4.8.1999, Nr. 342, veröffentlicht in der *Gazzetta Ufficiale* vom 4.10.1999, Nr. 233.
[226] S. hierzu oben § 2 III 5 a.
[227] Vgl. hierzu Palandt/Heinrichs, § 398 Rn. 24.
[228] Vgl. hierzu auch unten § 2 VI 4.
[229] Abgedruckt in Banca, borsa, tit. cred. 1994, I, S. 402.

IV. Sicherungsübereignung

Die Übereignung eines Gegenstandes zu bloßen Sicherungszwecken ohne Besitzübergang ist vom *Codice Civile* nicht vorgesehen und wird auch von der italienischen Rechtsprechung nicht anerkannt. Die Gründe hierfür sowie mögliche Ausnahmen werden nachfolgend dargestellt.

1. Das Verbot der Verfallsabrede (*divieto del patto commissorio*), Art. 2744 c.c., als Grund für die Nichtanerkennung der Sicherungsübereignung

a) Wortlaut des Art. 2744 c.c.

Nach dem Wortlaut von Art. 2744 c.c. gilt das Verbot der Verfallsabrede nur im Zusammenhang mit einer dinglichen Sicherheit. So erklärt die Regelung diejenige Abmachung für nichtig, durch die vereinbart wird, dass bei Nichtbezahlung einer Forderung zu einem bestimmten Zeitpunkt das Eigentum der mit einer Hypothek belasteten oder als Pfand gegebenen Sache auf den Gläubiger übergeht.

b) Erweiterung des Art. 2744 c.c. auf selbständige Verfallsabreden

Es besteht jedoch seit langem in Rechtsprechung und Lehre weitgehend Einigkeit darüber, dass die Vorschrift nach dem Willen des Gesetzgebers extensiv auszulegen und auf all die Rechtsgeschäfte anzuwenden sei, in denen die Parteien durch die aufschiebend bedingte Übereignung eines Gegenstandes an den Gläubiger die Sicherung einer Forderung bezwecken.[230] Denn der offensichtlich zugrundeliegende Normzweck, zum Schutz des Schuldners eine bestimmte Art der Forderungssicherung zu verhindern,[231] greife in gleicher Weise ein, wenn die Verfallsabrede unabhängig von einer Realgarantie getroffen wird. Unwirksam sei somit auch ein als Kauf deklariertes Geschäft, im Rahmen dessen der „Verkäufer“ eine bestimmte Summe vom „Käufer“ erhalte und diesem im Gegenzug eine bestimmte Sache unter der aufschiebenden Bedingung übereigne, dass bis zu einem festgelegten Datum keine Rückzahlung des „Kaufpreises“ erfolgt ist.[232] Beschränke man den Geltungsbereich von Art. 2744 c.c. auf seinen Wortlaut, werde der Regelung überdies ihre praktische Bedeutung weitgehend genommen, da Verfallsabreden im Geschäftsverkehr in den allermeisten Fällen in Form eines als Kauf getarnten gesicherten Darlehensgeschäftes ohne zusätzliche Vereinbarung einer Hypothek oder eines Pfandrechts zu finden seien.[233]

---

[230] Andrioli, *Tutela dei diritti*, in Comm. SB, sub Art. 2744, 52; Cian/Trabucchi, Art. 2744, I. Rn. 2; Cass. 12.2.1993 n. 1787.

[231] Siehe hierzu Rubino, *La compravendita*, Tr. CM, 1025 ff.

[232] Vgl. z.B. Cass. 1.2.1974 n. 282, Giur. It. 1974 I, 1, 1024; Carnevali, *Patto commissorio*, Enc. dir., Bd. 32, S. 505.

[233] Roppo, *Il divieto del patto commissorio*, Tr. Rescigno, Bd. 19, S. 559.

c) Unterscheidung zwischen bedingter Übereignung und Übereignung mit Rückgabevereinbarung

Für wesentlich mehr Kontroversen als die Beurteilung des in der eben beschriebenen Weise bedingten Kaufs sorgte die Frage, ob Art. 2744 c.c. auch dann anzuwenden sei, wenn eine Übereignung im Rahmen eines Kaufs, d.h. gegen Zahlung eines Betrages durch den Käufer, zwar ohne aufschiebende Bedingung erfolgt, aber eine Rückübereignungsvereinbarung für den Fall getroffen wird, dass der Verkäufer den Geldbetrag (eventuell durch Zinsen erhöht) innerhalb einer gewissen Frist zurückzahlt (*vendita con patto di riscatto, vendita con pactum de retrovendendo, vendita con pactum de retrohemendo*).[234]

Um die Bedeutung des dogmatischen Unterschiedes zwischen den beiden genannten Fällen, aufschiebend bedingte Übereignung und Übereignung mit Rückgabevereinbarung, aus deutscher Sicht nachvollziehbar zu machen, muss zunächst der Zusammenhang zwischen Kaufvertrag und Übereignung im italienischen Recht näher beleuchtet werden.

Da dem *Codice Civile* das Trennungs- und Abstraktionsprinzip fremd ist, bildet die Übereignung des Kaufgegenstandes in der Regel ein Element des in Art. 1470 ff. c.c. geregelten Kaufvertrages („...*contratto che ha per oggetto il trasferimento della proprietà...*", *Art. 1470 c.c.*). Der Eigentumsübergang ist, abgesehen von den einzelnen gesetzlich geregelten Fällen der *vendita obbligatoria* (Verkauf einer zukünftig entstehenden Sache, Art. 1472 c.c., Verkauf einer unbestimmten Sache, Art. 1378 c.c., Verkauf unter Eigentumsvorbehalt, Art. 1523 c.c.),[235] sowohl gedanklich als auch zeitlich unmittelbare Folge der schuldrechtlichen Vereinbarung, Art. 1376 c.c. Spiegelbildlich hierzu kennt das italienische Recht die isolierte Übereignung nur in wenigen, praktisch kaum bedeutenden Ausnahmefällen[236] und presst die Eigentumsübertragung daher für gewöhnlich in das Korsett des Kaufvertrages.

Sollte nun die Übereignung erst zu einem späteren Zeitpunkt, aufschiebend bedingt durch die unterlassene Zahlung auf die gesicherte Forderung, stattfinden, fehlte dem Rechtsgeschäft nach Auffassung der früheren Rechtsprechung[237] ein wesentliches Element zur Qualifizierung als gesetzlich legitimierter Kauf.[238] So werteten die Gerichte den Kaufvertrag in diesen Fällen als vorgeschobenes Scheingeschäft und den tatsächli-

[234] Zum früheren Streitstand s. Amato, *Ancora sul patto commissorio e sulla vendita a scopo di garanzia*, Giust. civ. 1984, S. 1900 f.
[235] S.auch § 2 VI 1 b.
[236] S. hierzu Cian/Trabucchi, Art. 1376 Rn. 3.
[237] Cass. 20.5.1976 n. 1800; Cass. 14.12.1978 n. 5961, Cass. 2.4.1979 n. 1868.
[238] Die Akzeptanz des Kaufs mit aufschiebend bedingter Übereignung (*vendita sospensivamente condizionata*) als Unterfall der *vendita obbligatoria* erfolgte erst in der späteren Rechtsprechung, s. Cass. 25.3.2003 n. 4364.

chen Vorgang als gemäß Art. 2744 c.c. nichtiges, gesetzlich nicht vorgesehenes Sicherungsgeschäft.[239]

Dementsprechend unterschied der Kassationshof bei der Anwendung von Art. 2744 c.c. nach dem Zeitpunkt der Übereignung: Während man den aufschiebend bedingten Kauf als unzulässig ansah, wurde der Kauf mit sofortiger Eigentumsübertragung auch bei Vereinbarung einer aufschiebend bedingten Rückübereignungspflicht als wirksam erachtet. Zwar wurde bereits erkannt und problematisiert, dass der eigentlich vom Gesetz vorgesehene Zweck des Kaufs, nämlich der Güteraustausch, auch beim Kauf mit Rückgabevereinbarung nicht im Vordergrund stehe, sondern die Übergabe vielmehr *fiduciae causa* erfolge. Jedoch sah man als entscheidend an, dass die äußeren Kriterien des in Art. 1470 c.c. normierten Kaufgeschäfts, Einigung und sofortige Eigentumsübertragung, erfüllt waren.[240]Eine analoge Anwendung des Art. 2744 c.c. in diesen Fällen wurde wegen des Ausnahmecharakters der Vorschrift allgemein abgelehnt. Der Kauf mit sofortiger Übereignung wurde somit trotz der Rückgabevereinbarung als Unterform einer gesetzlich vorgesehenen Vertragsart und damit als wirksam angesehen.

Gegen die dargestellte Differenzierungspraxis lassen sich jedoch zahlreiche Argumente anführen, so dass die genannte Rechtsprechung seit geraumer Zeit heftiger Kritik ausgesetzt war.

aa) Zunächst wurde betont, dass der Zweck des Kaufvertrags, Eigentum an einem Gegenstand zu übertragen, generell unvereinbar mit dem Ziel sei, hierdurch eine Forderung des Käufers zu sichern. In den beschriebenen Fällen des Kaufs mit Rückgabevereinbarung werde die Geldsumme nicht als Gegenleistung zur Übertragung eines Gegenstandes erbracht, sondern habe ihre *causa* in einem Darlehensvertrag, was auch dadurch deutlich werde, dass der Betrag letztendlich zurückzuzahlen sei. Somit fehle es dem Geschäft für eine Klassifizierung als Kauf an dem wesentlichen Element der Kaufpreiszahlung.[241] Die dogmatische Schlussfolgerung hieraus war entweder die Nichtigkeit dieses als Kaufvertrag geschlossenen Geschäfts eben wegen des erwähnten Mangels, oder die unmittelbare Bewertung des Geschäfts als gegen Art. 2744 c.c. verstoßende und danach ebenfalls nichtige Verfallsabrede.

bb) Überdies sei die Differenzierung nach dem Zeitpunkt des Eigentumsüberganges deswegen nicht überzeugend, weil auch in den Fällen der sofortigen unbedingten Übereignung der endgültige Verbleib des Gegenstandes im Vermögen des „Käufers" von der fehlenden Rückzahlung der Darlehensschuld abhänge. Somit sei der von Art. 2744 c.c.

---

[239] Cass. 1.2.1974 n. 282, Giur. It. 1974 I, 1, 1024; Cass. 6.3.1978, n. 1104, Giust. 1989, I, 885; Cass. 26.1.1980 n. 642, Arch. civ. 1980, 681; Cass. 14.4.1981 n. 2245, Giust. civ. Mass. 1981.

[240] So zuletzt noch Cass. 14.12.1978 n. 5967; Cass. 26.1.1980 n. 642.

[241] Bianca, *Il divieto del patto commissorio*, S. 298 ff.

sanktionierte Zusammenhang zwischen Nichtzahlung des Schuldners und Eigentumsübergang auf den Gläubiger in beiden Fällen gleichermaßen gegeben.[242]

cc) Ein anderer Teil der Lehre[243] vertrat die Meinung, man müsse exakter zwischen *causa* und Zweck der Übereignung unterscheiden. Auch wenn letztere dem Ziel der Sicherung einer Darlehensforderung diene, habe sie ihren Rechtsgrund doch in dem ebenfalls geschlossenen Kaufvertrag. Ebenso sei der Schluss verfehlt, die Geldleistung könne insofern nicht aufgrund eines Kaufvertrags erfolgen, als eine Rückzahlung vorgesehen sei. In konsequenter Weiterführung dieser Ansicht müsste man nämlich alle Kaufverträge mit Rückgabe- oder Rückkaufvereinbarung mangels tatsächlicher Kaufpreiszahlung als nichtig ansehen, was weder praktisch vertretbar noch von der Lehre intendiert sei. Die Unwirksamkeit des mittels sofortiger Übereignung durchgeführten und daher formal nicht zu beanstandenden Kaufvertrages zu Sicherheitszwecken ergebe sich aber daraus, dass mit diesem das Verbot der Verfallsabrede umgangen werden soll, weshalb ein Fall der Gesetzesumgehung gemäß Art. 1344 c.c. vorliege. Werde die Eigentumsübertragung hingegen ausdrücklich unter die aufschiebende Bedingung der mangelnden Rückzahlung gestellt, stelle der Kauf lediglich ein von den Parteien nicht wirklich gewolltes und damit nach Art. 1414 c.c. nichtiges Scheingeschäft dar, während die tatsächlich bezweckte Vereinbarung unmittelbar unter Art. 2744 c.c. falle.

Den Umschwung in der Rechtsprechung brachte ein Urteil des Kassationshofes vom 3.6.1983.[244] Entsprechend den eben dargestellten Lehrmeinungen gehen die Richter hierin bei der Beurteilung eines Kaufs mit Rückübereignungsvereinbarung von einer Verbindung zwischen Darlehensvertrag und Sicherungsgeschäft in der Form aus, dass die endgültige Eigentumsübertragung in jedem Fall erst nach pflichtwidrig nicht erfolgter Rückzahlung stattfindet. Auch seien die in Art. 2744 c.c. enthaltenen Schutzzwecke bei einer sofortigen, aber nicht auf Dauer angelegten Übereignung in gleicher Weise tangiert wie bei einer Übereignung unter aufschiebender Bedingung. Hierzu zählen der Schutz des Schuldners vor der Ausübung widerrechtlichen Zwangs durch den Gläubiger, die Gewährung der *par conditio creditorum* unter Berücksichtigung der gesetzlich vorgesehenen Vorzugsrechte und die Verhinderung der Übersicherung.

Als ebenfalls nicht stichhaltig beurteilten die Richter nun das Argument, im Vergleich zur bedingten Übereignung sei beim Schuldner die Hemmschwelle für die Vornahme einer sofortigen Übereignung höher, so dass es hier einer Nichtigkeit des Geschäftes aus Gründen des Schuldnerschutzes nicht bedürfe[245].

---

[242] Bianca, *Patto commissorio*, Nov. D., Bd. 12, 715; Roppo, *Note sopra il divieto del patto commissorio*, in Riv. not. 1981, 405 f.; De Nova, *Sull'interpretazione del precedente giudiziario*, Contratto e impresa, 1985, S.779, der hinsichtlich dieser gerichtlichen Entscheidungspraxis den „Wert der Präzedenzentscheidungen lediglich in deren Existenz" sieht.

[243] Amato, S. 1901.

[244] Cass. 3.6.1983 n.3800, Foro it. 1984 S. 212 = Giur. it. 1984 I,1, 1648; diesem ausdrücklich folgend Cass. 6.12.1983, Foro it. 1984, I., 426; Cass. 12.12.1986, Foro it. 1987, I., 799.

[245] So aber beispielsweise Cass. 20.5.1976 n.1800, sowie Pugliese, *Intorno alla validità della vendita a scopo di garanzia*, Riv. dir. civ, 1955, 1070 f.

Weniger differenziert und auch weniger überzeugend als die Lehre ist das Urteil jedoch in der dogmatischen Begründung der Nichtigkeit. So stuft es den Kaufvertrag unabhängig vom Zeitpunkt der Übereignung und damit unabhängig von seiner formal ordnungsgemäßen Ausführung als Scheingeschäft ein. Dies ist insofern ungenau, als im Falle der sofortigen Übereignung sowohl die Voraussetzungen des Kaufs gemäß Art. 1470 c.c. gegeben sind als auch dessen Rechtsfolgen eintreten sollen, das erklärte und das tatsächlich durchgeführte Rechtsgeschäft daher inhaltlich nicht auseinanderfallen und die Voraussetzungen eines Scheingeschäfts somit nicht vorliegen. Wie dargestellt, wird hier vielmehr ein an sich gültiges Rechtsgeschäft abgeschlossen, um einen vom Gesetz verbotenen Zweck zu erreichen, so dass es genauer wäre, von einer Umgehung zu sprechen und die Nichtigkeit aus Art. 1344 c.c. herzuleiten.[246]

Keine völlige Einigkeit herrscht in der höchstgerichtlichen Rechtsprechung hinsichtlich der Frage, ob sich das Verbot der Verfallsabrede auch auf die Fälle erstreckt, in denen nicht der Schuldner, sondern ein Dritter das Sicherungsgut zur Verfügung stellt.

So lehnt der Kassationshof in einer Entscheidung vom 12. Februar 1993[247] die Anwendung von Art. 2744 c.c. auf diese Konstellation mit der Begründung ab, es bestehe hier keine Gefahr, dass der Gläubiger eine finanzielle Zwangssituation des Schuldners ausnutze, um diesen zu einer unüberlegten Eigentumsaufgabe zu veranlassen. Auch sei in diesen Fällen, da das Eigentum des Schuldners unangetastet bleibe, die *par conditio creditorum* nicht beeinträchtigt.

Anders lautet jedoch der überwiegende Teil der sonstigen Entscheidungen zu dieser Frage. Als Beispiel sei hier nur das Urteil des Kassationshofs Nr. 8624 vom 29. August 1998[248] genannt, welches in seinem Leitsatz explizit festlegt, dass auch die Fälle der dinglichen Sicherung durch einen Dritten unter das Verbot der Verfallsabrede fallen. Die hierfür aufgeführten Argumente sind teils dogmatischer, teils zweckorientierter Natur. Bereits nach seinem Wortlaut erfasse Art. 2744 c.c. alle durch Hypothek oder Pfandrecht belasteten Güter, also auch solche, die nicht vom Schuldner, sondern gemäß Art. 2808 c.c. von einem Dritten zur Verfügung gestellt werden. Aber auch der Schutzzweck der Norm spreche für eine extensive Auslegung. Schützenswert sei nicht nur der Schuldner, sondern jeder, der sein Eigentum zu Sicherungszwecken einer vom Gesetz nicht vorgesehenen Belastung bzw. Bindung unterwirft. Es gelte auch hier der Grundsatz des „numerus clausus" der gesetzlich festgelegten Realgarantien.

[246] So auch Amato, S. 1902; Macario, Foro it. 1984, 213; Cass. sez. un. 3.4.1989 n. 1611, Foro it. 1989 I, 1428; Cass. 16.4.1989 n.1907, Foro it. 1990 I, 205.
[247] Cass. 12.2.1993 n.1787, Giur.it. 1994 I, 1, 64.
[248] Cass. 29.8.1998 n. 8624, Foro it. 1999, 175.

d) Ausnahmen zum Verbot der Verfallsabrede

aa) Der sale-and-lease-back-Vertrag

α) Rechtsprechung

Angesichts der überwiegend sehr extensiven Auslegung des Art. 2744 c.c. unerwartet erscheinen mag die Entscheidung des Kassationshofs n. 4095 vom 15. April 1998[249]. Hier hatte das Gericht über die Gültigkeit eines sog. *sale-and-lease-back*-Vertrages zu entscheiden. Im Rahmen dieses Vertrages hatte ein Sporthotel eine größere Menge an zum Hotelbetrieb dienenden Einrichtungsgegenständen en bloc an einen Leasinggeber verkauft, die Gegenstände aber von vornherein im Besitz behalten und von diesem gegen Ratenzahlung zurückgeleast. Zusätzlich wurde die Möglichkeit des Rückkaufs bei Ablauf des Leasingvertrages vereinbart.

Der Revisionsführer vertrat die Meinung, schon aus der Tatsache, dass der Verkaufspreis deutlich unter dem Marktwert der Waren gelegen und der Leasinggeber keinerlei Interesse an einem tatsächlichen Erwerb der für ihn nicht nutzbaren Gegenstände gehabt habe, ergebe sich, dass hier kein ordnungsgemäßer Kauf, vielmehr eine verbotene Verfallsabrede vorgelegen habe.

Das Gericht hingegen geht in dem genannten Urteil von der grundsätzlichen Wirksamkeit des *sale-and-lease-back*-Vertrages als Rechtsinstitut aus und begründet die im Einzelfall erfolgten Transaktionen mit dem besonderen Zweck des Vertrages. So sei die Tatsache, dass die verkauften Güter für den Käufer nicht von reellem Nutzen seien, dadurch zu erklären, dass dem Verkäufer gerade die Möglichkeit gegeben werden solle, weiterhin unter Verwendung der in seinem Besitz verbleibenden Einrichtungsgegenstände zu wirtschaften und so ohne tatsächlich verspürten Verlust Liquidität zu erreichen. Diesem mangelnden Wert der Güter für den Käufer entspreche es auch, dass ein unter dem Marktpreis liegender Betrag gezahlt wurde.

Was den Zweck des Geschäfts angehe, so sei der Verkauf mit tatsächlicher Übertragung des Eigentums an den Leasinggeber Voraussetzung dafür, dass dieser wiederum dem Leasingnehmer die Güter im Rahmen eines Leasingvertrages zum Gebrauch überlassen und somit seine typische Geschäftstätigkeit ausüben kann. Die Sicherung der Rückzahlung des als „Kaufpreis" gezahlten Finanzierungsbetrages sei nicht der einzige Zweck der Übereignung, so dass man nicht von einem unwirksamen Scheingeschäft bzw. einer Umgehung des Verbotes der Verfallsabrede ausgehen könne.[250]

Hinsichtlich ihrer logisch-dogmatischen Begründung ist die Entscheidung mit dem dargestellten Urteil des Kassationshofes vom 3.6.1983 und anderen ihm folgenden[251] nicht

---

[249] Cass. 15.4.1998 n.4095, Foro it. 1998, 1820.
[250] Cass., a.a.O.
[251] Vgl. z.B. Cass. sez. un., 3.4.1989 n. 1611, Foro it. 1989 S. 1427.

zu vereinbaren. So wurde in diesen gerade das Missverhältnis zwischen gezahltem Kaufpreis und Wert der übereigneten Güter als Indiz dafür angesehen, dass Hauptzweck der Transaktion nicht die tatsächliche Eigentumsübertragung, sondern vielmehr die Sicherung einer Forderung sei. Wie dargestellt, war es eben dieser Sicherungszweck, mit dem die Unwirksamkeit des Geschäfts wegen Verstoßes gegen das Verbot der Verfallsabrede begründet wurde.

Betrachtet man nun das Urteil Cass. n. 4095 in Verbindung mit zwei vorhergehenden Entscheidungen zum *Sale-and-lease-back*-Vertrag[252], so fällt auf, dass die Richter offensichtlich vom großen Nutzen dieser Vertragsart im heutigen Wirtschaftsleben und der daraus folgenden Schutzwürdigkeit als Rechtsinstitut ausgehen. Nur wenn die Umstände des konkreten Einzelfalls darauf hinwiesen, dass sich der Verkäufer in finanziellen Schwierigkeiten befinde und der Käufer diese Situation durch den unverhältnismäßig niedrigen Kaufpreis ausnützen wolle, müsse man von der Unwirksamkeit des Vertrags ausgehen. Dass das Geschäft in allererster Linie Sicherungszwecken dient und keine dauernde Übereignung der Verkaufsgegenstände zum Ziel hat und damit die ansonsten zur Begründung eines Verstoßes gegen Art. 2744 c.c. entwickelten Hauptkriterien erfüllt, wird in den genannten Entscheidungen nicht näher erläutert.

β) Lehre

Ebenfalls seit Beginn seiner Ausbreitung in der Geschäftspraxis positiv beurteilt wurde der *sale-and-lease-back*-Vertrag vom überwiegenden Teil der Lehre.[253] Entscheidend war hier einerseits das von der Rechtsprechung erst später aufgenommene Argument, die genannte Vertragsgestaltung sei aufgrund der großen Bedeutung des Leasings in der Wirtschaftspraxis grundsätzlich schutzwürdig. Andrerseits wurde darauf hingewiesen, dass Verkauf und Übereignung tatsächlich dem Vertragszweck entsprächen, da erst durch die vorherige Übertragung des Gutes die Durchführung des Leasinggeschäftes ermöglicht werde.[254] Mögliche Unwirksamkeitsgründe sieht jedoch auch die Lehre in bestimmten Fallgestaltungen, soweit die konkret vereinbarten Leistungen unverhältnismäßig sind.[255]

---

[252] Cass. 16.10.1995 n. 10805, Foro it. 1996, 3492; Cass. 19.7.1997 n. 6663, Foro it. 1997, 3586; zwar bestimmen beide Entscheidungen im konkreten Fall die Unwirksamkeit des Vertrages, begründen dies jedoch ausschließlich mit der Unverhältnismäßigkeit der im Einzelfall vereinbarten Leistungen.

[253] Vgl. De Nova, *Appunti sul sale and lease back e il divieto del patto commissorio*, Riv. it. leasing 1985, 307 ff.; Pierallini, *Lease back e patto commissorio: un problema ancora aperto*, Giust. civ. 1988 I, 2388 ff.; De Nictolis, *Divieto del patto commissorio, alienazioni in garanzia e sale and lease back*, Riv. dir. civ. 1991 II, 535 ff.

[254] Vgl. z.B. Gitti, *Divieto del patto commissorio, frode alla legge, „sale and lease back"*, Riv. trim. di dir. e proc. civ. 1993, 487.

[255] De Nova, *Il lease back anomalo è in frode al divieto del patto commissorio*, Riv. it. leasing 1988, 203.

bb) Der patto marciano

Eine weitere Möglichkeit, die Unwirksamkeit des Sicherungsgeschäfts zu vermeiden, liegt im Abschluss eines sog. *patto marciano*[256]. Hierbei handelt es sich um eine Vereinbarung zwischen den Parteien, durch die zusätzlich zur Verfallsabrede festgelegt wird, dass der Wert des Sicherungsgutes bei Ausbleiben der Zahlung aus dem Hauptgeschäft von einem neutralen Dritten geschätzt wird und der über die gesicherte Forderung hinausgehende Betrag, wie auch üblicherweise im Rahmen der deutschen Sicherungsübereignung, an den Sicherungsgeber ausbezahlt werden muss.[257] Voraussetzung für die Wirksamkeit des Geschäfts ist jedoch, dass die Schätzung erst nach Eintritt des Sicherungsfalls und unter Berücksichtigung der dann aktuellen Umstände erfolgt.[258] Hierdurch wird nicht nur eine Übersicherung des Gläubigers zum Nachteil des Schuldners vermieden, letzterer wird im Vergleich zur bloßen Verpfändung sogar besser gestellt, da im Rahmen der Zwangsverwertung für gewöhnlich nicht der volle Wert des Pfandgegenstandes realisiert werden kann.[259] Nach allgemeiner Ansicht[260] greift der Schutzzweck des Art. 2744 c.c. bei Vereinbarung eines *patto marciano* somit nicht ein.

e) Zwischenergebnis

Insgesamt ist somit festzustellen, dass die Übereignung zu Sicherungszwecken in der italienischen Rechtsordnung unabhängig von ihrer konkreten rechtlichen Ausgestaltung als unmittelbarer oder mittelbarer Verstoß gegen das Verbot der Verfallsabrede gemäß Art 2744 c.c. gewertet und als unwirksam angesehen wird. Akzeptiert wird der Verkauf ohne Aufgabe des Besitzes lediglich in Verbindung mit einem gleichzeitig abgeschlossenen Leasingvertrag, durch den der Verkäufer den Sicherungsgegenstand Zurückleast, oder bei Ergänzung der Übereignungsabrede durch einen *patto marciano*.

2. Vergleich zur deutschen Rechtslage

Die dargestellten Streitpunkte machen deutlich, dass die Frage der Sicherungsübereignung und ihrer Zulässigkeit im italienischen Recht sich wesentlich von der Problematik unterscheidet, die sich aus deutscher Sicht im Zusammenhang mit dieser Figur ergibt.

Wesentlicher Diskussionspunkt in der deutschen Rechtslehre bis etwa Mitte des 20. Jahrhunderts war die mangelnde Publizität der ohne Übergabe stattfindenden Sicherungsübereignung und das daraus resultierende Risiko für weitere Kreditgeber, die aufgrund der Besitzlage in das (nicht mehr existierende) Eigentumsrecht des Schuldners

---

[256] Der *patto marciano* geht auf den spätklassischen römischen Juristen Aelius Marcianus zurück. Nach Marcian konnten die Parteien bereits zum Zeitpunkt der Verpfändung vereinbaren, dass der Pfandgegenstand im Fall der Nichtleistung des Schuldners dem Gläubiger als zum Schätzwert verkauft gelten soll (D. 20.1.16.9). Vgl. hierzu Kaser, *Das römische Privatrecht I*, S. 470 mit Fn. 6.

[257] Siehe hierzu ausführlich Bianca, *Il divieto del patto commissorio*, 202 ff.

[258] Carnevali, *Patto Commissorio*, Enc. Dir., Bd. 32, S. 505.

[259] Siehe auch Carnevali, a.a.O.

[260] Cass. 21.7.1956 n. 2828 in Foro It. 1956 I, 11; App. Trento 18.2.1975, Giur. mer. 1975 I 424; Bianca, 220 ff.

vertrauen.[261] Kaum problematisiert wurde hingegen das Innenverhältnis zwischen Gläubiger und Schuldner, insbesondere das sich auch im BGB (§§ 1149, 1229) wiederfindende Verbot der Verfallsabrede. Der Schutz des Schuldners, im Rahmen des Pfandrechts auch gewährleistet durch die strengen Verwertungsregeln, stand bei der Frage der Gültigkeit der Sicherungsübereignung nie im Vordergrund.[262]

Dass umgekehrt die fehlende Übergabe und die möglichen Übergabesurrogate in der italienischen Rechtsprechung und Lehre nicht thematisiert werden, lässt sich mit der fehlenden Notwendigkeit der Besitzübertragung im Zusammenhang mit der Übereignung begründen, vgl. Art. 1376 c.c. Da die bloßen übereinstimmenden Willenserklärungen zur Übertragung des Eigentums grundsätzlich ausreichen, kommt es im italienischen Rechtsverkehr laufend zu einem Auseinanderfallen von Eigentum und Besitz. Ein berechtigtes Schutzinteresse Dritter, die vom Besitz auf die Vermögenslage des Schuldners schließen und ihm aufgrund dessen Kredit gewähren, besteht somit von vornherein nicht.

Anders als das Verbot der Verfallsabrede und der damit bezweckte Schuldnerschutz im italienischen Recht waren die in der deutschen Rechtswissenschaft geäußerten Forderungen nach Publizität durch Einhaltung des Faustpfandprinzips nicht in der Lage, die Anerkennung der Sicherungsübereignung in der Rechtspraxis zu verhindern.[263] So hatte zum einen bereits der Gesetzgeber des BGB in den Protokollen geäußert, ein Verbot der Sicherungsübereignung lasse sich nicht daraus herleiten, „daß durch die Belassung des Besitzes bei dem Veräußerer andere Gläubiger desselben über seine Kreditfähigkeit getäuscht werden könnten, denn die Gläubiger seien ganz im Allgemeinen nicht berechtigt, sich darauf zu verlassen, daß alle im Besitze des Schuldners befindlichen Sachen diesem auch gehörten“[264]. Zum anderen erklärte das Reichsgericht in einer Entscheidung aus dem Jahre 1904, der Gesetzgeber habe nicht verhindern wollen, dass pfandrechtliche Sicherungen an beweglichen Sachen auch anders als durch Verpfändung erfolgen. Die Sicherungsübereignung sei daher weder nach dem Wortlaut noch nach der Entstehungsgeschichte des BGB als verbotenes Umgehungsgeschäft zu werten.[265]

---

[261] S. Hromadka, JuS 1980, S. 90 m.w.N.; ders., *Die Entwicklung des Faustpfandprinzips im 18. und 19. Jahrhundert*, S. 175.
[262] Hromadka, Jus 1980, S. 92 f.
[263] vgl. zur praktischen Bedeutung der Sicherungsübereignung im deutschen Recht MüKo/Oechsler, 4. Aufl., Anh. §§ 929-936 Rn. 1 ff.
[264] Prot. III, S. 3690.
[265] RGZ 59, 146 (147 f.).

V. Forderungsabtretung zu Sicherungszwecken (*cessione di credito a scopo di garanzia*)

1. Allgemeine Abtretungsregeln

Die Regelungen über die allgemeinen Voraussetzungen und Wirkungen der Forderungsabtretung finden sich in den Artt. 1260 ff. c.c.

a) Wirksamkeit gegenüber dem Drittschuldner

Dem Drittschuldner kann die Zession erst dann entgegengehalten werden, wenn er sie angenommen hat oder über sie durch Zustellung eines Schriftstücks benachrichtigt wurde, Art. 1264 Absatz 1 c.c. Vor Annahme oder Zustellung wird der an den Zedenten leistende Drittschuldner nur dann nicht von seiner Leistungspflicht gegenüber dem Zessionar befreit, wenn letzterer ihm eine bereits zum Leistungszeitpunkt bestehende sichere[266] Kenntnis von der Abtretung nachweisen kann, Art. 1264 Absatz 2 c.c. Obwohl Art. 1264 Absatz 1 c.c. klar von der Wirksamkeit (*efficacia*) der Abtretung gegenüber dem Drittschuldner spricht, ist die dogmatische Bedeutung der Norm umstritten.

Während nach einer Ansicht die übertragende Wirkung der Zession generell erst im Zeitpunkt der Einbeziehung des Drittschuldners durch Annahme oder Zustellung eintritt,[267] führt der Abschluss des Abtretungsvertrages zwischen Zedent und Zessionar nach überwiegender Meinung zu einer sofortigen Übertragung der betroffenen Rechtsposition.[268] Ausgehend von der letztgenannten Ansicht wird einerseits die Auffassung vertreten, vor Zustellung, Annahme oder nachweisbarer Kenntnis des Drittschuldners entfalte die Abtretung gemäß Art. 1264 c.c. diesem gegenüber keine Wirkung.[269] Andererseits wird zwar von einer absoluten Wirksamkeit der Zession ausgegangen, die besondere Position des Drittschuldners aber mit dem berechtigten Schutzinteresse des gutgläubig Leistenden begründet.[270]

Angesichts des Umstandes, dass Art. 1264 Absatz 1 c.c., wie bereits angedeutet, nach seinem eindeutigen Wortlaut einerseits nur das Verhältnis zum *Drittschuldner* regelt, andererseits die Annahme oder Zustellung der Abtretungsvereinbarung als Voraussetzung für die *Wirksamkeit* diesem gegenüber nennt, besteht kein Raum für die erwähnten abweichenden Auffassungen. Aus der als Ausnahme zu den in Absatz 1 genannten Wirksamkeitserfordernissen zu verstehenden Bestimmung des Art. 1264 Absatz 2 c.c., wonach der nachweislich „bösgläubige“ Drittschuldner durch eine Leistung an den Zedenten nicht befreit wird, geht hervor, dass der Gesetzgeber die fehlende Kenntnis und damit den guten Glauben des Drittschuldners vor Zustellung oder Annahme vermutet.[271]

---

[266] Perlingieri, *Della cessione dei crediti*, Comm. SB, S. 183.
[267] Mancini, *La Cessione dei Crediti*, Tr. Rescigno, Bd. 9, S. 388 f.
[268] Cass. 15.7.1997 n. 6969; Cass. 30.8.1995 n. 9195; Bianca, *L'obbligazione*, S. 567 f.
[269] Panuccio, *Cessione dei crediti*; Enc. D., S. 851; Cass. 15.11.1984 n. 5786.
[270] Bianca, *Il debitore e i mutamenti del destinatario del pagamento*, S. 22.; Cass. 24.6.1975 n. 2511.
[271] So auch Cian/Trabucchi Art. 1264, I Rn. 2.

Somit weicht der *Codice Civile* zwar rechtstechnisch von der Regelung der §§ 398 ff. BGB ab, nach deren klarem Wortlaut die Person des Drittschuldners keinesfalls Einfluss auf die Wirksamkeit des Abtretungsvertrages hat. In der Praxis sind die Unterschiede jedoch gering, da zum einen auch nach § 407 Absatz 1 BGB der Zessionar, der sich auf die mangelnde Erfüllungswirkung einer Leistung an den Zedenten beruft, die Beweislast für die Kenntnis des Drittschuldners trägt, zum anderen nach der höchstgerichtlichen deutschen Rechtsprechung diese Kenntnis prima-facie vermutet wird, falls dem Drittschuldner eine Abtretungsanzeige zugegangen ist[272].

b) Wirksamkeit gegenüber weiteren Zessionaren

Im Verhältnis mehrerer Zessionare untereinander gilt gemäß Art 1265 c.c., dass diejenige Abtretung Wirksamkeit erlangt, die dem Drittschuldner als erste durch Zustellung zur Kenntnis gebracht wurde oder die als erste durch den Drittschuldner in einem mit sicherem Datum versehenen Schriftstück angenommen wurde. Auch insoweit besteht jedoch nach allgemeiner Auffassung ein Schutzinteresse des gutgläubigen Drittschuldners. Leistet dieser an einen Zessionar, von dessen vermeintlicher Rechtsstellung er unabhängig von einer Zustellung oder Annahme erfahren hat, so wird der Drittschuldner durch Erfüllung von seiner Verpflichtung befreit, die darauffolgende Zustellung oder Annahme einer anderen Zession geht mangels bestehender Forderung ins Leere.[273]

Ein bedeutender Unterschied ergibt sich insoweit zur Vorschrift des § 408 Absatz 1 BGB, wonach der Einbeziehung des Drittschuldners für die Frage der Abtretungswirkung auch im Zusammenhang mit einer Mehrzahl von Abtretungsgeschäften keinerlei Bedeutung zukommt. Gläubiger wird derjenige Zessionar, welcher als erstes eine Abtretungsvereinbarung mit dem Zedenten geschlossen hat.[274] In der Praxis vergleichbar ist hingegen wiederum der Schutz des Drittschuldners, der gutgläubig an einen nachrangigen Zessionar und damit an einen Nichtberechtigten leistet. Insoweit sieht § 408 Absatz 1 BGB eine entsprechende Anwendung des § 407 Absatz 1 BGB vor.

c) Zukünftige Forderungen

Gesetzlich nicht ausdrücklich erwähnt, höchstgerichtlich jedoch anerkannt ist die Abtretung bestimmbarer zukünftiger Forderungen.[275] Die Inhaberschaft an der Forderung geht hierbei jedoch erst mit Entstehen der Forderung über. Davor hat die Abtretung lediglich schuldrechtliche Wirkung.[276]

d) Umfang der Abtretungswirkung

Gemäß Art. 1263 Absatz 1 c.c. umfasst die Abtretung nicht nur die Forderung selbst, sondern auch die zu deren Sicherung bestehenden Vorzugsrechte, persönlichen und

---

[272] BGHZ 135, 39.
[273] Perlingieri, S. 229.
[274] Vgl. Palandt/Grüneberg, § 408 Rn. 1.
[275] Cass. 24.10.1975 n. 3519, Foro it. 1976 I, 1947.
[276] Cian/Trabucchi, Art. 1260, III. Rn. 4.

dinglichen Rechte sowie die sonstigen akzessorischen Rechte, wie etwa das Zurückbehaltungsrecht oder das Nutzungspfand.[277] Nach allgemeiner Auffassung gelten zum Schutz des Sicherungsgebers die Regelungen des Art. 1264 c.c. entsprechend.[278]

Besondere Probleme ergeben sich im Zusammenhang mit der Übertragung einer hypothekarisch gesicherten Forderung, da gemäß Art. 2843 Absatz 2 c.c. die Übertragung einer Hypothek deren Umschreibung voraussetzt. Ein Großteil der Lehre geht insoweit davon aus, dass durch die Beachtung der Voraussetzungen des Art. 1264 c.c. lediglich eine befreiende Leistung des Sicherungsschuldners an den Zedenten verhindert werde, für die Übertragung der Forderung und der Hypothek und damit für das Verhältnis zwischen mehreren potentiellen Gläubigern aber der Moment der Umschreibung entscheidend sei.[279] Hierdurch soll ein Auseinanderfallen zwischen Sicherungsrecht und zugrunde liegender Forderung verhindert werden.[280] Die genannte Theorie stößt jedoch insofern auf Bedenken, als der *Codice Civile* keine § 1154 BGB entsprechende Bestimmung enthält, wonach die Abtretung der hypothekarisch gesicherten Forderung den Regeln zur Übertragung der Hypothek selbst folgt. Mit dem Wortlaut des italienischen Gesetzes eher zu vereinen und somit vorzugswürdig ist daher die Auffassung, wonach die Forderung selbst nach den allgemeinen Abtretungsregeln übergeht, die Umschreibung hingegen nur Voraussetzung für die Übertragung der Hypothek ist.[281] Um den inhaltlichen Zusammenhang zwischen Hypothek und Forderung zu wahren, wird der Umschreibung nur insoweit Wirkung zugesprochen, als sie zugunsten des nach Art. 1265 c.c. forderungsberechtigten Zessionars erfolgt.[282]

Eine erhebliche Abweichung gegenüber dem deutschen Recht stellt die Regelung des Art. 1263 Absatz 2 c.c. dar. Hiernach darf im Rahmen der Abtretung einer pfandrechtlich geschützten Forderung der Besitz an der Pfandsache nicht ohne Einwilligung des Drittschuldners auf den Zessionar übertragen werden. Soweit die Einwilligung nicht erfolgt und der Zedent den Besitz an der Pfandsache beibehält, unterliegt er weiterhin den Sorgfaltspflichten eines Verwahrers.[283] Der hiermit vom italienischen Gesetzgeber offensichtlich bezweckte Schutz des Verpfänders geht somit zwingend mit einer Beschränkung der Zessionarsrechte einher. Im Gegensatz hierzu kann der Zessionar nach § 1251 Absatz 1 BGB in jedem Fall die Herausgabe der Pfandsache vom Zedenten verlangen. Falls der Zessionar aber seinen mit dem Pfandrecht verbundenen Verpflichtungen nicht nachkommt und dem Verpfänder dadurch ein Schaden entsteht, haftet der Zedent für den entstandenen Schaden wie ein selbstschuldnerischer Bürge, § 1251 Absatz 2 BGB.

---

[277] Vgl. Panuccio, S. 863.
[278] Vgl. nur Perlingieri, S. 137
[279] Vgl. Fragali, *Ipoteca,* Enc. D., S. 823 f.; Rubino, *L'ipoteca,* S. 38; Gorla-Zanelli, *Del pegno,* S. 365 f.
[280] Rubino, S. 38.
[281] So auch Perlingieri, S. 137 ff.; Chianale, *Ipoteca,* D. 4 ed., S. 174; Ravazzoni; *Le ipoteche* ,Tr. Rescigno, Bd. 20, S. 75.
[282] Perlingieri, S. 137 ff.
[283] Zu den Verwahrungspflichten des Pfandgläubigers s. oben unter § 2 I 4 a aa α.

2. Besonderheiten und zusätzliche Fragen bei der Sicherungszession

Besonderheiten ergeben sich für die Sicherungszession aus ihrem Zusammenhang mit der Sicherungscausa.

a) Die Vereinbarkeit der Sicherungszession mit dem Verbot der Verfallsabrede

aa) Lehre

Was die Anwendbarkeit von Art. 2744 c.c. auf die Abtretung von Forderungen zu Sicherungszwecken betrifft, so besteht in der italienischen Literatur noch weitgehend Uneinigkeit.

Die wohl überwiegende Lehre stellt den Grundsatz der Privatautonomie gemäß Art. 1322 c.c. in den Vordergrund und geht davon aus, dass die Parteien frei zu jeder vertraglichen Regelung befugt sind, soweit diese nach den Prinzipien der Rechtsordnung schutzwürdig erscheint.[284] Art. 2744 c.c. gelte bei der Sicherung durch Geld oder Geldforderungen generell nicht. Sinn des Verbotes der Verfallabrede sei es nämlich zu verhindern, dass der vom Schuldner hingegebene Sicherungsgegenstand unabhängig von der Höhe der gesicherten Forderung in das Eigentum des Gläubigers übergehe und dadurch nicht nur der Schuldner, sondern vor allem auch andere Gläubiger benachteiligt würden. Dass diese Gefahr bei der Übertragung von Geldforderungen nicht bestehe, ergebe sich aus Art. 2803 c.c., wonach der durch Forderungspfand geschützte Gläubiger bei Fälligkeit der gesicherten Forderung von dem eingeforderten Betrag nur soviel behalten darf, wie zur Befriedigung seiner Ansprüche nötig ist. Diese Vorschrift zeige einerseits, dass es Ausnahmen zur Vorschrift des Art. 2744 c.c. gebe, andererseits, dass das Risiko der Übersicherung im Fall der Sicherung durch Geldforderungen nicht bestehe.[285]

Der aus dieser Argumentation gezogene Schluss überzeugt in seiner Absolutheit insofern nicht, als von einer Prämisse ausgegangen wird, die für den Fall der Sicherungsabtretung nicht zutrifft. Denn Art. 2803 c.c. bestimmt auch, dass der Pfandgläubiger den erhaltenen Betrag bis zum Eintritt der Fälligkeit der Hauptforderung hinterlegen muss. Dieser Schutz zugunsten des Schuldners und anderer Gläubiger besteht bei der Forderungsabtretung nicht. Zwar wird zum Teil die Meinung vertreten, der Zessionar habe auch hier, in analoger Anwendung des Art. 2803 c.c., den überschießenden Teil der eingezogenen Forderung zu hinterlegen,[286] jedoch gilt dies keinesfalls für den gesamten erhaltenen Betrag.

---

[284] Vgl. beispielsweise Perlingieri, S. 37 ff.; Inzitari, *La cessione del credito a scopo di garanzia*, Banca, borsa, tit.cred. 1997 I, 153 ff.; La Porta, *La causa del trasferimento del credito, gli effetti preliminari e la disposizione del diritto futuro*, Banca, borsa, tit.cred. 1998 II, 708 ff..

[285] Perlingieri, S. 41; Viale, *Le garanzie bancarie*, Tr. Galgano, S. 109 ff.

[286] Pelosi, *Sulla pretesa retroattività della condizione*, in Riv. trim. dir. e proc. civ., 1968, 923 f; La Porta, *La causa del trasferimento del credito, gli effetti preliminari e la disposizione del diritto futuro*, Banca, borsa, tit. cred. 1998, II, 708.

Zu der Frage, ob und unter welchen Bedingungen die Sicherungszession dennoch mit Art. 2744 c.c. in Einklang zu bringen ist, siehe unten cc).

bb) Rechtsprechung

Wie bereits dargestellt,[287] hat der italienische Kassationshof seine Rechtsprechung zum Verbot der Verfallsabrede, ausgehend von der Entscheidung 1983 n. 3800 in den letzten Jahrzehnten insgesamt verschärft. Eine Übereignung zu bloßen Sicherungszwecken wird seither, unabhängig davon, ob sie bedingt erfolgt oder zu einer sofortigen Übertragung des Eigentums führt, als Verstoß gegen Art. 2744 c.c. und damit als unwirksam angesehen.

Deutlich großzügiger stellt sich die höchstgerichtliche Beurteilung der Wirksamkeit der Sicherungszession dar.[288] Jedoch darf nicht außer Acht gelassen werden, dass die Rechtsprechung bisher lediglich über die Abtretung von Geldforderungen zu entscheiden hatte. Auch wurde die Wirksamkeit der Sicherungszession in den ergangenen Entscheidungen lediglich konstatiert, nie jedoch eingehend untersucht und begründet.

cc) Einschränkungen des Verbots der Verfallsabrede und ihre mögliche Bedeutung für die Sicherungszession

Die systematische Nähe der Sicherungszession zu den restriktiv beurteilten Fällen der Sicherungsübereignung ist offensichtlich. Wie beim Kauf mit Rückkaufsvorbehalt kommt es auch bei der Abtretung zu Sicherungszwecken zu einer durch die Erfüllung der Hauptschuld auflösend bedingten Übertragung der Rechtsinhaberschaft, der keine unmittelbar korrespondierende Leistung des Sicherungsnehmers gegenübersteht.

Zu prüfen bleibt somit, ob eine großzügigere Behandlung der Abtretung über die oben genannte Argumentation der Lehre hinaus gerechtfertigt werden kann. Geht man vom Hauptzweck des Art. 2744 c.c., nämlich dem Schutz des Schuldners vor erzwungenem Eigentumsverlust in ungerechtfertigter Höhe und dem Schutz anderer Gläubiger vor daraus folgenden Ausfällen bei der eigenen Befriedigung aus[289], so stellt sich die Frage, ob die Anwendung des Verfallsabredeverbots in allen Fällen der Sicherungszession gerechtfertigt ist.

Nicht nur der bereits erwähnte *patto marciano* zeigt, dass in Lehre und Rechtsprechung dann keine Bedenken gegen das Sicherungsgeschäft bestehen, wenn die Übersicherung des Gläubigers durch eine vertragliche Regelung verhindert wird. Auch im Gesetz selbst manifestiert sich dieser Gedanke. So ist der Inhaber des Pfandrechts an einer sicherungsweise hingegebenen Sache im Rahmen der Verwertung gemäß Art. 2798 c.c. berechtigt, statt des Verkaufs der Sache deren eigentumsrechtliche Zuweisung an sich selbst zu fordern, sofern ihr Wert den Betrag der gesicherten Forderung nicht übersteigt.

---

[287] S. § 2 IV 1 c cc.
[288] Siehe Cass. 29.1.1997 n. 916, Giust. civ. 1997 I, 2182; Cass. 22.9.1990 n. 9650.
[289] Vgl. *Cian/Trabucchi*, Art. 2744, I. Rn. 1.

Dabei wird der Wert der Pfandsache, soweit möglich, durch ihren Marktpreis, ansonsten durch ein unabhängiges Gutachten festgelegt.

Voraussetzung für die Gültigkeit des eigentums- oder forderungsübertragenden Sicherungsgeschäftes ist somit immer, dass sich der Wert des Sicherungsguts betraglich genau festlegen lässt. Während dies bei der Abtretung von Sachforderungen eine Frage des Einzelfalls ist, wirft die Wertbestimmung naturgemäß dann keine Probleme auf, wenn die Sicherung in der Übertragung einer Geldforderung besteht. Ist die Bestimmbarkeit zu bejahen, bestehen mangels Gefahr der Übersicherung dann keine Bedenken gegen die sicherungsweise Abtretung einer Forderung, wenn der Sicherungsnehmer im Rahmen des Sicherungsvertrages ausdrücklich verpflichtet wird, den beim Drittschuldner eingezogenen Betrag insoweit an den Sicherungsgeber weiterzuleiten, als er die Hauptschuld übersteigt.

b) Anwendbare Regelungen

Um die im einzelnen auf die Sicherungszession anzuwendenden Regelungen bestimmen zu können, bedarf es zunächst einer Abgrenzung gegenüber den verwandten Rechtsfiguren der Forderungsverpfändung und der Abtretung erfüllungshalber (*cessio pro solvendo*).[290]

Gemeinsam ist allen drei Instituten die Übertragung gewisser aus einem Schuldverhältnis resultierender Befugnisse auf einen anderen mit dem Ziel, dessen früher oder später eintretende Befriedigung hinsichtlich einer bestehenden Forderung zu gewährleisten.

Während jedoch die Abtretung erfüllungshalber insofern einen sehr weitreichenden Gläubigerschutz bietet, als die Forderungsinhaberschaft zur Gänze übertragen wird und die Wirksamkeit der Abtretung vom Bestehen eines Sicherungsgrundes unabhängig ist, hat eine Forderungsverpfändung keinen Einfluss auf die Person des Forderungsinhabers, sondern führt lediglich zum Übergang des Einziehungsrechts. Auch setzt das Pfandrecht aufgrund seines streng akzessorischen Charakters[291] die tatsächliche Existenz einer Hauptforderung als Sicherungssubjekt voraus.

Betrachtet man im Vergleich hierzu die Sicherungszession, gelangt man zu dem Schluss, einerseits führe diese angesichts der allgemeinen Wirkungen einer Abtretung zwingend zu einer Übertragung aller mit der Forderung verbundenen Rechtspositionen, andererseits müsse der Sicherungscausa aufgrund des ausschließlichen Sicherungscharakters der Abtretung eine wesentliche Rolle zukommen.

Ausgehend hiervon gestaltet sich das Verhältnis zwischen den beteiligten Parteien im einzelnen wie folgt:

---

[290] Vgl. hierzu auch Anelli, *L'alienazione in funzione di garanzia*, S. 213 ff.
[291] S. oben § 2 I 1.

aa) Verhältnis Zedent - Zessionar

α) Gemäß Art. 1266 Absatz 1 c.c. haftet der Zedent im Rahmen einer entgeltlichen Zession mangels anderweitiger Vereinbarung gegenüber dem Zessionar insoweit auf Schadensersatz, als die Hauptschuld im Moment der Abtretung nicht existiert. Der Zessionar ist hierbei, gegebenenfalls durch Zahlung, so zu stellen, wie er bei Erhalt einer wirksamen Forderung gestanden hätte.[292] Nach allgemeiner Auffassung wird die Sicherungszession, da auch diese im Hinblick auf eine Gegenleistung des Zessionars erfolgt, einer entgeltlichen Abtretung im Sinne dieser Vorschrift gleichgestellt.[293]

Abweichend hiervon kann nach deutscher Rechtspraxis eine eventuelle Schadensersatzhaftung des Sicherungszedenten nur dann bejaht werden, wenn sich diese aus der zugrundeliegenden Sicherungsabrede ergibt. Eine analoge Anwendung der in § 453 BGB enthaltenen spezifischen Regelungen zur Verkäuferhaftung beim Rechtskauf scheitert an der Vergleichbarkeit und wird, soweit ersichtlich, weder praktiziert noch erwogen.

β) Die gemäß italienischem Recht vorgenommene Sicherungsabtretung ist nach überwiegender Auffassung auflösend bedingt durch die Erfüllung der gesicherten Forderung seitens des Zedenten, d.h. dieser erhält die abgetretene Forderung bei Begleichung der Hauptschuld automatisch zurück.[294] Zurückhaltender ist im Vergleich hierzu die deutsche höchstrichterliche Rechtsprechung, welche nur bei einem im Einzelfall überwiegenden Interesse des Sicherungsgebers von der stillschweigenden Vereinbarung eines Bedingungszusammenhangs zwischen Abtretung und Hauptgeschäft ausgeht.[295]

γ) Was die Höhe der abgetretenen und der gesicherten Forderung anbelangt, so besteht zwar keine Akzessorietät, d.h. kein Zusammenhang, der auf den Umfang der zunächst eintretenden Abtretungswirkung Einfluss hätte. Jedoch ist der Zessionar, anders als bei der erfüllungshalber erfolgenden Abtretung, schuldrechtlich verpflichtet, den überschießenden Teil an den Zedenten zurückzuzahlen.[296]

Ein Problem ergibt sich in diesem Zusammenhang aus der Tatsache, dass der Zessionar zwar berechtigt ist, die abgetretene Forderung bereits vor Fälligkeit der Hauptschuld einzuziehen, den überschießenden Betrag aber, da erst dann die Anrechnung des eingezogenen Betrages auf die Hauptschuld stattfindet, erst bei deren Fälligkeit abführen muss. Der Zedent trägt so das Risiko einer zwischenzeitlich beim Zessionar eingetretenen Insolvenz. Um dies zu verhindern, spricht sich ein Teil der Literatur, wie oben unter

---

[292] Cass. 18.12.1987 n. 9428.
[293] Mancini, *La Cessione dei Crediti*, S. 393.
[294] Pavone la Rosa, *Apertura di credito, cessione „pro solvendo" e pegno di crediti, girata in garanzia di cambiale tratta con clausola di cessione della provvista*, Banca, borsa, tit. cred, 1959, 11, S. 541; Bavetta, *La cessione del credito a scopo di garanzia*, Dir. fall. 1995 I, 588; Cass. 2.4.2001 n. 4796.
[295] BGH WM 1984, 357; BGH ZIP 1990, 154; s. allgemein zum Streitstand MüKo/Roth, 4. Aufl., § 398 Rn. 103.
[296] Perlingieri, *Le cessioni dei crediti ordinari e „d'impresa"*, S. 41; Panzarini, *Lo sconto dei crediti e dei titoli di credito*, S.120 ff.

§ 2 V. 2 a) aa) dargelegt, für eine analoge Anwendung des Art. 2803 c.c. aus. Hiernach ist der Pfandgläubiger dazu verpflichtet, den über die Hauptschuld hinausgehenden Teil des Pfandbetrages auf Verlangen des Pfandschuldners zu hinterlegen.

Diese Lösung scheint zwar die Interessen beider Parteien angemessen zu berücksichtigen. Fraglich ist jedoch, ob sie auch den Besonderheiten der Forderungsabtretung gerecht wird. Zieht man den Umstand in Betracht, dass die Zession, wie bereits erwähnt, den vollständigen Übergang der Rechtsposition mit sich bringt, muss man wohl mit der überwiegenden Meinung in Literatur und Rechtsprechung[297] davon ausgehen, dass in der vorzeitigen Befriedigungsmöglichkeit und ihren Konsequenzen eben gerade die Besonderheit der Forderungsabtretung im Vergleich zur bloßen Verpfändung liegt, eine analoge Anwendung der für diese geltenden Vorschriften somit nicht zulässig ist.

Zu weit ginge dementsprechend auch die Lösung, aus der bloßen Vereinbarung der Sicherungscausa auf die vertragliche Verpflichtung des Pfandgläubigers zur Hinterlegung des überschießenden Betrages zu schließen. Zu bejahen ist eine solche Pflicht freilich dann, wenn sie der zwischen den Parteien getroffenen Sicherungsabrede unter Anwendung der üblichen Auslegungsregeln zu entnehmen ist.

δ) Unter Berufung auf die Einordnung der Sicherungszession als auflösend bedingtes Rechtsgeschäft wird zum Teil die Auffassung vertreten, gemäß Art. 1361 Absatz 2 c.c. sei der Zessionar bis zur Begleichung der Hauptschuld zur Zinsziehung aus dem vollen Betrag berechtigt, ohne dass insoweit eine Anrechnung auf die gesicherte Hauptschuld erfolge.[298] Tatsächlich schuldet nach dieser Regelung der Inhaber eines auflösend bedingten Rechts die aus diesem gezogenen Früchte mangels anderslautender vertraglicher Vereinbarung erst ab Eintritt der Bedingung.

Auch insoweit jedoch darf der inhaltliche Zusammenhang mit der zugrundeliegenden Sicherungsabrede nicht vernachlässigt werden. Die gesetzliche Ermächtigung des Zessionars zur vollumfänglichen Zinsziehung auf eigene Rechnung stellt ein zusätzliches Mittel zu seiner (vorzeitigen) Befriedigung dar, rechtfertigt aber nicht seine Bereicherung über die gesicherte Forderung hinaus. Somit ist auch hinsichtlich der eingezogenen Zinsen von einer schuldrechtlichen Rückzahlungsverpflichtung in Höhe des die Hauptschuld übersteigenden Anteils auszugehen.

ε) Gemäß Art. 1358 c.c., der allgemein für Inhaber einer auflösend bedingten Forderung gilt, unterliegt der Zessionar der Verpflichtung, hinsichtlich der Realisierung der Sicherungsforderung alle nach Treu und Glauben erforderlichen Maßnahmen bis hin zur Zwangsvollstreckung ergreifen. Soweit er diese Pflichten nicht oder ungenügend erfüllt

---

[297] Inzitari, *La cessione del credito a scopo di garanzia*, Banca, borsa, tit. cred. 1997 I, 161; Mancini, *Pegno di credito, „cessione pro solvendo" e cessione a scopo di garanzia*, Banca, borsa, tit. cred. 1968 II, 285.

[298] Dolmetta/Portale, *Forderungsabtretungen in Italien*, in: Hadding/Schneider, S. 384 f.

und es deswegen nicht zur Zahlung durch den Drittschuldner kommt, ist der Zessionar einem Schadensersatzanspruch des Zedenten ausgesetzt.[299]

Umgekehrt ist der Zessionar aber schutzwürdig, falls die abgetretene Forderung wegen Zahlungsunfähigkeit des Drittschuldners nicht einbringlich ist. Soweit die Zahlungsunfähigkeit auf ein Verhalten des Zedenten zurückzuführen ist, kommt es somit zu einer entsprechenden Anwendung des Art. 1186 c.c., wonach eine Schuld bei Wertverlust der zu ihrer Sicherung übergebenen Hypotheken- oder Pfandsache unabhängig von bestehenden Stundungsabreden sofort fällig wird.[300] Zu bejahen ist angesichts der vergleichbaren Interessenlage und des Fehlens spezieller Regelungen darüber hinaus eine analoge Anwendung des Art. 2743 c.c. Unabhängig vom Verhalten des Zedenten, kann der Zessionar nach dieser Vorschrift bei Verringerung der Sicherheit die Bereitstellung eines anderen Sicherungsgegenstandes und, falls diese ausbleibt, die sofortige Begleichung der Schuld verlangen.

ζ) Als Inhaber der abgetretenen Forderung ist der Zessionar bis zum Eintritt der Bedingung schließlich berechtigt, diese weiterzuveräußern. Da ein gutgläubiger Erwerb von Forderungen durch den *Codice Civile* jedoch nicht vorgesehen ist (*nemo plus iuris ad alium transferre potest quam ipse habet*), wirkt die der ursprünglichen Zession auferlegte Bedingung auch gegenüber dem Erwerber, so dass die Abtretungsforderung unabhängig von ihrem aktuellen Inhaber bei Erfüllung der Hauptschuld unmittelbar wieder auf den Zessionar zurückfällt.[301]

bb) Verhältnis zwischen Drittschuldner und Zessionar

α) Einwendungen gegen die abgetretene Forderung

Was die Einwendungen gegen die abgetretene Forderung betrifft, so stellt die einhellige Meinung in Literatur und Rechtsprechung den Schutz des Drittschuldners in den Vordergrund und betont, dass dessen Schuld durch die Abtretung nicht verändert werden dürfe. Dem gemäß könne er alle dem Zedenten gegenüber im Abtretungszeitpunkt bestehenden Einwendungen auch dem Zessionar entgegenhalten.[302] Unterschiede zur Regelung des § 404 BGB ergeben sich insoweit nicht.

---

[299] Barbero, *Condizione*, Nov. Dig. it., S. 1104.
[300] So auch Dolmetta/Portale, S. 382; Viale, *Le garanzie*, S. 119.
[301] Belfiore, *Pendenza negoziale e conflitti di titolarità*, Riv. dir. civ., 1971, 1, 180 ff.
[302] Panuccio, *Cessione dei crediti*, Enc. Dir., S. 868; Cass. 17.01.2001 n. 575.

β) Einwendungen hinsichtlich des Abtretungsgeschäfts

Gegenstand von Kontroversen ist hingegen die Problematik, inwieweit der Drittschuldner sich auch auf Mängel der Abtretung selbst berufen kann oder sogar muss.

Die ältere Rechtsprechung ging, zunächst gefolgt vom überwiegenden Teil der Lehre, von dem Grundsatz aus, der Drittschuldner sei am Abtretungsvertrag nicht beteiligt und habe dessen Wirksamkeit somit nicht zu überprüfen.[303] Mängel des Abtretungsgeschäfts könnten durch den Drittschuldner zur Vermeidung einer Falschleistung nur dann eingewandt werden, wenn sich die Unwirksamkeit bereits aus dem Schriftstück ergebe, durch welches der Drittschuldner Kenntnis von der Abtretung erlangt.[304]

Während sich zunächst in der Lehre, zum Teil auch unter Verweis auf die deutsche Rechtslage, die Stimmen häuften, wonach dem Drittgläubiger mehr oder weniger umfangreiche Rechte und Pflichten zur Überprüfung der Wirksamkeit des Abtretungsgeschäftes zuzuerkennen seien,[305] trat die Wende in der Rechtsprechung erst durch ein Urteil des Kassationshofes aus dem Jahre 1996[306] ein. Nach dieser Entscheidung könne und müsse der Drittschuldner sich auf all diejenigen Mängel der Abtretung berufen, welche deren Wirksamkeit beeinträchtigen.

Somit ist die aktuell herrschende italienische Auffassung der deutschen Rechtslage vergleichbar. Gemäß § 409 Absatz 1 BGB ist die Erfüllungswirkung einer Zahlung an den (vermeintlichen) Zessionar nur dann garantiert, wenn der Drittschuldner durch den Zedenten unmittelbar oder durch eine von diesem unterzeichnete Urkunde von der Abtretung informiert wurde. Liegen diese Voraussetzungen hingegen nicht vor, trägt der Drittschuldner das Risiko einer ihn nicht von seiner Schuld befreienden Leistung an den Nichtgläubiger[307] und hat dementsprechend gemäß § 410 BGB das Recht, die Zahlung bis zur eindeutigen Klärung der Sachlage zu verweigern.[308]

Überzeugend ist in jedem Fall die Abkehr von der früheren italienischen Auffassung, wonach die fehlende Wirksamkeit der Abtretung einem Zahlungsverlangen des angeblichen Zessionars nur in Ausnahmefällen entgegengehalten werden könne. So ist nicht zu begründen, weshalb dem Drittschuldner der Einwand der fehlenden Aktivlegitimation der Gegenseite im konkreten Fall verweigert werden sollte. Eine uneingeschränkte Zahlungspflicht hätte zudem zur Folge, dass der vermeintliche Zedent als tatsächlicher Forderungsinhaber eine Zahlung an den vermeintlichen Zessionar in jedem Falle gegen sich gelten lassen müsste und damit auf Bereicherungsansprüche gegenüber letzterem beschränkt wäre.

---

[303] Cass. 5.2.1988 n. 1257; Panuccio, S. 867.
[304] Panuccio, S. 868.
[305] Bianca, *Il debitore e i mutamenti del destinatario del pagamento*, S. 274 f.; Perlingieri, *La cessione*, S. 190 ff.
[306] Cass. 11.3.1996 n. 2001, Foro it. 1996 I, 1222.
[307] BGH ZIP 1991, 595.
[308] Vgl. MüKo/Roth, 4. Aufl., § 404 Rn. 13.

Andererseits erscheint es im Interesse sowohl eines funktionierenden Rechtsverkehrs als auch des Drittschuldners selbst geboten, die Anforderungen an dessen Prüfungspflicht nicht zu überspannen. Eine befreiende Leistung an den angeblichen Zessionar sollte zumindest dann möglich sein, wenn die Mitteilung über die Abtretung seitens des Zedenten erfolgt und eine eventuelle Unwirksamkeit des Abtretungsgeschäftes für den Drittschuldner nicht offensichtlich ist.

c) Sicherungszession und Insolvenz

aa) Insolvenz des Zedenten

α) Wirksamkeit der Abtretung gegenüber den Insolvenzgläubigern

Einer zeitlichen Vorgabe unterliegt die Sicherungsabtretung insofern, als gemäß Art. 1265 c.c. deren Wirksamkeit Dritten gegenüber erst mit der Zustellung der Abtretungsurkunde an den Drittschuldner eintritt. Eine erst nach Eröffnung des Insolvenzverfahrens bekannt gegebene Abtretung entfaltet, da nun Verfügungen über das Vermögen des Insolvenzschuldners gemäß Art. 44 l. fall. nicht mehr möglich sind, somit keine Wirkung.

Was die Befriedigung aus der rechtzeitig und damit wirksam übertragenen Forderung während des Insolvenzverfahrens anbelangt, besteht in der Rechtsprechung eine gewisse Uneinigkeit.

Nach der überwiegenden, insbesondere in der jüngeren Zeit vertretenen Meinung gehen die Möglichkeiten des Zessionars über diejenigen des Pfandgläubigers hinaus. Wie oben unter § 2 I. 6. a) beschrieben, kann der Pfandgläubiger als vorzugsweise berechtigter Insolvenzgläubiger die Zwangsveräußerung der Pfandsache gemäß Art. 53 l. fall. nur durchführen, wenn seine Forderung im Verfahren zugelassen und festgestellt wird und das Insolvenzgericht zudem einem Antrag auf Ermächtigung zur Zwangsveräußerung durch separate Entscheidung stattgibt. Darüber hinaus kann der Pfandgläubiger angesichts der uneinheitlichen Entscheidungspraxis nicht mit Sicherheit davon ausgehen, dass er tatsächlich in den Genuss des vollen Verwertungserlöses kommt,[309] so dass er möglicherweise vom Vorhandensein einer nennenswerten Insolvenzmasse abhängt. Im Gegensatz dazu unterliege der Zessionar, da die abgetretene Forderung nicht mehr zum Vermögen des Insolvenzschuldners gehöre, nicht diesen Beschränkungen.[310]

Dem gegenüber stehen einige ältere Entscheidungen, in denen der Sicherungszessionar dem Pfandgläubiger gleichgestellt und somit den allgemeinen Erfordernissen der Forderungsanmeldung und Zulassung durch den Insolvenzrichter unterworfen wird.[311]

---

[309] Siehe oben § 2 I 6 a.

[310] Cass. 15.9.1972 n. 2746; App. Firenze 20.12.1988 , App. Milano 4.11.1988, Banca, borsa, tit. cred.1990 II, S.100 ff.

[311] Trib. Venezia 30.7.1963 in Banca, borsa, tit. cred.1963 II, S. 438; Trib. Nicastro 7.2.1961 in Banca, borsa, tit. cred.1962 II, S. 21.

Betrachtet man die Sicherungszession, wie das richtig erscheint, als echten Unterfall der Abtretung, muss man sich der erstgenannten Meinung insoweit anschließen, als sie davon ausgeht, die Sicherungsforderung gehe mit wirksamer Zession in das Vermögen des Zessionars über, gehöre somit nicht zur Insolvenzmasse.

Genauerer Betrachtung bedarf aber dennoch die Frage, wie es durch den Einzug der abgetretenen Forderung während des Insolvenzverfahrens durch den Zessionar zur Erfüllung der Hauptforderung kommen kann. Denn wie bereits festgestellt, erfolgt die Abtretung hier nicht erfüllungshalber sondern lediglich zur Sicherung, führt also selbst noch nicht zur Erfüllung. Andererseits sind Erfüllungshandlungen des Hauptschuldners, die erst nach Eröffnung des Insolvenzverfahrens stattfinden, unwirksam.

Teile der italienischen Lehre[312] versuchen, diese Problematik durch Anwendung einer bereits im römischen Recht existierenden Rechtsfigur, des sog. *secum pensare* ("Mit-sich-Verrechnen")[313], zu lösen. Hierbei ergibt sich folgende Konstruktion:

Da die Hauptforderung durch die Abtretung nicht erlischt, entstehen zunächst zwei Forderungen zugunsten des Zessionars. Gleichzeitig gilt aber als vereinbart, dass bei Erfüllung durch den Drittschuldner auch die Hauptschuld getilgt wird. Die Erfüllungshandlung wird somit, auch hinsichtlich der Hauptschuld, als eine solche des Drittschuldners angesehen.[314]

Andere hingegen vertreten die Meinung, unabhängig davon, worin die Erfüllungshandlung im einzelnen zu sehen ist, führe diese zur Tilgung einer Schuld des Zedenten und stelle somit eine gemäß Art. 44 Absatz 1 l. fall.[315] unwirksame Einzelverfügung dar.[316]

Von entscheidender Bedeutung ist in diesem Zusammenhang folglich die Frage nach der Reichweite von Art. 44 Absatz 1 l. fall. Primärer Zweck dieser Norm ist es, eine Verringerung der zu Beginn des Insolvenzverfahrens vorhandenen Insolvenzmasse und die hiermit verbundene Benachteiligung der Insolvenzgläubiger zu verhindern.[317] Aus der Tatsache, dass dem Insolvenzschuldner auch die Bezahlung fälliger Schulden untersagt ist, lässt sich schließen, dass Schutzobjekt der Vorschrift neben der buchhalterischen auch die tatsächlich in Form von Finanzmitteln realisierte Vermögenssituation des

---

[312] Vgl. Mancini, *La cessione dei crediti futuri a scopo di garanzia*, S. 94.

[313] Nach Paul. D. 13.7.18 pr. ist beispielsweise der Forderungspfandgläubiger, der die ihm verpfändete Geldschuld einzieht, gehalten, den empfangenen Geldbetrag ohne weiteres mit seiner Forderung zu verrechnen: *exactam pecuniam tecum pensabis*. Der Gläubiger wird durch die Einziehung der Forderung also unmittelbar befriedigt; siehe zum *secum pensare* Kaser, *Das römische Privatrecht I, S.* 465 mit Fn. 29.

[314] Vgl. Biondi, *Cessione pro solvendo e pegno dei crediti*, Banca, borsa, tit. cred. 1955 II, 303.

[315] Gemäß dieser Vorschrift sind alle nach Eröffnung des Insolvenzverfahrens zu Gunsten eines Gläubigers vorgenommenen Verfügungen und Zahlungen des Insolvenzschuldners den anderen Gläubigern gegenüber unwirksam.

[316] Vgl. Inzitari, *Besondere Probleme der Sicherungsabtretung in Italien*, S. 419, der sogar davon ausgeht, der Zessionar setze sich, soweit er den eingezogenen Betrag einbehält, einem Rückforderungsanspruch des Insolvenzverwalters wegen Zahlung einer Nichtschuld gemäß Art. 2033 c.c. aus.

[317] Cass. 7.7.1981 n. 4434.

Schuldners darstellt. Unwirksam ist damit einerseits die Schmälerung der gegenüber Dritten bestehenden Forderungen, andererseits die Verringerung der eigenen Mittel durch die Begleichung von Schulden.

Durch die beschriebene Erfüllungswirkung jedoch wird der Sicherungszweck des Art. 44 Absatz 1 l. fall. in keiner Weise tangiert. Eine Forderung des insolventen Zedenten gegen den Zessionar besteht mangels Eintritt der auflösenden Bedingung nicht. Und auch eine materielle Belastung der Insolvenzmasse durch tatsächliche Bezahlung findet nicht statt.

Anders stellt sich die Lage freilich dar, soweit der beim Drittschuldner eingezogene Betrag die gesicherte Hauptschuld übersteigt, da der Zessionar diesbezüglich nach Sinn und Zweck der Sicherungszession schuldrechtlich zur Rückzahlung ursprünglich an den Zedenten, nach Eröffnung des Insolvenzverfahrens somit gemäß Art. 44 Absatz 2 l. fall. an den Insolvenzverwalter verpflichtet ist. Unzulässig ist es somit, die gegen den Drittschuldner realisierten Beträge auch insoweit einzubehalten, als der abgetretenen Forderung keine konkret gesicherte Hauptforderung gegenübersteht.

β) Höhe der Forderung

Was die Höhe der Hauptforderung anbelangt, so stehen dem Zessionar nach einem Teil der Rechtsprechung[318]auch die Zinsen zu, die nach Eröffnung des Insolvenzverfahrens angefallen sind. Die Gerichte vertreten hierbei die Ansicht, die Unverzinslichkeit von Insolvenzforderungen ab Insolvenzeröffnung gemäß Art. 55 l. fall. gelte nur hinsichtlich der Verteilung der aktiven Insolvenzmasse. Der Sicherungszessionar aber nehme an dieser Verteilung nicht teil, sondern behalte lediglich den ihm zustehenden, von vornherein nicht zur Insolvenzmasse gehörenden Teil der vom Drittschuldner geleisteten Zahlung ein. Diese Argumentation ist zumindest dann überzeugend, wenn die Miteinbeziehung der Zinsforderungen in der Sicherungsabrede vereinbart wurde. Ein mit Insolvenzeröffnung vom Zedenten auf die Insolvenzmasse übergehender Rückzahlungsanspruch besteht zum Zeitpunkt der Verfahrenseröffnung mangels Eintritt der auflösenden Bedingung nicht. Ein eventueller Anspruch der Insolvenzmasse gegen den Zessionar gemäß Art. 44 Absatz 2 l. fall. auf Abführung der über die gesicherte Forderung hinausgehenden Drittschuldnerzahlung bestimmt sich in seiner Höhe nach dem Moment der Zahlung, besteht also von vornherein nur abzüglich der angefallenen Zinsen.

γ) Anfechtbarkeit der Sicherungszession

Zwar wird die Sicherungszession im Zusammenhang mit den Tatbeständen der Insolvenzanfechtung in Artt. 64 ff. l. fall. nicht ausdrücklich erwähnt, nach einheitlicher Meinung[319] wird sie jedoch unter Art. 67 Absatz 2 l. fall. subsumiert. Hiernach kann der Insolvenzverwalter u.a. Rechtshandlungen des Schuldners, durch welche einzelnen

---

[318] Siehe z.B. Trib. Napoli, 22.9.1969, Banca, borsa, tit. cred. 1970 II, 444.

[319] Viale, S. 120 ff.; Bavetta, Dir. fall. 1995 I, 602; Trib. Milano 16.12.1993, Banca, borsa, tit cred. 1994 II, 692.

Gläubigern ein Recht auf vorzugsweise Befriedigung entsteht, anfechten, soweit diese Handlungen gleichzeitig mit dem Entstehen der Forderung und innerhalb eines Jahres vor Insolvenzeröffnung erfolgt sind und der Gläubiger nachweisbar von der Zahlungsunfähigkeit des Schuldners Kenntnis hatte.[320]

δ) Anmeldung der Hauptforderung im Insolvenzverfahren

Unterschiedliche Ansichten bestehen zu der Frage, wie die gesicherte Hauptforderung bei ihrer Geltendmachung im Insolvenzverfahren einzuordnen ist. Während die in der früheren Rechtsprechung[321] zum Teil vertretene Meinung, der Zessionar sei als bevorrechtigter Gläubiger gemäß Art. 53 Absatz 1 l. fall. zu betrachten, mit der italienischen Rechtsordnung nicht vereinbar ist und aktuell wohl auch keine Anhänger mehr findet, geht die überwiegende Ansicht[322] nun davon aus, die Behandlung der Hauptforderung richte sich nach Art. 55 Absatz 3 l. fall. Diese Vorschrift umfasst sowohl bedingte als auch solche Forderungen, gegen welche die Einrede der Vorausklage zulässig ist und verweist auf Artt. 95 und 113 l. fall., wonach insoweit eine Zulassung zum Insolvenzverfahren lediglich unter Vorbehalt erfolgt.

Problematisch erscheint diese Einteilung insofern, als der Zessionar weder zu einem primären Vorgehen gegen den Drittschuldner verpflichtet ist, sondern unterschiedslos auf einen der beiden Schuldner zurückgreifen kann, noch die Hauptschuld als aufschiebend bedingt gemäß Art. 113 l. fall. angesehen werden kann. Zwar herrscht Einigkeit darüber, dass der Zessionar, soweit er durch eine Leistung des Drittschuldners befriedigt worden ist, seine ursprüngliche Hauptforderung gegen den Zedenten nicht mehr geltend machen kann, jedoch ist dies, wie eben unter α) dargelegt, durch den Eintritt der Erfüllungswirkung, nicht aber den einer Bedingung im Rechtssinne zu erklären.

Zudem wäre es widersinnig, die Position des Zessionars im Insolvenzverfahren hinsichtlich der Hauptschuld aufgrund deren Absicherung zu verschlechtern. Konkret läge die Verschlechterung in dem Umstand, dass der Zessionar die Berücksichtigung seiner Forderung bei der Verteilung der Insolvenzmasse nur durch die richterliche Aufhebung des Vorbehalts erreichen könnte. Wenn auch die Frage uneinheitlich beurteilt wird, ob notwendige Voraussetzung für diese Aufhebung die Durchführung des formellen Widerspruchsverfahrens nach Art. 98 l. fall. ist,[323] entstünde für den Zessionar in jedem Fall nicht nur eine gewisse Unsicherheit sondern auch zusätzlicher Aufwand. Somit ist auch eine entsprechende Anwendung der genannten Vorschriften abzulehnen. Vielmehr ist davon auszugehen, dass die Abtretung einer Forderung zur Sicherung einer anderen

---

[320] Siehe hierzu näher unten § 4 II 5 d cc β.

[321] Cass. 6.10.1958 n. 3126, Banca, borsa, tit. cred. 1958 II, 498; Trib. Lecce 18.6.1956, Dir. fall. 1957 II, 729.

[322] App. Milano 31.10.1989, Giust. civ. 1990 I, 463; Trib. Milano 13.10.1986, Banca, borsa, tit. cred. 1988 II, 82 ff.; Battistoni Ferrara, *Cessione di credito "a garanzia" e fallimento del cedente,* in Foro it. 1961, I 1451.

[323] So Satta, *Diritto*, S. 303, Provinciali, S. 1404; a.A. Pajardi, *Codice del Fallimento,* Art. 95, 6.

Forderung auf die Behandlung letzterer im Insolvenzverfahren keinen Einfluss hat, der Zessionar somit als gewöhnlicher Insolvenzgläubiger anzusehen ist.[324]

bb) Insolvenz des Drittschuldners

Wird über das Vermögen des Drittschuldners das Insolvenzverfahren eröffnet, ergeben sich hieraus in erster Linie Konsequenzen für den Zessionar. So ist dieser aufgrund seines auflösend bedingten Rechtserwerbs nach Art. 1358 c.c. verpflichtet, alles nach Treu und Glauben zu dessen Erhaltung Notwendige zu unternehmen und muss daher die abgetretene Forderung im Rahmen des Insolvenzverfahrens geltend machen.

Auch in diesem Zusammenhang stellt sich die Frage, ob der Zessionar hierbei gemäß Artt. 55 Absatz 3, 95 und 113 l. fall. als Inhaber einer bedingten Forderung anzusehen ist. Eine genauere Betrachtung führt jedoch wiederum zu dem Ergebnis, dass weder eine direkte noch eine entsprechende Anwendung dieser Vorschriften in Betracht kommt. So steht zwar die Forderungsinhaberschaft des Zessionars unter einer Bedingung, nicht bedingt ist jedoch die Forderung selbst. Tritt die Bedingung ein, so hat dies lediglich zur Folge, dass nun der Zedent Inhaber der Forderung und damit Insolvenzgläubiger wird, die Forderung an sich bleibt unberührt.

Zu prüfen bleibt, ob sich aus der Insolvenz des Drittschuldners auch zusätzliche Rechte des Gläubigers gegen den Hauptschuldner ergeben. In Frage kommt hierbei eine Anwendung des Art. 1186 c.c., wonach ein Gläubiger unter gewissen Voraussetzungen trotz eines gewährten Zahlungsaufschubs sofort vollstrecken kann, wenn die Realisierung der Forderung bedroht scheint. Eine solche Bedrohung könnte in den Fällen zu bejahen sein, in denen der Gläubiger dem Hauptschuldner die Hauptschuld gegen Sicherung in Form der Abtretung einer Drittschuld gestundet, letztere aber wegen der Zahlungsunfähigkeit des Drittschuldners ihren Sicherungswert verloren hat. Betrachtet man jedoch den genauen Wortlaut von Art. 1186 c.c., so setzt diese Vorschrift voraus, dass die Zahlungsunfähigkeit beim Hauptschuldner eintritt, oder dieser selbst die Wertminderung der gewährten Sicherheiten herbeigeführt hat.[325]

cc) Insolvenz des Zessionars

Im Zusammenhang mit der Eröffnung eines Insolvenzverfahrens über das Vermögen des Zessionars stellt sich vor allem die Frage, unter welchen Voraussetzungen der Zedent die Erfüllung der Hauptschuld und den hieraus folgenden Eintritt der auflösenden Bedingung für die Forderungszession den Insolvenzgläubigern gegenüber geltend machen kann.

---

[324] So i. E. auch Dolmetta/Portale, S. 389.

[325] Gegen eine Anwendung von Art. 1186 c.c. somit auch Dolmetta/Portale, S. 389.

α) Zahlung des Zedenten an den Zessionar

Nach Eröffnung des Insolvenzverfahrens erfolgte Leistungen an den Gemeinschuldner sind nach Art. 44 Absatz 2 l. fall. unwirksam. Eine § 82 InsO entsprechende Vorschrift, wonach der Leistende befreit wird, wenn er zum Leistungszeitpunkt die Eröffnung des Verfahrens nicht kannte, existiert in der italienischen Rechtsordnung nicht. Demgemäß führen hier überhaupt nur solche Zahlungen zum Eintritt der Bedingung und damit zur Rückübertragung der abgetretenen Forderung, die vor der Verfahrenseröffnung erfolgt sind. Der Beweis hierfür ist formlos möglich.

Probleme ergeben sich in der Praxis für den Zedenten aus den hohen Anforderungen, die an den Nachweis der Tatsache gestellt werden, dass die Abtretung zu Sicherungszwecken und damit auflösend bedingt vorgenommen wurde. So wird in diesem Zusammenhang allgemein die für den Eigentumsvorbehalt geltende Regelung des Art. 1524 Absatz 1 c.c. analog angewandt, wonach die Bedingtheit des Rechtsgeschäfts aus einer vor der Insolvenzeröffnung datierten Urkunde hervorgehen muss.[326]

β) Zahlung des Zedenten an den Insolvenzverwalter

Nach Eröffnung des Insolvenzverfahrens kann der Zedent mit befreiender Wirkung nur noch an den Insolvenzverwalter leisten. Falls es dadurch zur Erfüllung der gesamten Hauptschuld kommt, führt auch dies zum Eintritt der Bedingung und somit zur automatischen Rückübertragung der abgetretenen Forderung.[327]

γ) Zahlung des Drittschuldners an den Zessionar

Auch Zahlungen des Drittschuldners an den insolventen Zessionar haben schuldbefreiende Wirkung nur, soweit sie vor Eröffnung des Insolvenzverfahrens erfolgt sind, Art 44 Absatz 2 l. fall. Zur Folge hat eine demgemäss wirksame rechtzeitige Zahlung, wie bereits dargestellt, auch den Eintritt der Erfüllung zugunsten des Zedenten, so dass dieser im darauf folgenden Insolvenzverfahren nicht als Schuldner, sondern gegebenenfalls als nicht bevorrechtigter Gläubiger des über die Hauptforderung hinausgehenden Anteils der zedierten Forderung auftritt.

δ) Zahlung des Drittschuldners an den Insolvenzverwalter

Anders stellt sich die Position des Zedenten dar, wenn der Drittschuldner seine Leistung nach Eröffnung des Insolvenzverfahrens an den Insolvenzverwalter erbringt. Da sein Anspruch auf den eben genannten Überschussbetrag erst nach Verfahrenseröffnung durch die Einziehungshandlung des Insolvenzverwalters entsteht, ist er nicht als allgemeiner nicht bevorrechtigter Gläubiger, sondern als Massegläubiger einzuordnen und gemäß Art. 111 n.1 l. fall. bei der Verteilung der Insolvenzmasse vorrangig zu berücksichtigen.[328]

---

[326] Vgl. Dolmetta/Portale, S. 391.

[327] Dolmetta/Portale, a.a.O.

[328] Ferrara jr., *Il Fallimento,* S. 409; Corsi, *Il concetto di amministrazione nel diritto privato,* S. 204.

d) Das Factoring (*il factoring*)

Fraglich ist, ob auch das Factoring unter die Forderungsabtretung zu Sicherungszwecken subsumiert werden kann.

aa) Inhalt

Das Institut des Factoring existiert in Italien seit Anfang der sechziger Jahre[329] und findet seither insbesondere in der Bankpraxis zunehmende Verbreitung. In seiner Grundform regelt der Factoring-Vertrag die entgeltliche Abtretung einer Forderungsgesamtheit durch einen Unternehmer an den sogenannten Factor. Der Factor übernimmt in der Folge die Realisierung der abgetretenen Forderungen bei den Drittschuldnern und behält sich hierfür eine bestimmte Quote (für gewöhnlich zwischen 0,75 und 3 %) als Kommission ein. Im einzelnen ergaben sich mangels gesetzlicher Vorschriften zahlreiche Ausformungen des Factoring, deren Wirksamkeit Gegenstand umfangreicher Diskussionen war.[330]

Eine gesetzliche Regelung fand die genannte Rechtsfigur erstmals mit dem Gesetz Nr. 52 vom 21. Februar 1991.[331] Zwar kommt dieses nur zur Anwendung kommt, soweit es sich um eine Abtretung gewerblicher Forderungen durch einen Unternehmer an ein staatlich anerkanntes Kreditinstitut handelt, Art. 1 Absatz 1 l. n. 52. Jedoch wird damit ein Großteil der in der Praxis vorkommenden Fälle erfasst.

Möglicher Gegenstand des Factoring sind - entsprechend der vorangegangenen Rechtspraxis - gegenwärtige oder zukünftige Forderungen bzw. Forderungsgesamtheiten, Art. 3 Absatz 1, 2 l. n. 52. Jedoch können durch eine Globalzession nur solche Forderungen erfasst werden, die innerhalb von 24 Monaten nach Abschluss des Factoring-Vertrages entstehen, Art. 3 Absatz 3 l. n. 52.

Was die nähere Ausgestaltung des Factoring-Vertrages betrifft, so sieht Art. 1 Absatz 1 l. n. 52 vor, dass die Forderungsabtretung gegen Zahlung eines bestimmten Betrages erfolgt. Gesetzlich nicht zwingend geregelt ist hingegen weiterhin die Frage, wer das Risiko des Forderungsausfalls trägt. Zwar bestimmt Art. 4 l. n. 52 als Grundregel die Ausfallhaftung des Zedenten in Höhe des durch den Factor für die Forderung gezahlten Betrages (*cessio pro solvendo*), sieht aber zugleich vor, dass diese Haftung vertraglich ausgeschlossen werden kann (*cessio pro soluto*).

---

[329] Als erste italienische Factoringgesellschaft wurde 1963 die *International Factors Italia S.p.A.* gegründet.

[330] vgl. etwa Frignani, *Il difficile cammino del factoring*, Giur. it. 1975, I 2, 537; Carnevali, *I problemi giuridici del factorin*, Riv. dir. civ. 1978, I, 299; Frignani, *Factoring, leasing, franchising, concorrenza*, S. 155.

[331] Veröffentlicht in der *Gazzetta Ufficiale* Nr. 47 vom 25.2.1991, im Folgenden: l. n. 52.

bb) Schutzumfang zugunsten des Factors

Unter ausdrücklicher Aufrechterhaltung der oben unter § 2 V. 1. erläuterten allgemeinen Zessionsvorschriften des *Codice Civile* regeln die Artt. 5 bis 7 l. n. 52 zusätzliche Fälle der Drittwirksamkeit der zugunsten des Factors entstandenen Rechtspositionen. Sobald der Factor die für die Abtretung vorgesehene Zahlung geleistet hat und der Zahlungszeitpunkt als *data certa*[332] nachweisbar ist, erlangt die Abtretung vorrangige Wirkung gegenüber Dritterwerbern, deren Erwerbstitel nach dem ebengenannten Zahlungszeitpunkt drittwirksam geworden ist (Art. 5 Absatz 1 Nr. 1 lit. a l. n. 52) und gegenüber vollstreckenden Gläubigern des Zedenten, soweit die Pfändung der Forderung nach der Zahlung durch den Factor erfolgt ist (Art. 5 Absatz 1 Nr. 1 lit. b l. n. 52).

Auch in einem Insolvenzverfahren über das Vermögen des Zedenten, welches nach der durch eine *data certa* belegten Zahlung eröffnet wurde, kann die Abtretung dem Insolvenzverwalter entgegengehalten werden, falls nicht die Zahlung innerhalb eines Jahres vor Eröffnung des Insolvenzverfahrens stattgefunden hat und der Factor zum Zahlungszeitpunkt nachweislich die Zahlungsunfähigkeit des Zedenten kannte (Art. 5 Absatz 1 Nr. 1 lit. c i.V.m. Art. 7 Absatz 1 l. n. 52). Ist die Wirksamkeit der Abtretung demnach zu bejahen, hat der Insolvenzverwalter allerdings nach Art. 7 Absatz 2 l. n. 52 die Wahl, von der Abtretungsvereinbarung hinsichtlich derjenigen Forderungen zurückzutreten, die zum Zeitpunkt des gerichtlichen Insolvenzeröffnungsbeschlusses noch nicht entstanden waren. Insoweit erfolgte Zahlungen fallen nicht unter die Insolvenzmasse und sind dem Factor seitens des Insolvenzverwalters in voller Höhe zurückzuerstatten, Art. 7 Absatz 3 l. n. 52.

Besonderheiten ergeben sich für den Fall der Drittschuldnerinsolvenz: Was die Zahlung eines Drittschuldners an den Factor anbelangt, so kann diese nach Eröffnung des Insolvenzverfahrens über das Drittschuldnervermögen gemäß Art. 6 Absatz 1 Satz 1 l. n. 52 nicht zum Gegenstand einer Revokationsklage nach Art. 67 l. fall. gemacht werden. Möglich ist die Anfechtung der Zahlung jedoch gegenüber dem Zedenten, soweit dem Insolvenzverwalter der Nachweis gelingt, dass dieser zum Zahlungszeitpunkt von der Überschuldung des Schuldners Kenntnis hatte, Art. 6 Absatz 1 Satz 2 l. n. 52. In diesem Fall wiederum hat der Zedent gemäß Art. 6 Absatz 2 l. n. 52 einen Regressanspruch gegenüber dem Factor, falls dieser auf die in Art. 4 l. n. 52 vorgesehene Garantieübernahme durch den Zedenten verzichtet hat.

cc) Dogmatische Einordnung

Für die Frage, inwieweit das Factoring als Sicherungsinstrument, speziell als Unterfall der Sicherungszession angesehen werden kann, ist in Anknüpfung an die durch Art. 4 l. n. 52 eröffnete Wahlmöglichkeit zu differenzieren:[333]

---

[332] S. oben § 2 I 3 a.

[333] Ungenau insoweit Ravazzoni, S. 185, der dem Factoring generell jeglichen Sicherungscharakter abspricht.

Wird die Ausfallhaftung des Zedenten individuell abbedungen, so ist das Geschäft ebenso wie das in der deutschen Rechtspraxis bekannte „Echte Factoring“ als Forderungskauf einzustufen.[334] Eine abzusichernde Forderung des Factors besteht insoweit nicht, da der Zedent durch die Abtretung der Drittforderungen seine Leistung aus dem Factoring-Vertrag voll erbracht hat.

Übernimmt der Zedent hingegen, wie durch Art. 4 l. n. 52 grundsätzlich vorgesehen, die Garantie für die Einbringlichkeit der abgetretenen Forderungen, bestehen auch nach der Abtretung absicherungsbedürftige Ansprüche des Factors. Im deutschen Rechtsverkehr spricht man hierbei von „Unechtem Factoring“. Geht man davon aus, dass der eventuelle Rückgriffsanspruch des Factors durch die anderen abgetretenen Drittforderungen gesichert ist, so zeigt das Geschäft als Ganzes Ähnlichkeit mit einer durch Sicherungszession abgesicherten Darlehensgewährung.[335]

Somit ist das Factoring als Rechtsgeschäft nach italienischem Recht zwar nicht als Sicherungsmittel für in anderem Zusammenhang entstehende Forderungen anzusehen, jedoch werden die im Rahmen des Factoring selbst begründeten Forderungen durch die Abtretung einer Vielzahl von Drittforderungen gesichert.

---

[334] So auch Perlingieri, Cod. Civ., Art. 1260 n. 17

[335] Perlingieri, a.a.O.

VI. Eigentumsvorbehalt (*riserva di proprietà*), Art. 1523 c.c.

1. Dogmatischer Charakter

Ähnlich dem deutschen Recht findet sich die Regelung des Eigentumsvorbehalts (Artt. 1523 bis 1526 c.c.) bei den Vorschriften über den Kaufvertrag. Nach dem Gesetzeswortlaut ist die Festlegung eines Eigentumsvorbehalts nur im Rahmen einer Ratenzahlungsvereinbarung vorgesehen. Es besteht jedoch in Lehre und Rechtsprechung Einigkeit darüber, dass auch eine bloße Kaufpreisstundung mit einer Vorbehaltsregelung verbunden werden kann.[336]

Innerhalb der Lehre umstritten ist die rechtliche Konstruktion, die dem Eigentumsvorbehalt zugrunde liegt.

a) So wird, ausgehend von der Prämisse, dass nach Art. 1470 c.c. das Eigentum grundsätzlich bereits durch den Abschluss des Kaufvertrages übergeht, die Ansicht vertreten, der Kaufvertrag selbst stehe bei Vereinbarung eines Eigentumsvorbehalts unter der aufschiebenden Bedingung der vollständigen Kaufpreiszahlung.[337] Auch der Eigentumsübergang sei von dem Bedingungseintritt abhängig, erfolge dann aber mit Wirkung *ex tunc*.

b) Andere hingegen erklären die Wirkung des Eigentumsvorbehalts mit der Figur des schuldrechtlichen Verkaufs (*vendita obbligatoria*).[338] Bei dieser Art des Verkaufs wird zulässigerweise zwischen den Parteien vereinbart, dass der Kaufvertrag selbst, abweichend von der Regel des Art. 1470 c.c., lediglich schuldrechtliche Wirkung haben solle. Die Übereignung findet bei dieser Variante durch einen selbständigen Übereignungsakt und damit ohne Rückwirkung auf den Zeitpunkt des Kaufvertragsschlusses statt.

c) Eine dritte Meinung schließlich legt dem Eigentumsvorbehalt eine rein sicherungsrechtliche Konzeption zugrunde. Danach erfolgt zwar der Eigentumsübergang mit seinen allgemeinen Wirkungen (Gefahrübergang, Übergang der aus dem Eigentum resultierenden Pflichten etc.) bereits mit Abschluss des Kaufvertrags. Der Verkäufer behält jedoch ein dingliches Sicherungsrecht (den sogenannten *riservato dominio*) mittels dessen er Dritten gegenüber bis zur vollständigen Bezahlung des Kaufpreises die Rechte eines Eigentümers geltend machen kann.[339]

2. Entstehung

Der Eigentumsvorbehalt entsteht durch die Einigung zwischen Verkäufer und Käufer im Rahmen eines Kaufvertrags mit Ratenzahlung, dass das unbeschränkte Eigentum erst bzw. nur dann auf den Käufer übergeht, wenn der volle Kaufpreis bezahlt ist.

---

[336] Cendon, Art. 1523 c.c. Anm. 1; App. Milano, 6.4.1956 in Foro it. 1957 I 1856.
[337] Cian/Trabucchi, Art. 1523, II. 1; Cass. 13.7.1998 n. 6813; Cass. 12.11.1998 n. 11433.
[338] Greco-Cottino, *Vendita*, Comm SB, S. 431.
[339] Bianca, *La vendita e la permuta*, Tr. Vasalli, S. 580 ff.

3. Wirkungen des Eigentumsvorbehalts

a) Sachenrechtliche Wirkungen

aa) Allgemeine Wirkungen

Je nach der genauen dogmatischen Einteilung[340] der Vorbehaltsvereinbarung bleibt zugunsten des Verkäufers entweder die Eigentümerposition selbst oder ein eigentumsähnliches dingliches Sicherungsrecht bis zur vollständigen Kaufpreiszahlung bestehen.

Praktische Konsequenzen hinsichtlich der Sicherungswirkung des Eigentumsvorbehalts ergeben sich aus diesem dogmatischen Streit freilich nicht. Denn auch unter Zugrundelegung der Ansicht, wonach der Vorbehaltskäufer unmittelbar das Eigentum erwirbt, ist dieser verpflichtet, den Wert der Kaufsache als Sicherungsgegenstand nicht zu gefährden. Untersagt sind somit nicht nur Handlungen, die zu einer materiellen Verschlechterung führen können, sondern auch die Weiterveräußerung der Kaufsache.[341] Ein Verstoß hiergegen führt gemäß Art. 1186 c.c. zur sofortigen Fälligkeit der Kaufpreisforderung gegen den Vorbehaltskäufer. Alternativ hierzu kann der Verkäufer, soweit der Eigentumsvorbehalt drittwirksam[342] vereinbart wurde, die Sache vom Dritterwerber herausverlangen.[343]

bb) Drittwirksamkeit des Eigentumsvorbehalts

α) Dritterwerber

Dritterwerbern kann ein Eigentumsvorbehalt an Maschinen nur insoweit entgegengehalten werden, als er in einem hierfür vorgesehenen Register des Landgerichts vermerkt wird, in dessen Bezirk sich die Maschine beim Erwerb befindet, Art. 1524 Absatz 2 c.c. Fehlt eine ordnungsgemäße Eintragung, wird die wirksame Weiterveräußerung selbst durch die positive Kenntnis des Dritterwerbers von der fehlenden Eigentümerstellung des Käufers nicht verhindert.[344] Auf den guten oder bösen Glauben des Erwerbers kommt es nach der Vorschrift des Art. 1524 Absatz 2 c.c. nicht an. Entscheidend ist vielmehr allein die Eintragung des Eigentumsvorbehalts.

Ist Gegenstand des Kaufvertrages hingegen eine sonstige bewegliche Sache, findet gegenüber Dritterwerbern weder Absatz 1 noch Absatz 2 des Art. 1524 c.c. Anwendung. Ein lastenfreier Erwerb des Vorbehaltsgegenstandes ist somit, unabhängig von der Form der Vereinbarung, nach den allgemeinen Gutglaubensvorschriften der Artt. 1153, 1147 c.c. möglich. Die Irrelevanz der Vereinbarungsform hinsichtlich eines Gutglaubenserwerbs erklärt sich aus der Tatsache, dass Sinn der Formvorschrift des Art. 1524 Absatz 1

---

[340] Siehe oben unter 1.
[341] Cian/Trabucchi, Art. 1523, III. Rn. 2.
[342] Siehe hierzu gleich unter bb).
[343] Bianca, S. 580 ff.
[344] Cass. 23.10.1956, Dir. e Giur. 1957, S. 589.

c.c. der Schutz von Drittgläubigern,[345] nicht aber die allgemeine Publizität des Eigentumsvorbehalts ist.[346]

β) Drittgläubiger

Drittgläubigern des Käufers gegenüber ist der Eigentumsvorbehalt nur dann wirksam, wenn er sich aus einem Schriftstück ergibt und nachweislich zu einem dem Vollstreckungsakt vorausgehenden Zeitpunkt vereinbart wurde, Art. 1524 Absatz 1 c.c. Die Anforderungen an einen solchen Datumsnachweis ergeben sich aus Art. 2704 c.c.[347] Entsprechendes gilt aufgrund einer analogen Anwendung des Art. 1524 Absatz 1 c.c. hinsichtlich der Geltendmachung gegenüber dem Insolvenzverwalter im Insolvenzverfahren. Das aus der Urkunde ersichtliche Datum muss hier vor Eröffnung des Insolvenzverfahrens liegen.[348]

Ziel dieser Regelungen ist die Verhinderung erst nach Beginn der Zwangsvollstreckung oder nach Eröffnung des Insolvenzverfahrens getroffener Vorbehaltsabreden und der damit verbundenen Verringerung der Schuldnermasse.

Früher umstritten war die Frage, ob Art. 1524 Absatz 2 c.c., wonach die Drittwirksamkeit eines Eigentumsvorbehaltes an Maschinen dessen Registereintragung voraussetzt, nicht nur - wie es dem Wortlaut der Vorschrift entspricht - Dritterwerbern, sondern auch Drittgläubigern gegenüber anzuwenden sei.[349] Aufgrund des eindeutigen Wortlauts der Norm wird dies inzwischen jedoch in der höchstgerichtlichen Rechtsprechung einheitlich abgelehnt.[350] Für den in der Praxis wichtigsten Fall des Vorbehaltskaufs von KFZ ergibt sich eine entsprechende Eintragungspflicht jedoch aus dem noch zu erläuternden Art. 1524 Absatz 3 c.c.

γ) Sonderfall der beweglichen Sachen, die der Pflicht der Registereintragung unterliegen

Gemäß Art. 1524 Absatz 3 c.c. gelten neben Absatz 2 die allgemeinen Vorschriften über die registerpflichtigen beweglichen Sachen (Art. 2683 ff. c.c.). Die Wirksamkeit des im Rahmen der Veräußerung eines Schiffes, Flugzeuges oder Kraftfahrzeugs vereinbarten Eigentumsvorbehalts gegenüber Drittgläubigern und Dritterwerbern setzt somit nach Art. 2683, 2684 Nr.1 c.c. dessen Eintragung in das nach den jeweiligen Spezialgesetzen[351] vorgesehene Verzeichnis und hinsichtlich der Dritterwerber zusätzlich[352] in das beim Landgericht geführte Register nach Art. 1524 Absatz 2 c.c. voraus.

---

[345] Hierzu sogleich.
[346] Vgl. hierzu auch Kindler, *Einführung in das italienische Recht*, S. 223.
[347] Vgl. oben § 2 I 3 a.
[348] Cendon, Art. 1524 c.c.
[349] Siehe Nachweise bei Cass. 14.4.1961, Foro it. 1961 I, 809.
[350] Vgl. Cass. 8.7.1978 n. 3429.
[351] Vgl. Artt. 146, 752 codice della navigazione; Art. 11 r.d.l. 15.3.1927 n. 436.
[352] Cian/Trabucchi, Art. 1524, III.

δ) Sonderfall des Eigentumsvorbehalts an Immobilien

Entsprechendes muss auch für die Vereinbarung eines Eigentumsvorbehalts an Immobilien gelten, welcher nach höchstgerichtlicher Rechtsprechung grundsätzlich den allgemeinen Regelungen der Artt. 1523 ff. c.c. unterliegt.[353] Die Notwendigkeit der zusätzlichen Grundbucheintragung ergibt sich hier aus Art. 2643 Nr. 1 c.c. Eine § 925 Absatz 2 BGB entsprechende Vorschrift, wonach die bedingte Übereignung einer Immobilie unwirksam ist, existiert in der italienischen Rechtsordnung nicht. Jedoch ist die Bedeutung des Eigentumsvorbehalts im Rahmen des Immobilienkaufs verhältnismäßig gering, da der Verkäufer bereits durch die Eintragung der in diesem Zusammenhang vorgesehenen gesetzlichen Hypothek gemäß Art. 2817 Nr. 1 c.c.[354] geschützt ist. Zur Thematik des zusätzlichen Verkäuferschutzes durch den Italien üblichen Abschluss eines Vorvertrages und die Leistung einer Anzahlung s. unten § 5 II.

b) Schuldrechtliche Wirkungen des Eigentumsvorbehalts

Als wichtigste schuldrechtliche Konsequenz des Eigentumsvorbehalts bestimmt Art. 1523 c.c. die Verlagerung des Gefahrübergangs auf den Zeitpunkt der Übergabe und weicht damit von der allgemeinen Vorschrift des Art. 1465 c.c. ab, wonach die Gefahr bei dinglich wirkenden Verträgen bereits mit Vertragsschluss übergeht. Der Käufer hat die Vorbehaltssache pfleglich zu behandeln, insbesondere Handlungen zu unterlassen, die zu einer Wertminderung führen. Verstößt der Käufer gegen diese Pflicht, so tritt gemäß Art. 1186 c.c. die sofortige Fälligkeit der gesamten Kaufpreisforderung ein.[355]

Anders als die bis zur Schuldrechtsmodernisierung[356] im deutschen Recht geltende Regelung des BGB (§ 455 a.F.) gesteht der *Codice Civile* dem Verkäufer kein spezielles Rücktrittsrecht bei Ausbleiben der Ratenzahlung zu. Dieser hat lediglich die Möglichkeit, nach den allgemeinen Regeln zur Nichterfüllung die Vertragsaufhebung zu verlangen (Artt. 1453 ff. c.c.) oder einen Deckungsverkauf vorzunehmen (Art. 1515 c.c.). Bemerkenswert ist die zusätzliche Einschränkung der Verkäuferrechte gemäß Art. 1525 c.c., wonach eine Vertragsaufhebung wegen Zahlungsverzugs mit lediglich einer Rate selbst bei abweichender vertraglicher Vereinbarung nur möglich ist, wenn diese Rate mindestens ein Achtel des Gesamtkaufpreises ausmacht. Im Gegensatz zu §§ 498 Absatz 1 Nr. 1, 501 BGB, die für das deutsche Recht eine vergleichbare Regelung im Zusammenhang mit dem Rücktritt von Teilzahlungsgeschäften mit Verbrauchern vorsehen, gilt Art. 1525 c.c. einerseits unabhängig von der Unternehmer- bzw. Verbrauchereigenschaft der beteiligten Parteien, findet andererseits aber lediglich Anwendung im Zusammenhang mit der Vereinbarung eines Eigentumsvorbehalts.[357]

---

[353] Cass. 3.4.1980 n. 2167.
[354] Vgl. oben unter § 2 II 2 a.
[355] Bianca, *La vendita e la permuta*, S. 580.
[356] Gesetz zur Modernisierung des Schuldrechts vom 26.11.2001 (BGBl. I S. 3138), in Kraft getreten am 1.1.2002.
[357] Cass. 14.7.2000 n. 9356; Cass. 1.3.1995 n. 2347.

Auch was die Fälligkeit der einzelnen Raten anbelangt, ergeben sich aus der Vereinbarung des Eigentumsvorbehalts keine Besonderheiten. Ein Wegfall der gewährten Stundung tritt nur dann ein, wenn die Voraussetzungen des allgemein für Stundungsabreden geltenden Art. 1186 c.c. vorliegen,[358] d.h. der Schuldner zahlungsunfähig geworden ist, den Wert der seinerseits gewährten Sicherheiten verringert oder zugesagte Sicherheiten nicht gewährt hat.

4. Arten

Gesetzlich geregelt ist lediglich der einfache Eigentumsvorbehalt in der eben beschriebenen Form. Die außergesetzliche Ausdehnung des Instituts, etwa in Form eines verlängerten Vorbehalts wird von der italienischen Rechtsprechung generell nicht akzeptiert.[359] Zwar lässt auch die italienische Rechtsordnung die Abtretung bestimmbarer zukünftiger Forderungen zu,[360] so dass der Käufer seine künftigen Ansprüche aus der Weiterveräußerung zur Sicherung an den Verkäufer übertragen kann. Jedoch wird in der Ermächtigung zur Verarbeitung und zum Weiterverkauf zwingend eine Übertragung der Eigentümerstellung auf den Käufer gesehen, welche mit der gleichzeitigen Annahme eines Eigentumsvorbehalts nicht zu vereinbaren sei.[361] Die Verhinderung des Eigentumsverlusts trotz Verarbeitung durch den Käufer, welche in der deutschen Rechtspraxis durch ein vorweggenommenes Besitzmittlungsverhältnis hinsichtlich der neu entstehenden Sache erreicht wird,[362] scheitert in Italien an der mangelnden Akzeptanz der Sicherungsübereignung.[363]

Die Weiterleitung des Eigentumsvorbehalts in der Form, dass der Vorbehaltskäufer die Kaufsache mit Einwilligung des Verkäufers bedingt weiterübereignet ist der italienischen Rechtsordnung schon insofern fremd, als sie keine dem § 185 Absatz 1 BGB entsprechende Vorschrift über die Verfügung eines Nichtberechtigten mit Einwilligung des Berechtigten enthält, sondern nur die Zustimmung im Fall der fehlenden Vertretungsmacht vorsieht. So zum Beispiel nach Art. 1399 c.c. bei Vertretung ohne Vertretungsmacht, nach Art. 2032 c.c. bei Geschäftsführung ohne Auftrag und nach Art. 2822 c.c. bei Einräumung einer Hypothek auf fremde Sachen. Zudem ermöglicht die den Verkauf durch den Nichtberechtigten regelnde Vorschrift des Art. 1748 c.c. nicht die Übertragung von aufschiebend bedingtem Eigentum.

Abgesehen von diesen dogmatischen Erwägungen bietet der weitergeleitete Eigentumsvorbehalt dem Verkäufer keine Sicherheit für den Fall, dass der Vorbehaltskäufer die Kaufsache absprachewidrig ohne Offenlegung des Vorbehalts unbedingt weiterveräußert. Seine Bedeutung ist daher auch im deutschen Recht sehr gering.[364]

---

[358] Greco-Cottino, *Vendita*, Comm. SB, S. 442.
[359] App. Napoli, Foro it. 1956 I, 101.; Trib. Salerno, Foro it. 1955 I, 618.
[360] Cass. 24.10.1975 n.3519; vgl. auch unten § 2 V 1 c.
[361] App. Napoli,a.a.O.
[362] Palandt/Bassenge, § 950 Rn. 11.
[363] S. oben § 2 IV 1.
[364] Vgl. hierzu auch Palandt/Weidenkaff, § 449 Rn. 16.

§ 3 Persönliche Sicherungsrechte

I. Bürgschaft (*fideiussione*), Art. 1936 ff. c.c.

1. Dogmatischer Charakter

Die Regelung der Bürgschaft findet sich im Codice Civile - nicht anders als im BGB - im Recht der Schuldverhältnisse, unter dem Titel „Über die einzelnen Verträge" (Artt. 1936 bis 1957 c.c.).

Wie im deutschen Recht bezieht sich die Bürgschaft nicht auf bestimmte Vermögensgegenstände des Bürgen, sondern auf dessen gesamtes Vermögen, stellt somit kein dingliches, sondern ein persönliches Sicherungsrecht dar. Ebenso wie die bereits erläuterten Realsicherheiten, nämlich Pfandrecht und Hypothek, ist die Bürgschaft akzessorisch zu der durch sie gesicherten Forderung, Art. 1939 c.c.

2. Entstehung

Wie sich schon aus der Stellung im Gesetz ergibt, wird die Bürgschaft für gewöhnlich durch Rechtsgeschäft zwischen dem Bürgen und dem Gläubiger begründet. Jedoch wird trotz der genannten Einordnung unter den Titel „Einzelne Verträge" zum Teil die Meinung vertreten, die Bürgenverpflichtung folge bereits aus der Willenserklärung des Bürgen.[365] Während diese Auffassung mit dem Aufbau des *Codice Civile* nicht zu vereinbaren ist, ergibt sich, soweit die Bürgschaft ohne Gegenleistung des Gläubigers erfolgt, eine in der Praxis vergleichbare Rechtsfolge aus Art. 1333 Absatz 2 c.c.[366] Nach dieser Vorschrift kommt ein einseitig den Antragenden verpflichtender Vertrag auch ohne Annahme des Adressaten zustande, falls dieser nicht innerhalb einer angemessenen Frist widerspricht. Anders als im deutschen Recht (§ 766 BGB) unterliegt die Bürgschaft nach dem *Codice Civile* keinem Schriftformerfordernis. Der Bürgschaftswille muss jedoch nach Art. 1937 c.c. ausdrücklich und unmissverständlich[367] erklärt werden. Nicht notwendig ist gemäß Art. 1936 Absatz 2 c.c., dass der Schuldner von dem Geschäft Kenntnis hat.

Als Grundlage für die ausnahmsweise Entstehung einer Bürgschaft kraft Gesetzes wertet die höchstgerichtliche Rechtsprechung[368] die Regelung des Art. 38 c.c. Hiernach haften für die Verbindlichkeiten eines nicht als juristische Person anerkannten Vereins neben dem Vereinsvermögen selbst die natürlichen Personen, die im Namen und für Rechnung des Vereins die Verbindlichkeit eingegangen sind.

---

[365] D'Orazi-Flavoni, *Fideiussione,* Tr. Grosso e Santoro-Passarelli, S. 24.
[366] Cass. 4.4.1995 n. 3940.
[367] Cian/Trabucchi, Art. 1937.
[368] Cass. 26.7.1983 n. 5137; Cass. 14.12.1977 n. 5456.

Gesetzlich nicht vorgesehen ist hingegen das Entstehen eines Bürgschaftsverhältnisses durch Richterspruch. Möglich ist in diesem Zusammenhang lediglich die gerichtliche Feststellung einer bereits rechtsgeschäftlich oder gesetzlich begründeten Bürgschaft.[369]

3. Umfang

Der akzessorische Charakter der Bürgschaft setzt auch die Obergrenze für ihren Umfang. Konkret geht dies aus Art. 1941 c.c. hervor, wonach die Haftung des Bürgen zwar auf einen bestimmten Teil der Schuld beschränkt werden, nie jedoch in Art oder Höhe über die Verpflichtung des Hauptschuldners hinausgehen kann. Umfasst werden mangels anderweitiger Abmachung nach Art. 1942 c.c. jedoch auch die aus der Hauptschuld entstehenden Zinsen und sonstigen Nebenkosten.

4. Rechtstellung des Bürgen gegenüber dem Gläubiger

Mangels anderer Vereinbarung ist der Bürge dem Gläubiger gegenüber gemäß Art. 1944 c.c. zusammen mit dem Schuldner gesamtschuldnerisch verpflichtet. Die Einrede des Bürgen auf vorherige Beitreibung beim Hauptschuldner (Einrede der Vorausklage) besteht also nur, wenn diese vereinbart ist. Hingegen stehen dem Bürgen, bis auf die Einwendung der Geschäftsunfähigkeit des Schuldners, gegenüber dem Gläubiger all diejenigen Einreden und Einwendungen zu, die auch der Hauptschuldner geltend machen kann, Artt. 1945, 1939 c.c. Die ebengenannte Regelung, wonach eine Bürgenhaftung auch bei Absicherung eines unwirksamen Rechtsgeschäfts besteht, soweit die Unwirksamkeit auf der fehlenden Geschäftsfähigkeit des Hauptschuldners beruht, bildet eine Ausnahme zum Grundsatz der Akzessorietät. Zurückzuführen ist diese Bestimmung auf Grundsätze des römischen Rechts, wonach eine wirksame Bürgschaftsübernahme für Haussöhne und Sklaven möglich war, obwohl diese selbst keine juristische Verpflichtung im eigentlichen Sinne sondern nur eine sog. *naturalis obligatio* eingehen konnten.[370]

Haben mehrere Bürgen für eine Hauptschuld die Gewähr übernommen, so haften sie, wenn die Haftung nicht durch Vereinbarung geteilt wurde, als Gesamtschuldner, Art. 1946 c.c.

5. Rechtstellung des Bürgen gegenüber dem Hauptschuldner

Gemäß Art. 1949 c.c. tritt der Bürge, der die Schuld getilgt hat, vollständig in die Rechtsposition des Gläubigers gegenüber dem Hauptschuldner ein (Surrogation). Hierbei wird der Bürge nicht nur Gläubiger der Hauptforderung, ihm stehen ergänzend auch alle Sicherungsrechte zu, die der ursprüngliche Gläubiger zu seinen eigenen Gunsten erworben hatte. Die Surrogation nach Art. 1949 c.c. ist also mit der deutschen Regelung in §§ 774 Absatz 1, 412, 401 Absatz 1 BGB vergleichbar. Die Geltendmachung der zuvor dem Gläubiger zustehenden Rechte durch den Bürgen wird auch nicht dadurch ein-

---

[369] Cendon, Art. 1936, Nr. 2.

[370] Vgl. Gai Inst. 3.119, 119a; Kaser, *Das römische Privatrecht I*, S. 480 f.

geschränkt, dass sich der Bürge gegenüber dem Gläubiger nicht auf die mit Fälligkeit der Hauptforderung beginnende[371] sechsmonatige Ausschlussfrist nach Art. 1957 c.c. berufen hat. Eine Übertragung dieser Einwendungsmöglichkeit auf den Hauptschuldner sieht das Gesetz nicht vor.[372]

Unabhängig hiervon kann der Bürge den Hauptschuldner hinsichtlich des an den Gläubiger gezahlten Betrages in Regress nehmen, auch wenn der Schuldner von der Bürgschaftsübernahme nichts gewusst hat, Art. 1950 c.c. Eine Berufung des Hauptschuldners auf die kurze Ausschlussfrist des Art. 1957 c.c. ist auch in diesem Fall nicht möglich. Der Rückgriffsanspruch besteht jedoch nach Art. 1952 c.c. dann nicht, wenn der Bürge dem Hauptschuldner die erfolgte Zahlung nicht angezeigt und dieser daher gleichfalls auf die Schuld geleistet hat. Inhaltlich geht der Regressanspruch gegen den Hauptschuldner insofern über die Surrogation nach Art. 1949 c.c. hinaus, als der Bürge vom Schuldner gemäß Art. 1950 Absatz 3 c.c. auch Ersatz der hinsichtlich seiner Zahlung angefallenen gesetzlichen Zinsen verlangen kann.[373]

Unter bestimmten Voraussetzungen sieht Art. 1953 c.c. das Recht des Bürgen vor, bereits vor Begleichung der Bürgschaftsschuld vom Hauptschuldner die Freistellung gegenüber dem Gläubiger oder Sicherheitsleistung hinsichtlich eventueller Regressansprüche zu verlangen. Der überwiegende Teil der in der Vorschrift aufgelisteten Fälle bietet demjenigen Bürgen Schutz, dem entweder selbst eine zeitnahe Inanspruchnahme durch den Gläubiger droht, oder dessen Rückgriff gegenüber dem Hauptschuldner gefährdet ist. Hiervon geht das Gesetz einerseits aus, wenn der Bürge selbst auf Zahlung verklagt wurde, die Hauptschuld durch Fristablauf fällig geworden ist oder seit Entstehung der unbefristeten, jedoch bereits erfüllbaren Hauptschuld fünf Jahre vergangen sind, andererseits dann, wenn der Schuldner zahlungsunfähig geworden ist. Rein deklaratorisch bestimmt die Vorschrift die genannten Rechte schließlich auch für den Fall, dass sich der Schuldner verpflichtet hat, den Bürgen innerhalb einer bestimmtem Frist von der Bürgenhaftung freizustellen.

Jedoch kann dieser Anspruch nach der höchstgerichtlichen Rechtsprechung nur bis zur Eröffnung des Insolvenzverfahrens über das Schuldnervermögen geltend gemacht werden.[374]

---

[371] Cian/Trabucchi, Art. 1957, IV. Rn. 7.
[372] Vgl. hierzu auch Trib. Bologna 5.3.1974, Giur. It. 1974 I 2, 534.
[373] Vgl. dagegen zur Surrogation nach Art. 1949 c.c. Cendon, Art 1949 Nr.1.
[374] Cass. 13.6.1984 n. 3558, Giust. civ, 1985 I, 99.

6. Erlöschen der Bürgschaft

a) Erlöschen der Hauptschuld

Aufgrund der strengen Akzessorietät der Bürgschaft erlischt diese zum einen immer insoweit, als die Hauptschuld, z.B. durch Erfüllung, untergegangen ist, Artt. 1939, 1941 c.c.

b) Vereitelung des Regressanspruchs durch den Gläubiger

Daneben wird der Bürge aber auch dann von seiner Haftung freigestellt, wenn die Ausübung seines Regressanspruches gegen den Schuldner durch ein Verhalten des Gläubigers verhindert wird, Art. 1955 c.c. Ein solches Verhalten kann beispielsweise in der unterlassenen Absicherung des Haupt- und damit auch des Regressanspruchs durch weitere Sicherungsmittel oder in der Aufgabe bestehender Sicherheiten, etwa durch Rückgabe der Pfandsache, gesehen werden.[375] Nach der höchstgerichtlichen Rechtsprechung muss es sich hierbei um ein pflichtwidriges Verhalten handeln. Zu einem Erlöschen der Bürgschaft kommt es somit nur dann, wenn sich aus dem Bürgschaftsvertrag im konkreten Fall eine Pflicht des Gläubigers zur Absicherung der Forderung ergibt.[376]

c) Bürgschaft für künftige Forderungen bei Verschlechterung der schuldnerischen Vermögenslage

Eine spezielle Einwendung hinsichtlich solcher Bürgschaften, die eine künftige Forderung absichern, normiert Art. 1956 c.c. Hiernach kann der Bürge insoweit Freistellung von seiner Schuld gegenüber dem Gläubiger verlangen, als dieser ohne ausdrückliche Ermächtigung durch den Bürgen dem Hauptschuldner weitere Darlehen bzw. eine Erhöhung eines bereits bestehenden Darlehens[377] gewährt, obwohl er die nach Abschluss des Bürgschaftsvertrages eingetretene wesentliche Verschlechterung der schuldnerischen Vermögenslage kennt. Allerdings tritt das Erlöschen der Bürgschaftsforderung in diesem Fall nicht automatisch ein, sondern muss durch den Bürgen gerichtlich geltend gemacht werden.[378] Besondere praktische Bedeutung hat die Regelung des Art. 1956 c.c. im Zusammenhang mit der noch zu behandelnden Globalbürgschaft.[379]

d) Untätigkeit des Gläubigers

Gemäß Art. 1957 Absatz 1 c.c. erlischt die Bürgschaft, wenn der Gläubiger nicht innerhalb von sechs Monaten nach Fälligkeit der Hauptschuld seinen Anspruch geltend macht. Nach der vorherrschenden Meinung muss es sich hierbei um eine gerichtliche Geltendmachung handeln.[380] Während diese Wahrnehmung der Gläubigerrechte nach

---

[375] Siehe Bianca, *Dir. Civ.*, Bd. 5, S. 500.
[376] Cass. 20.8.1992 n. 9719, Foro it. 1993 I, 2173; Cass. 27.3.1990 n. 2472, Banca, borsa, tit. cred. 1991, II, 350; a.A. Bianca, a.a.O. unter Hinweis auf den Wortlaut von Art. 1955 c.c.
[377] Vgl. Cass. 6.8.2002 n. 11772.
[378] Cass. 28.4.1975 n. 1631 in Banca, borsa, tit. cred. 1976 II, 246.
[379] S. unten § 3 I 8 b.
[380] Vgl. Cass. 19.12.1985 n. 6498, Foro it. 1986 I, 685; Cass. 25.10.1979 n. 5572, Giur. it. 1980 I 1, 452.

dem Wortlaut des Gesetzes zwingend gegenüber dem Hauptschuldner zu erfolgen hat, besteht seit einer Entscheidung der Vereinigten Senate des Kassationshofes[381] Einigkeit darüber, dass in den Fällen der gleichrangigen Gesamtschuld, also immer dann, wenn die Einrede der Vorausklage nicht vereinbart wurde, auch ein rechtzeitiges Vorgehen gegen den Bürgen das Erlöschen der Bürgschaft verhindert.

Ist die Bürgschaft rechtsgeschäftlich befristet und fällt das Fristende mit der Fälligkeit der Hauptforderung zusammen, so bleibt der Bürge über die Befristung hinaus verpflichtet, falls der Gläubiger die Forderung innerhalb von zwei Monaten in der eben beschriebenen Art und Weise geltend macht, Art. 1957 Absätze 2 und 3 c.c.[382] Im Gegensatz zu Absatz 1 bringt Art. 1957 Absatz 2 c.c. somit eine zeitliche Erweiterung der Bürgschaftsschuld mit sich.

7. Prozessuales

Trotz der beschriebenen materiellen Akzessorietät ist die Bürgschaftsschuld nach der höchstgerichtlichen Rechtsprechung[383] prozessual selbständig. Eine notwendige Streitgenossenschaft zwischen Hauptschuldner und Bürgen im Falle einer Klage besteht daher nicht.

8. Sonderfälle

a) Bürgschaft auf erstes Anfordern (*fideiussione a prima richiesta*)

Einen weitgehenden, wenn auch nur vorübergehenden Verzicht auf Einreden und Einwendungen durch den Bürgen bringt die Vereinbarung der sog. *fideiussione a prima richiesta* mit sich. Insbesondere verpflichtet sich der Bürge hierbei, unabhängig von der Fälligkeit der Hauptschuld oder einer durch den Schuldner behaupteten Zahlung auf Verlangen des Gläubigers sofort zu leisten.[384] Verwendung finden Verzichtsklauseln der genannten Art für gewöhnlich im Zusammenhang mit den noch zu behandelnden Globalbürgschaften zugunsten eines Kreditinstituts.[385]

Unwirksam ist nach der höchstrichterlichen Rechtsprechung ein Ausschluss der Einwendung der Nichtigkeit, der Einrede der Anfechtbarkeit und der Einwendung der erfolgten Vertragsaufhebung, auch soweit diese die Hauptschuld betreffen.[386] Unter Berufung auf die auch im Rahmen der Bürgschaft auf erstes Anfordern grundsätzlich bestehende Akzessorietät wendet die Rechtsprechung somit die Regelung des Art. 1462 c.c.,

---

[381] Vgl. Cass. 25.10.1979 n. 5572, Foro it. 1979 I, S. 2555.
[382] Siehe auch Bianca, *Dir. Civ.*, Bd. 5, S. 500.
[383] Cass. 30.01.1985 n. 579.
[384] Portale, *Nuovi sviluppi del contratto autonomo di garanzia*, Banca, borsa, tit. cred. 1985 I, 169; Angelici, *Le garanzie bancarie*, Tr. Rescigno, Bd. 12, 1023; Cass. 1.10.1987 n. 7341, Foro it. 1988 I, 103.
[385] Angelici, *Le garanzie bancarie*, S. 1026 f.
[386] So auch Cass. 23.6.2000 n. 8540 und Cass. 19.3.1993 n. 3291, Foro it. 1993 I, 2171.

wonach die genannten Einwendungen hinsichtlich des Vertrags unabhängig von einem eventuellen Einwendungsausschluss bestehen bleiben, in extensiver Auslegung gleichermaßen bezogen auf das Vertragsverhältnis zwischen Hauptschuldner und Gläubiger an. Verwehrt bleibt dem Bürgen jedoch auch in diesem Zusammenhang die Einrede der Nichtigkeit, soweit diese auf der fehlenden Geschäftsfähigkeit des Hauptschuldners beruht, Art. 1945 c.c.[387]

Darüber hinaus wird in Teilen der Literatur die Wirksamkeit eines umfassenden Verzichts auf Einreden aus dem Hauptschuldverhältnis generell mit dem Argument bezweifelt, dieser führe, soweit nicht auch der Hauptschuldner einen entsprechenden Verzicht ausgesprochen habe, zu einer gemäß Art. 1941 c.c. unzulässigen Schlechterstellung des Bürgen im Vergleich zum Hauptschuldner.[388] Von der neueren höchstgerichtlichen Rechtsprechung hingegen wird die *fideiussione a prima richiesta* zumindest insoweit anerkannt, als das sofortige Zahlungsverlangen nicht wegen offensichtlicher Mängel der Haupt- oder Bürgschaftsschuld rechtsmissbräuchlich erscheint.[389] Eine Schlechterstellung des Bürgen im Vergleich zum Hauptschuldner sei insofern nicht zu befürchten, als dem Bürgen gegenüber letzterem in jedem Fall ein Regressanspruch zustehe.[390]

Anders als im Fall des noch zu erläuternden selbständigen Garantievertrags bleibt der Zusammenhang zur gesicherten Hauptschuld bei der *fideiussione a prima richiesta* grundsätzlich bestehen. Demgemäß hat der Bürge, soweit ein Rechtsgrund für seine Zahlung nicht vorlag, die Möglichkeit, diese nach den Vorschriften über die rechtsgrundlose Leistung, Art. 2033 c.c., vom Gläubiger zurückzufordern.[391] Jedoch findet eine Beweislastumkehr zugunsten des Bürgen im Rahmen der Geltendmachung des Bereicherungsanspruchs, anders als nach der deutschen Rechtsprechung zur Bürgschaft auf erstes Anfordern,[392] nicht statt. Somit hat der Bürge im Rückforderungsprozess nach allgemeinen Beweislastregeln sowohl seine Zahlung als auch das Fehlen des Rechtsgrundes nachzuweisen.[393]

b) Globalbürgschaft (*fideiussione omnibus*)

Ebenfalls vor allem in der Bankpraxis sehr verbreitet ist die sogenannte *fideiussione omnibus* oder *fideiussione generale*. Bei dieser Art der Bürgschaft bezieht sich die Bürgenhaftung nicht auf eine bestimmte gegenwärtige oder zukünftige Forderung, sondern

---

[387] Siehe auch oben § 3 I 4.

[388] Ravazzoni, *Le garanzie*, S.178; s. auch Portale, *Fideiussione e "Garantievertrag" nella prassi bancaria*, in Le operazioni bancarie, II, 1047.

[389] Cass. 17.7.2002 n. 10400; 6.4.1998, n. 3552.

[390] Cass. 1.10.1999 n. 10864.

[391] Portale, Banca, borsa, tit. cred. 1985 I, 169.

[392] Vgl. etwa BGH NJW 1989, 1606, 1607, wonach sich der Rückforderungsprozess bei der Bürgschaft auf erstes Anfordern hinsichtlich der Interessenlage der Parteien nicht vom gewöhnlichen Bürgschaftsrechtsstreit unterscheide und diesem daher auch hinsichtlich der Beweislastverteilung gleichzustellen sei.

[393] Cass. 23.8.2000 n. 11029.

auf die Gesamtheit der in einem gewissen Vertragsverhältnis entstandenen und entstehenden Forderungen.

Nach ihrer üblichen Konstellation wird die *fideiussione omnibus* durch einen Dritten für einen Bankkunden zugunsten einer Bank bestellt, um dieser eine zusätzliche Sicherheit zu bieten und damit ihre Bereitschaft zur Kreditvergabe zu erhöhen.

aa) Zulässigkeit

Sowohl in der Rechtsprechung als auch in der Lehre lange Zeit umstritten war die Zulässigkeit dieser gesetzlich nicht ausdrücklich vorgesehenen Sicherungsfigur.[394] Problematisiert wurde hierbei vor allem die Bestimmtheit bzw. Bestimmbarkeit des Sicherungsobjektes und die damit verbundene Ausweitung der Bürgenhaftung. Dem Kassationshof, der sich bereits seit längerem für die Zulässigkeit der *fideiussione omnibus* aussprach,[395] wurde in diesem Zusammenhang insbesondere vorgeworfen, sich allein von allgemeinen wirtschaftspolitischen Erwägungen leiten und dabei die unhaltbaren Ergebnisse außer Acht zu lassen, zu denen die uneingeschränkte Bürgenhaftung im Einzelfall führen konnte.[396]

Diesen Bedenken wurde durch die Einführung der legge n. 154 vom 17. 2. 1992 weitgehend die Grundlage entzogen. Durch Art. 10 dieses Gesetzes wurden die Artt. 1938 und 1956 c.c. in der Weise ergänzt, dass zum einen die Bürgschaftsbestellung für zukünftige Forderungen nur bei gleichzeitiger Festlegung eines Haftungshöchstbetrages wirksam ist und zum zweiten im vorhinein nicht auf die bereits erwähnte Regelung des bisherigen Art. 1956 c.c. verzichtet werden kann, wonach eine Haftungsfreistellung des Bürgen erfolgt, wenn der Gläubiger ohne besondere Ermächtigung des Bürgen dem Schuldner weiteren Kredit gewährt, obwohl die Rückzahlung der entstandenen Darlehensforderungen aufgrund der zwischenzeitlich eingetretenen Verschlechterung der schuldnerischen Vermögensverhältnisse wesentlich erschwert wird.

Zweifel stellen sich bei genauerer Betrachtung jedoch weiterhin hinsichtlich der Frage, ob es zulässig ist, die Haftung des Bürgen, so wie in den entsprechenden Bankformularen festgelegt, tatsächlich auf sämtliche in der Zukunft zugunsten der Bank entstehenden Forderungen zu beziehen, oder ob sich dadurch Widersprüche zu den Regelungen des *Codice Civile* ergeben können.

Problematisch erscheint hierbei vor allem der Fall, dass der Bankkunde, für dessen Schulden gegenüber der Bank die Globalbürgschaft vom Bürgen übernommen wurde, sich seinerseits gegenüber der Bank für einen Dritten verbürgt. Denn im Gegensatz zu der genannten Globalhaftung sieht Art. 1948 c.c. vor, dass der Nachbürge dem Gläubi-

---

394 Cian/Trabucchi, Art. 1938, II 1; Ravazzoni, S. 117.

395 Cass. 31.8.1984 n. 4738. Giust. Civ. 1985 I, 800; Cass. 1.8.1987 n. 6656, Foro. it. 1988 I, 104.

396 Z.B. Simonetto, *La fideiussione come possibile strumento di truffa*, Dir. fall., 1985, II, 388; Moretti, *Fideiussione*, Giur. sist. Bigiavi, 94 ff.; Laurini, *Determinabilità dei crediti e fideiussione omnibus*, Banca, borsa, tit. cred. 1981 II, 266.

ger gegenüber nur dann verpflichtet ist, wenn der Hauptschuldner und sämtliche Vorbürgen zahlungs- oder geschäftsunfähig geworden sind. Zwar bejaht die höchstgerichtliche Rechtsprechung die Abdingbarkeit dieser Haftungsbeschränkung durch Individualvereinbarung.[397] Jedoch erfolgt die Vereinbarung einer *fideiussione omnibus* in der Regel auf der Grundlage eines seitens der Bank für eine Vielzahl von Fällen vorformulierten Vertragstextes, also von Allgemeinen Geschäftsbedingungen. Angemessen scheint somit die Anwendung des Art. 1341 Absatz 2 c.c. Hiernach erlangen bestimmte Regelungen in Allgemeinen Geschäftsbedingungen, welche eine Haftungserweiterung zu Lasten des Vertragspartners vorsehen, nur insoweit Gültigkeit, als die entsprechenden Klauseln (sog. *clausole vessatorie*) schriftlich und gesondert akzeptiert werden. Konkret verlangt die Rechtsprechung hierzu eine räumlich vom sonstigen Vertragstext getrennte Auflistung der belastenden Klauseln, unmittelbar gefolgt von einer nur auf diesen Vertragsteil bezogenen Unterzeichnung durch den Vertragspartner.[398] Zudem muss aus der Vereinbarung der Wille des Bürgen zum Verzicht auf die konkrete Haftungsbeschränkung inhaltlich eindeutig hervorgehen. Keinesfalls ausreichend ist somit die Bestimmung einer uneingeschränkten Haftung ohne ausdrückliche Bezugnahme auf die Regelung des Art. 1948 c.c.[399]

Offen bleibt damit die Frage, ob eine fehlende oder nach diesen Grundsätzen unzureichende Haftungsregelung die Unwirksamkeit der Nachbürgschaft und damit den völligen Haftungsausschluss zugunsten des Bürgen zweiten Grades zur Konsequenz hat, oder ob diesbezüglich von einer gemäß Art 1948 c.c. beschränkten Haftung auszugehen ist.

Zum Teil wird argumentiert, die vertraglich vorausgesetzte unbeschränkte Haftung sei in ihrer Art, soweit eine Bürgschaft zweiten Grades betroffen ist, nicht mit dem Gesetz in Einklang zu bringen. Die vertragliche Regelung sei insofern unwirksam, so dass die Nachbürgenhaftung gänzlich wegfalle.[400]

Dem ist jedoch nicht zu folgen. Das italienische Recht enthält im Gegensatz zum deutschen (vgl. § 305c Absatz 2 BGB) weder hinsichtlich der Interpretation noch hinsichtlich der Teilnichtigkeit von vorformulierten Vertragsklauseln spezielle Regelungen. Hauptziel ist somit auch in diesem Zusammenhang die Aufrechterhaltung des Vertrages, Art. 1367 c.c., unter höchstmöglicher Verwirklichung des tatsächlichen gemeinsamen Parteiwillens, Art 1363 c.c. Hinsichtlich des letztgenannten Punktes ist nicht ersichtlich, aus welchem Grund die Haftungsbereitschaft eines Bürgen, der sich zu einer globalen Garantieübernahme bereit erklärt hat, nicht auch die gesetzlich vorgesehene eingeschränkte Haftung für eine Bürgschaftsschuld umfassen sollte.

---

[397] Cass. 22.5.2000 n. 6613; Cass. 20.2.1996 n. 1323.
[398] Cass. 6.2.2002 n. 1637; Cass. 20.6.1997 n. 5533.
[399] Siehe Ravazzoni, S. 121.
[400] Ravazzoni, S. 122.

bb) Form

Gewisse Zweifel bestehen bei genauerer Betrachtung auch bezüglich der Frage, welchen Formerfordernissen die zugunsten einer Bank bestellte *fideiussione omnibus* unterliegt. Zwar bestimmt Art. 3 Absatz 1 l. 17.2.92, n. 154 die Pflicht, Bankverträge schriftlich zu formulieren und eine Fassung der Vertragsurkunde dem Kunden auszuhändigen. Jedoch umfasst diese Norm nach ihrem Wortlaut nur Tätigkeiten und Dienstleistungen (*operazioni e servizi)* der Bank, welche überdies im Gesetzesanhang einzeln aufgeführt sind. Für die *fideiussione omnibus* ist damit ein Formerfordernis jedenfalls nicht ausdrücklich festgelegt.

Wohl aufgrund der Tatsache, dass diese Formfrage tatsächlich wenig Probleme aufwirft, da auch die Vereinbarung von Globalbürgschaften in der Bankpraxis stets unter Einhaltung der genannten Formvorschriften vorgenommen wird, ist eine umfassende Stellungnahme der Lehre und Rechtsprechung hierzu bisher nicht erfolgt. Ein Vergleich der Interessenlagen macht aber deutlich, dass vorliegend von einer seitens des Gesetzgebers ungewollten Regelungslücke auszugehen ist. Insbesondere die ebengenannte Verpflichtung der Bank, eine Fassung des Vertrages dem Vertragspartner auszuhändigen, weist klar darauf hin, dass das Hauptziel der Norm im Schutz des Kunden zu sehen ist. Dieses vom Gesetzgeber offensichtlich zugrundgelegte Schutzbedürfnis aber besteht naturgemäß in noch höherem Maße hinsichtlich solcher Verträge, in denen sich der Vertragspartner zur Gewährung einer umfassenden Sicherheit verpflichtet.

Somit ist in analoger Anwendung des Art. 3 Absatz 1 l. 17.2.92, n. 154 davon auszugehen, dass die Vereinbarung einer *fideiussione omnibus* in schriftlicher Form zu erfolgen hat und der Bürge die Aushändigung des Vertragstextes verlangen kann.[401]

c) Wechselbürgschaft (*avallo*), Art. 35 ff. l. cambiaria

Einen eigens geregelten Sonderfall der Bürgschaft stellt der sogenannte *avallo* dar. Hierbei garantiert der Wechselbürge (*avallante*) durch Unterschrift des Vermerks „*per avallo*“ auf dem Schuldpapier die Zahlung auf die ausgewiesene Schuld, Art. 36 Absatz 2 l.camb[402].

aa) Honorat (*avallato*)

Möglich ist die Garantieübernahme zugunsten jedes der durch den Wechsel Verpflichteten, d.h. des Akzeptanten, Ausstellers, Indossanten, vorhergehenden Wechselbürgen, mangels näherer Angabe jedoch bezieht sich die Bürgschaft auf die Schuld des Ausstellers, Art. 36 Absatz 4 l. camb.

---

[401] So auch Ravazzoni, S. 135, der, soweit ersichtlich, als bisher einziger Vertreter der Rechtslehre zur Schriftformproblematik Stellung genommen hat.

[402] Gesetzesdekret Nr. 1669 vom 14.12.1933.

bb) Art und Umfang der Haftung

Entsprechend der allgemeinen Regelung der Bürgschaft in Art. 1944 Absatz 1 c.c. ist Folge des *avallo* die gesamtschuldnerische Haftung zusammen mit dem Aussteller des Wechsels bzw. den sonstigen aus dem Wechsel Verpflichteten. Die Einrede der Vorausklage steht dem Wechselbürgen demnach nicht zu.

Eine wesentliche Haftungserweiterung ergibt sich in mehrfacher Hinsicht durch die stark eingeschränkte Akzessorietät der Wechselbürgschaft. So bestimmt sich deren Inhalt und Umfang zwar grundsätzlich nach dem der Wechselschuld. Die Nichtigkeit der Wechselschuld wirkt sich jedoch gemäß Art. 37 Absatz 2 l. camb. nur insoweit auf die Avalschuld aus, als sie auf einem Formfehler des Wechsels beruht. Keine Anwendung findet zudem Art. 1945 c.c., so dass der Wechselbürge dem Gläubiger auch die sonstigen Einwendungen aus der Wechselschuld nicht entgegenhalten kann.[403]

Keiner Abweichung unterliegt der *avallo* hingegen hinsichtlich der Regelung des Art. 1941 c.c. Demgemäß ist die Bürgschaft unwirksam, soweit sie quantitativ oder qualitativ über die Wechselschuld hinausgeht.[404]

Anwendung finden schließlich auch Art. 1942 c.c., wonach sich die Bürgschaft auf die Nebenforderungen erstreckt, und Art. 1953 c.c., der dem Bürgen in bestimmten Fällen (s.o. § 3 I. 5.) die Möglichkeit gibt, vom Schuldner Freistellung zu verlangen.[405]

Umstritten ist die Frage, ob in der Stellung eines auf den Wechsel bezogenen Avals gleichzeitig die Übernahme einer Bürgschaft hinsichtlich des zugrundeliegenden Geschäftes gesehen werden kann.[406] Relevant wird diese Problematik in den Fällen, dass der Wechsel wegen formaler Mängel unwirksam, oder die Wechsel- und damit auch die Avalschuld gemäß den kurzen Fristen des Art. 94 l. camb. (zwischen sechs Monaten und drei Jahren) verjährt ist.

Für die Annahme einer inhärenten allgemeinen Bürgschaftsübernahme scheint zwar die Argumentation zu sprechen, Zweck des Avals sei die Sicherung der zugrundeliegenden Schuld. Jedoch wird bei näherer Betrachtung deutlich, dass dieser Grundsatz nicht verallgemeinerungsfähig ist. Vielmehr muss davon ausgegangen werden, dass in einer nicht unerheblichen Anzahl der Fälle die Wechselbürgschaft nur dazu dient, dem Wechsel selbst als Zahlungsmittel mehr Gewicht zu verleihen und auch der Wechselgläubiger mit dieser beschränkten Sicherung einverstanden ist.

---

[403] Vgl. etwa Torrente/Schlesinger, *Manuale di diritto privato*, S. 641.
[404] Siehe Bozzi, *La fideiussione, le figure affini e l'anticresi*, Tr. Rescigno, Bd. 13, S. 288.; Ravazzoni, S.191.
[405] S. Bozzi, S. 289; Ravazzoni, S.191.
[406] Siehe zum Streitstand Angeloni, *La cambiale e il vaglia cambiario*, 275; Cass. 25.7.1978 n. 3710.

Somit ist die Existenz einer hinter dem Aval stehenden allgemeinen Bürgschaft nur insoweit zu bejahen, als der umfassende Haftungswille des Garanten im Einzelfall festgestellt werden kann.[407]

cc) Regress

Die Zahlung durch den *avallante* führt zur Befreiung der sonstigen Wechselschuldner gegenüber dem bisherigen Wechselgläubiger. Jedoch tritt der Bürge durch die Zahlung in die Gläubigerstellung ein, Art. 37 Absatz 3 l. camb., und kann nun seinerseits, nötigenfalls im Wege der sog. *azione di rivalsa*, gegen die Wechselschuldner vorgehen.

d) Kreditauftrag (*mandato di credito*), Art. 1958 c.c.

Einen besonderen Fall der Bürgschaftsübernahme bildet schließlich auch der in Artt. 1958 f. c.c. geregelte Kreditauftrag.[408]Bei diesem Rechtsgeschäft erteilt eine Person einer anderen den Auftrag, einem Dritten Kredit zu gewähren und haftet für die hieraus entstehende Darlehensschuld gleich einem Bürgen, der gemäß Art. 1938 c.c. für eine künftige Forderung einzustehen hat.

Anders als die gewöhnliche Bürgschaft nach Art. 1936 c.c. bringt der Kreditauftrag jedoch vertragliche Verpflichtungen für beide Parteien mit sich. Dem gemäß kann der Auftragnehmer die Ausführung des Auftrages nur verweigern, wenn die Vermögensverhältnisse des Dritten oder des garantierenden Auftraggebers sich nachträglich in einem Maße verschlechtern, dass die Geltendmachung des Rückzahlungsanspruches erheblich erschwert wird, Art. 1959 c.c.

Vom Vertrag zugunsten Dritter unterscheidet sich der Kreditauftrag insofern, als dem Dritten (Darlehensnehmer) hierdurch kein Anspruch entsteht und der Auftrag infolgedessen bis zu seiner Ausführung jederzeit widerrufen werden kann.[409]

Unter Berücksichtigung des Umstandes, dass auch das BGB in § 313 Absatz 1 den Wegfall einer vertraglichen Verpflichtung aufgrund einer wesentlichen Veränderung der für den Vertragsschluss relevanten Umstände vorsieht, entspricht der *mandato di credito* sowohl in der Struktur als auch hinsichtlich der Rechtsfolgen dem Kreditauftrag nach § 778 BGB.

Was den zur Erfüllung des Kreditauftrags zu schließenden Darlehensvertrag anbelangt, so ist nach der höchstgerichtlichen Rechtsprechung[410] aufgrund der Tatsache, dass der

---

[407] Cass. 8.8.1967 n. 2114; Cass. 25.7.1978 n. 3710.

[408] Campogrande, S. 132, sieht den Kreditauftrag als Sonderfall des Bürgschaftsvertrags an; a.A. Barbero, *Mandato di credito e fideiussione*, S. 683, wonach der Kreditauftrag dogmatisch dem Auftrag (Artt. 1703 ff. c.c.) zuzuordnen sei. Nach Bozzi, *La fideiussione*, S. 275 schließlich handele es sich beim Kreditauftrag um einen Vertrag sui generis. Praktische Bedeutung hat dieser Streit aufgrund der klaren gesetzlichen Regelung des Kreditauftrags nicht.

[409] Bozzi, S. 274.

Auftraggeber selbst insoweit nicht Partei wird, eine Tilgung der Darlehensschuld durch Aufrechnung mit einer Forderung des Auftraggebers gegen den Auftragnehmer nicht möglich. Irrelevant ist hierbei nach der genannten Rechtsprechung, die sich auf die mangelnde Gegenseitigkeit der Forderungen stützt, welche der beiden Parteien sich im konkreten Fall auf die Aufrechnung stützt.

Praktische Bedeutung hat der Kreditauftrag ebenso wie die noch zu behandelnden *lettres de patronage* in erster Linie für Holdinggesellschaften, die unter Übernahme der Ausfallhaftung einem Kreditinstitut den Auftrag erteilen, einer Tochtergesellschaft ein Darlehen zu gewähren.[411]

---

[410] Cass. 17.5.1974, n.1433, Foro it. 1974 I, 3380.

[411] Bozzi, S. 276.

II. Nutzungspfand (*anticresi*), Art. 1960 ff. c.c.

Bei der sog. *anticresi* handelt es sich um ein aus der griechisch-hellenistischen Rechtsordnung stammendes und insbesondere im römischen Recht verbreitetes Institut,[412] welches in der heutigen Zeit jedoch nur wenig praktische Anwendung findet.[413]

Nach Art. 1960 c.c. wird dem Gläubiger im Rahmen der *anticresi* seitens des Schuldners oder eines Dritten eine Immobilie zur Absicherung eines Kredits zur Verfügung gestellt wird, wobei der Gläubiger ausschließlich das Recht hat, die Früchte der Immobilie zu ziehen.

1. Voraussetzungen

Aufgrund seines inhaltlichen Bezugs zur Immobilie selbst bedarf der Nutzungspfandvertrag gemäß Art. 1350 Nr. 7 c.c. der Schriftform und erlangt Wirksamkeit gegenüber Dritten überdies nur insoweit, als er im Grundbuch eingetragen ist, Art. 2643 Nr. 12 c.c.

2. Abgrenzung zur *datio in solutum*

Vom Nutzungspfand als Sicherungsrecht sind die Fälle zu trennen, in denen bereits die bloße Einräumung der Möglichkeit der Fruchtziehung an einem Grundstück als Leistung an Erfüllungs Statt gemäß Art. 1197 c.c. zu werten ist. Da in diesen Fällen die Bereitstellung des Grundstücks unabhängig von der tatsächlich erfolgten Fruchtziehung unmittelbar zum Erlöschen der Forderung führt, kann nicht von der Gewährung einer Kreditsicherung gesprochen werden.

Als dogmatisch ungenau wird in diesem Zusammenhang in der Literatur zum Teil die Bezeichnung *anticresi compensativa* für eine Abmachung angesehen, gemäß derer die pauschale Aufrechnung der Fruchtziehungsmöglichkeit mit den Forderungszinsen vereinbart wird, vgl. Art. 1964 c.c. Da die Zinsforderung hier durch die Aufrechnung bereits erlischt, sei auch insoweit der dem Nutzungspfand naturgemäß innewohnende Sicherungscharakter nicht gegeben.[414]

3. Wirkung

Die Gewährung eines gewöhnlichen Nutzungspfandrechts gemäß Art. 1960 c.c. gibt dem Gläubiger die Möglichkeit, die unmittelbar (z.B. Agrarerzeugnisse) oder mittelbar (z.B. Mietzins)[415] aus der Immobilie hervorgehenden Früchte zu ziehen und führt dabei in Höhe des Wertes der tatsächlich gezogenen Früchte zum sukzessiven Erlöschen zunächst der Zinsschuld und dann der Hauptforderung.

---

[412] Zur *antichresis* im römischen Recht siehe Kaser, *Das Römische Privatrecht I*, S. 470.
[413] Bozzi, S. 291.
[414] Siehe Tedeschi, *Anticresi*, Nov. Dig., S. 658; Ravazzoni, *Le garanzie*, S. 172.
[415] Bozzi, S. 292.

Anders als das deutsche Nutzungspfand nach § 1213 f. BGB ist die *anticresi* gemäß Art. 1960 ff. c.c. nicht als Ergänzung eines allgemeinen Pfandrechts ausgestaltet und umfasst somit nicht das Recht zur Verwertung des Grundstücks durch Versteigerung. Nach überwiegender Meinung ist die *anticresi* demgemäß nicht als dingliches Recht an der Immobilie anzusehen.[416]

Der Nutzungspfandgläubiger erhält als berechtigter Inhaber der Sache (*detentore*)[417] gemäß Art. 1168 Absatz 2 c.c. ein gegenüber jedermann durchsetzbares Besitzschutzrecht an der Immobilie und unterliegt gemäß Art. 1961 c.c. gleich einem Nießbraucher der Verpflichtung, diese mit der erforderlichen Sorgfalt zu verwalten und die auf ihr ruhenden wiederkehrenden Lasten zu tragen. Bei der Verwaltung hat der Gläubiger insbesondere die wirtschaftliche Bestimmung der Sache zu berücksichtigen.[418] Soweit die Fruchtziehung wirtschaftlich geboten ist, stellt sie somit nicht nur ein Recht sondern auch eine Pflicht des Gläubigers dar.

Im Falle der Zwangsvollstreckung durch einen Dritten kann der durch davor eingetragene *anticresi* geschützte Gläubiger diese hinsichtlich der Früchte dem Vollstreckenden als Vorzugsrecht entgegenhalten, Artt. 2915, 2643 Nr. 12 c.c.[419] Konsequent ist es somit, von einem dinglichen Recht, zwar nicht an der Immobilie selbst, wohl aber an deren Früchten zu sprechen.

Eine dem bereits erwähnten Art. 2744 c.c. entsprechende Regelung enthält Art. 1963 c.c., demgemäß jede Abmachung, nach der für den Fall der fehlenden Zahlung auf die Schuld das Eigentum an der Immobilie auf den Pfandgläubiger übergehen soll, unwirksam ist.

4. Dauer

Als akzessorisches Recht[420] hat das Nutzungspfand gemäß Art. 1962 Absatz 1 c.c. so lange Bestand, wie die ihm zugrundeliegende Forderung, wenn auch nur teilweise, noch existiert. Die Vereinbarung einer kürzeren Dauer ist möglich. Unabhängig vom Bestand der gesicherten Forderung und von eventuellen Parteiabreden bestimmt Absatz 2 der genannten Vorschrift, dass die Dauer des Pfandrechts keinesfalls zehn Jahre überschreiten darf, wobei es bei einer diesen Zeitraum überschreitenden vertraglichen Regel gemäß Absatz 3 kraft Gesetzes zu einer Reduzierung auf zehn Jahre kommt.

Eine Besonderheit ergibt sich gemäß Art. 1964 Satz 2 c.c. für den oben beschriebenen Fall, dass eine pauschale Verrechnung der Fruchtziehungsmöglichkeit mit den Forde-

---

[416] Cian/Trabucchi, Art. 1960, VI. Rn. 2; a.A. Persico, *Anticresi*, Enc. dir., S. 536; offenlassend ("dingliches Recht oder zumindest Verfügungsmacht") Bozzi, S. 291.
[417] Cian/Trabucchi, Art. 1960, VI. Rn. 3.
[418] Cian/Trabucchi, Art. 1961, I. Rn. 3.
[419] Insoweit ungenau Kindler, *Einführung*, § 14 Rn. 65, der davon ausgeht, dass die Antichrese generell kein Recht auf vorzugsweise Befriedigung in der Zwangsvollstreckung verleiht.
[420] Vgl. auch Cian/Trabucchi, Art 1962 Rn. 1.

rungszinsen vereinbart wurde. Da der Wert der Früchte hier nicht bestimmt werden muss, stellt die *anticresi compensativa* eine besondere Gefahr für den Schuldner dar.[421] Um den Schuldner vor einem unverhältnismäßigen Fruchtverlust zu schützen, gibt ihm das Gesetz die Möglichkeit, das Pfandrecht unabhängig von einer vertraglichen Regelung durch Erfüllung der Forderung jederzeit zu beenden.

---

[421] Vgl hierzu etwa Pescatore/Ruperto, Art. 1964.

III. Selbständiger Sicherungsvertrag (*contratto autonomo di garanzia*)

Beim sog. *contratto autonomo di garanzia* handelt es sich um ein von der italienischen Rechtsordnung nicht vorgesehenes Institut, welches die selbständige vertragliche Verpflichtung eines Sicherungsgebers (in der Regel eines Kreditinstituts) gegenüber einem Gläubiger vorsieht, bei Eintritt eines bestimmten Sicherungsfalls die gegen einen Dritten bestehende Forderung zu begleichen. Einwendungen und Einreden aus der gesicherten Forderung stehen dem Garantiegeber aufgrund der Selbständigkeit des Sicherungsvertrages nicht zu.[422]

1. Wirksamkeit

Was die Zulässigkeit dieser insbesondere auch aus der deutschen Rechtspraxis[423] übernommenen Vertragsart anbelangt, so finden sich in der italienischen Literatur vereinzelte kritische Stimmen.[424] Problematisiert wird hierbei vor allem der Umstand, dass die fehlende Akzessorietät zur ursprünglichen Hauptforderung dem Geschäft den Sicherungscharakter nehme und demnach die *causa* für die Verpflichtung des Garantiegebers fehle. Ausgangspunkt für diese Suche nach einem dem Rechtsgeschäft zugrundeliegenden Zweck ist die Vorschrift des Art. 1322 Absatz 2 c.c., wonach durch das Gesetz nicht vorgesehene Vertragstypen nur insoweit wirksam abgeschlossen werden können, als sie unter Berücksichtigung der allgemeinen Rechtsordnung der Verwirklichung schützenswerter Interessen dienen.

Dem wird durch den überwiegenden Teil der Rechtslehre entgegengehalten, die abstrakte Garantiegewährung rechtfertige sich nicht nur durch das Interesse des Gläubigers, die Einbringlichkeit seiner Forderung abzusichern. Auch der Garant selbst verfolge durch die Übernahme der Garantie meist ein nicht zu beanstandendes eigenes wirtschaftliches Ziel, sei es, weil er hierfür eine unmittelbare Gegenleistung erhält, sei es, weil er ein eigenes Interesse am Abschluss des Grundgeschäftes durch den Hauptschuldner hat.[425]

In der Rechtsprechung wird die Wirksamkeit des selbstständigen Garantievertrages bereits seit geraumer Zeit bejaht.[426]

2. Anwendbare Normen

Da der Sicherungsvertrag als persönliches Sicherungsinstitut zahlreiche Gemeinsamkeiten mit der ausführlich gesetzlich geregelten Bürgschaft aufweist, unterstellt ihn die italienische Rechtspraxis grundsätzlich den für letztere geltenden Vorschriften.[427] Anwendung finden insbesondere die Normen über den Eintritt des Sicherungsgebers in die

---

[422] Cian/Trabucchi, Art. 1936 IX, Rn. 1.
[423] Bozzi, S. 246.
[424] Siehe z.B. Maccarone, *Contratto autonomo di garanzia*, S. 397 ff.
[425] Vgl. Bianca, *Diritto Civile*, Bd. 5, S. 517; Benatti, *Il contratto autonomo di garanzia*, S. 173.
[426] Cass. 24.4.1991 n. 4519 in Arch. Civ.1991, 798; Cass. 6.2.1975 n. 438, Banca, borsa, tit. cred. 1975 II, 22; App. Milano 19.1.1982, Banca, borsa, tit. cred 1982 II, 178.
[427] Bianca, S. 520.

Gläubigerrechte (Art. 2949 c.c.), über seine Rückgriffsansprüche (Artt. 1950 ff. c.c.) und seinen Anspruch auf Freistellung (Art. 1953 c.c.) gegenüber dem Schuldner sowie über seine Rückgriffsansprüche gegenüber weiteren Sicherungsgebern (Art. 1954 c.c.).

Nicht anwendbar sind die Bürgschaftsregeln hingegen insoweit, als sie mit dem selbständigen, d.h. nichtakzessorischen Charakter des Sicherungsvertrages nicht vereinbar sind.[428] Somit unterliegt der Garantievertrag etwa nicht den Grenzen des Art. 1941 Absätze 1 und 3 c.c., wonach eine Garantieübernahme unwirksam ist, soweit sie nach Art oder Ausmaß über die Hauptforderung hinausgeht.

3. Einwendung des Rechtsmissbrauchs

Grenzen der obenerwähnten Einwendungsfreiheit ergeben sich dann, wenn die Unwirksamkeit bzw. das zwischenzeitliche Erlöschen der gesicherten Forderung offensichtlich ist oder bereits gerichtlich festgestellt wurde und die Geltendmachung der an sich selbständigen Garantieforderung mit Treu und Glauben nicht vereinbar wäre.[429] Ein schützenswertes Interesse des Gläubigers an einer schnellen und unproblematischen Forderungsrealisierung besteht in diesem Fall nicht, so dass dem Sicherungsgeber gegen den Zahlungsanspruch die *exceptio doli* zusteht.

4. Rückforderungsansprüche des Sicherungsgebers gegenüber dem Gläubiger

Hat der Garant trotz Fehlens der gesicherten Forderung geleistet, stellt sich die Frage, ob er seine Zahlung vom Garantienehmer zurückfordern kann oder ob die fehlende Akzessorietät zur Hauptforderung die Geltendmachung von diesbezüglichen Mängeln dem Begünstigten gegenüber dauerhaft verhindert. Als Anspruchsgrundlage kommen hier sowohl die Vorschriften über die ungerechtfertigte Bereicherung als auch der Garantievertrag selbst in Betracht.[430]

Anders als nach der höchstgerichtlichen deutschen Rechtsprechung und dem überwiegenden Teil der deutschen Rechtslehre[431] ist ein Rückforderungsanspruch des Sicherungsgebers gegen den Begünstigten nach italienischer Rechtspraxis nicht von vornherein ausgeschlossen.[432] Der Begünstigte sei zwar insoweit schützenswert, als es um die schnelle und unproblematische Realisierung seiner Forderung gehe. Hierdurch solle jedoch nicht die Möglichkeit verhindert werden, nach den gesetzlichen Regeln über die rechtsgrundlose Leistung (Art. 2033 c.c.) letztlich wieder ein rechtliches Gleichgewicht herzustellen.[433] Entscheidend für die restriktivere Auslegung des Sicherungsvertrages ist

---

[428] Vgl. hierzu auch Ravazzoni, *Le garanzie*, S. 176.
[429] Bianca, S. 520, auch unter Berufung auf französische und deutsche Rechtsprechung; Pret. Milano 6.2.1984 und 31.3.1983, Banca, borsa, tit. cred. 1985 II, S. 84; Pret. Roma 22.3.1986, Nuova giur. civ. 1986 I, 677.
[430] Vgl. hierzu Gröschler JZ 1999, 822 Fn. 25 unter Verweis auf Horn, FS Brandner 1996, S. 630.
[431] BGH 140, 49; BGH JZ 1999, 464; Palandt/Sprau, Einf. v. § 765, Rn.25; a.A. Gröschler JZ 1999, 822; differenzierend Wilhelm NJW 1999, 3519.
[432] Cass. 24.4.1991 n. 4519 in Arch. Civ.1991, 798; Bianca, S. 517.
[433] Cass. 24.4.1991 n. 4519 a.a.O.

wohl auch hier wieder Art. 1322 Absatz 2 c.c. wonach der Abschluss außergesetzlicher Verträge nur insoweit wirksam ist, als hierdurch schützenswerte Interessen verfolgt werden und keine Kollision mit der allgemeinen Rechtsordnung entsteht.

IV. Patronatserklärung (Lettre de patronage, lettera di gradimento, lettera di conforto)

Ebenfalls gesetzlich nicht geregelt ist die sowohl unter unterschiedlicher Bezeichnung als auch mit unterschiedlichem Inhalt verwendete Patronatserklärung.

1. Zusage der Einflussnahme auf den Schuldner

Denkbar ist zunächst die Zusage des Patrons, alles in seiner Macht stehende zu unternehmen, um den Schuldner zur Zahlung zu veranlassen. Diese Form der Sicherung ist vor allem dort üblich, wo der Garant als Muttergesellschaft oder Mehrheitsgesellschafter des Schuldners über umfassende Möglichkeiten der Einflussnahme verfügt.[434]

Zu prüfen ist jedoch die Frage, worin genau der Inhalt einer solchen Erklärung zu sehen ist. Nach dem Gesetz ausgeschlossen ist zunächst die Auslegung als Bürgschaftserklärung. So sieht Art. 1937 c.c. vor, dass die Eingehung einer Bürgenhaftung ausdrücklich erklärt werden muss.[435] Auch die wörtliche Auslegung der Patronatserklärung führt zu dem Ergebnis, dass der Patron keinesfalls für die geschuldete Leistung selbst eintreten will, sondern lediglich sein Einwirken auf den Schuldner verspricht. Welcher Art die zugesagte Einflussnahme ist, richtet sich wiederum nach den diesbezüglich aus dem Beherrschungsverhältnis resultierenden Möglichkeiten.[436]

Wirkt der Patron nicht in der vereinbarten Weise auf den Schuldner ein, so kann der Gläubiger theoretisch Ersatz des hieraus entstehenden Schadens verlangen. Praktisch freilich ist die Kausalität zwischen fehlender Einwirkung und fehlender Schuldnerleistung wohl höchstens dann nachweisbar, wenn der Patron aufgrund seiner rechtlichen Befugnisse in der Lage wäre, dem Schuldner die Leistung verbindlich vorzuschreiben. Fehlt es hingegen an dieser Machtstellung oder ist der Schuldner insolvent und ihm eine Leistung damit tatsächlich unmöglich, so fehlt es in der Regel an einem, zumindest nachweisbaren, Ursachenzusammenhang zwischen dem Unterlassen des Patrons und dem in der mangelnden Hauptschulderfüllung liegenden Schaden.

Da somit ein realisierbarer Anspruch des Gläubigers gegen den Erklärenden zumeist nicht gegeben ist, liegt die praktische Bedeutung einer *lettera di gradimento* der beschriebenen Art weniger in einer rechtlich effizienten Forderungssicherung als vielmehr in einer allgemeinen Förderung des Ansehens und der Kreditwürdigkeit des Schuldners auf dem Markt.[437]

---

[434] Vgl. Ravazzoni, S. 180.
[435] Siehe auch Cass. 18.10.1994 n. 8471, wonach die Voraussetzungen des Art. 1937 c.c. ebenfalls erfüllt sind, wenn der Wille zur Bürgschaftsübernahme ohne ausdrückliche Nennung des Begriffs unmissverständlich zu Tage tritt.
[436] So auch Ravazzoni, S. 180.
[437] Bozzi, S. 280.

Vergleichbar ist die Situation nach der deutschen Rechtsprechung, welche aus der Zusage der Einflussnahme ebenfalls keine rechtliche Bindung des Patrons herleitet (sog. „Weiche Patronatserklärung").[438]

2. Zusage der Schuldnerleistung

Umstritten ist die rechtliche Einordnung solcher Patronatserklärungen, mit denen der Dritte die Vornahme der Leistung durch den Schuldner verspricht. So besteht Uneinigkeit darüber, ob hierin ein Versprechen im Sinne des Art. 1381 c.c. zu sehen ist. Gemäß dieser Vorschrift ist derjenige, der die Eingehung einer Verbindlichkeit oder die Vornahme einer Handlung durch einen Dritten verspricht, gegenüber dem Gläubiger zum Schadensersatz verpflichtet, falls das zugesagte Verhalten des Dritten ausbleibt.

Die überwiegende Rechtsprechung sowie ein Teil der Lehre sehen den Sinn eines Versprechens gemäß Art. 1381 c.c. darin, dem Adressaten das Verhalten eines selbst nicht verpflichteten Dritten zuzusichern. Sei der Schuldner hingegen schon eine eigene Verpflichtung gegenüber dem Versprechensempfänger eingegangen, so falle letzterer nicht unter den Schutzbereich des Art. 1381 c.c. Bei der Auslegung einer auf eine bereits bestehende Schuld bezogenen Patronatserklärung müsse danach differenziert werden, ob aus der Erklärung des Patrons unmissverständlich ein diesbezüglicher Haftungswille hervorgeht. Wenn das der Fall ist, sei von einer Bürgschaft auszugehen; andernfalls sei jedwede rechtliche Verpflichtung des Patrons zu verneinen.[439]

Für die ebengenannte restriktive Anwendung des Art. 1381 c.c. spricht zum einen dessen systematische Stellung außerhalb des mit der Absicherung von Rechten befassten sechsten Buches des *Codice Civile* und auch außerhalb der einzelnen, zum Teil explizit auf den Gläubigerschutz zugeschnittenen Vertragstypen. Zum anderen spricht Art. 1381 c.c. sowohl in der Überschrift als auch in der Vorschrift selbst nur vom Verhalten eines „Dritten", ohne die Bezeichnung Schuldner zu verwenden.

Geht man hingegen davon aus, dass auch ein Erfüllungsversprechen hinsichtlich einer bereits eingegangen Verpflichtung von Art. 1381 c.c. erfasst wird,[440] bleibt die Frage nach den Voraussetzungen und dem Inhalt der Haftung des Versprechenden. Umstritten ist insoweit aber lediglich die dogmatische Einordnung der Verpflichtung als Garantievertrag einerseits[441] oder als einseitiges Leistungsversprechen andererseits.[442] Einigkeit besteht hingegen darüber, dass, soweit das versprochene Verhalten des Dritten ausbleibt, die Haftung des Versprechenden unabhängig von seinem Verschulden und insbesondere auch dann eintritt, wenn er sich um eine Einflussnahme auf den Dritten bemüht hat.[443]

---

[438] OLG Karlsruhe ZIP 1992, 1394, 1396.

[439] Vgl. Cass. 2.2.1982 n. 1081; Cass. 9.4.1990 n. 2965; Cass 3.12.2001 n. 15235; Bozzi, S. 279.

[440] So etwa Trib. Milano 10.5.1979, Banca, borsa, tit. cred. 1981 II, 88; Cian/Trabucchi, Art. 1381, III. Rn. 1; Ravazzoni, S. 182.

[441] Galgano, *Degli effetti del contratto*, Comm. SB, S. 156 f.

[442] Graziani, *Le promesse unilaterali*, Tr. Rescigno, Bd. 9, S. 805 f.

[443] Bianca, *L'obbligazione*, S. 120; Ravazzoni, S. 182; Cian/Trabucchi, Art. 1381, IV. Rn. 1.

Konkret besteht die Ersatzpflicht nach überwiegender Meinung in der Zahlung eines Betrages, dessen Höhe sich nach dem Gewinn richtet, der dem Versprechensempfänger infolge des Ausbleibens des versprochenen Verhaltens entgangen ist.[444]

3. Zusage eigener finanzieller Unterstützung

Denkbar ist schließlich auch das Versprechen gegenüber dem Gläubiger, dem Schuldner die zur Erfüllung seiner Verpflichtung erforderlichen Mittel zur Verfügung zu stellen. Wie sich bereits aus dem Wortlaut einer solchen Erklärung ergibt, haftet der Patron in diesem Zusammenhang nur für die Ermöglichung der Leistung, nicht aber für deren letztendliche Erbringung durch den Schuldner. Vielmehr obliegt es dem Gläubiger selbst, den Schuldner zu einer zweckgerechten Verwendung der vorhandenen Mittel zu veranlassen.[445]

Auch die deutsche Rechtspraxis misst einer Erklärung des genannten Inhalts als sog. „Harter Patronatserklärung" Rechtsbindungswirkung bei, geht im Zweifel aber davon aus, dass die Erklärung allein gegen das Risiko der Zahlungsunfähigkeit, nicht aber der Zahlungsunwilligkeit schützt.[446]

[444] Cian/Trabucchi, Art. 1381, IV. Rn.2.
[445] Ravazzoni, S. 183.
[446] Vgl. etwa MüKo/Habersack, 4. Aufl., Vor § 765 Rn. 50.

§ 4 Formen der gesetzlichen Anspruchssicherung

I. Surrogationsanspruch (*azione surrogatoria*), Art. 2900 c.c.

1. Allgemeines

Aus der Sicht des deutschen Rechts ungewöhnlich ist die Regelung des Art. 2900 c.c. Diese Vorschrift bestimmt für den Fall, dass aufgrund der Untätigkeit des Schuldners eine Verringerung seines Vermögens zu befürchten ist, die Möglichkeit des Gläubigers, im eigenen Namen Ansprüche seines Schuldners gegen Dritte geltend zu machen und, wenn nötig, klageweise durchzusetzen. Einer kurzen Stellungnahme bedarf die Frage, ob die Ansiedlung dieses Rechtsinstituts in einem materiellen Gesetzeswerk systematisch gerechtfertigt ist oder ob der Surrogationsanspruch vielmehr überwiegende prozessuale Elemente enthält.

Wenig Aufschluss bringt hierbei die Tatsache, dass Art. 2900 c.c. mit der Bezeichnung *azione surrogatoria* überschrieben ist. So bezeichnet der Terminus *azione* im italienischen Recht nicht nur die Klage als prozessuales Mittel sondern auch das materielle Klagerecht,[447] vergleichbar dem Anspruch im deutschen Recht. Für einen prozessualen Charakter mag aber der Umstand sprechen, dass sich vergleichbare Rechtsinstitute im deutschen Recht lediglich in der Zivilprozessordnung finden.

Zu denken ist hier an Arrest und einstweilige Verfügung nach §§ 916 ff., 935 ff. ZPO. Nach diesen Vorschriften erfolgt die Absicherung des im Rahmen der Vollstreckung zur Verfügung stehenden Schuldnervermögens durch eine inhaltlich frei auszugestaltende gerichtliche Arrestanordnung oder eine auf den Streitgegenstand bezogene einstweilige Verfügung. Ähnlich wie Art. 2900 c.c.[448] setzen die Vorschriften über den Arrest bzw. die einstweilige Verfügung in den §§ 917 bzw. 936 i.V.m. 917 ZPO voraus, dass dem Gläubiger eine Verringerung seiner tatsächlichen Erfolgsaussichten droht.

Dennoch liegt ein wesentlicher Unterschied zwischen den beiden genannten Rechtsinstituten darin, wie die Sicherungswirkung jeweils erreicht wird. Während die Grundlage für den Arrest bzw. die einstweilige Verfügung ein besonderes gerichtliches Verfahren bildet, verleiht Art. 2900 c.c. unabhängig von der Einschaltung eines Gerichts die materielle Befugnis, bestimmte Rechte für seinen Schuldner geltend zu machen.[449] Spezielle prozessuale Folgen werden in Art. 2900 c.c. hingegen nicht genannt.

---

[447] Vgl. Del Giudice Federico, *Nuovo Dizionario Giuridico*, S. 173.
[448] Siehe unten § 4 I 2 f.
[449] Siehe auch Cian/Trabucchi, Art. 2900, II. Rn.1 f.

2. Voraussetzungen

a) Vermögensrechtliche Ansprüche

Zulässig ist die Geltendmachung fremder Rechte durch den Gläubiger grundsätzlich hinsichtlich aller vermögensrechtlichen Ansprüche des Schuldners gegenüber Dritten. Ausgenommen sind damit solche Ansprüche des Schuldners, die unmittelbar auf eine Gestaltung, beispielsweise familienrechtlicher Art, zielen. Anders stellt sich die Rechtslage nach einer zum Teil vertretenen Meinung[450] dar, wenn die Gestaltung die Voraussetzung für die Realisierbarkeit eines nachfolgenden Vermögensanspruches bildet, so beispielsweise in dem Fall, dass als Voraussetzung eines Erbanspruchs zunächst die Vaterschaft des Erblassers festgestellt werden muss. Da Ziel der Surrogation auch hier letztlich die Geltendmachung einer Vermögensforderung sei, müsse Art. 2900 c.c. insoweit extensiv ausgelegt und die vorgeschaltete Rechtsgestaltung zugelassen werden.

Differenziert zu betrachten ist die Rechtslage auch bzgl. der Berufung auf kommerzialisierbare Kennzeichenrechte. Während Unterlassungsansprüche hier naturgemäß dem unmittelbar verletzten Hauptschuldner vorbehalten bleiben, ist insoweit von einer vermögensrechtlichen und damit der Surrogation grundsätzlich offenstehenden Forderung auszugehen, als aus der Verletzung der genannten Rechte ein Anspruch auf Ersatz des materiellen Schadens entstanden ist.[451]

b) Ausschluss höchstpersönlicher Rechte

Abstrakt nur schwer zu bestimmen ist der Kreis derjenigen Ansprüche, die aufgrund ihres höchstpersönlichen Charakters gemäß Art. 2900 Absatz 1 c.c. nicht im Wege der Surrogation geltend gemacht werden können.

Nach überwiegender Ansicht[452] fallen hierunter grundsätzlich auf der Verletzung von Persönlichkeitsrechten beruhende Geldentschädigungsansprüche für immateriellen Schaden. So wird argumentiert, aufgrund des persönlichen Charakters der verletzten Rechte müsse es der Entscheidung des Verletzten selbst vorbehalten bleiben, ob er gegen den Schädiger vorgehen möchte. Um ein noch abstrakteres Kriterium zu entwickeln, führt ein Teil der Lehre[453] die genannte Argumentation fort und lehnt die Anwendung von Art. 2900 c.c. in all den Fällen ab, in denen die Möglichkeit der Ermessensausübung des Berechtigten nach dem Normzweck einen wesentlichen Teil des zuerkannten Rechts ausmacht. Ebenfalls nicht surrogationsfähig sind hiernach beispielsweise das Recht zur Genehmigung eines schwebend unwirksamen Rechtsgeschäfts, zum Rücktritt vom Vertrag oder zur Ausübung einer Option.

---

[450] Nicolò, *Tutela dei diritti*, Comm. SB, S. 92; dagegen: Natoli, *L'attuazione del rapporto obbligatorio*, S. 97 ff.
[451] So auch Cian/Trabucchi, Art. 2900, V, 6.
[452] Bianca, *La responsabilità*, S. 429; Nicolò, S. 92.
[453] Nicolò, S. 107; Giampiccolo, *Az. Surrogatoria*, Enc. Dir., S. 951.

Die Einschränkung der Surrogation in der eben beschriebenen Weise überzeugt zumindest insoweit, als der Rechtsinhaber von seinem Recht noch keinerlei Gebrauch gemacht hat. Hat dieser hingegen bereits Maßnahmen zur Ausübung seines Rechts ergriffen und damit deutlich gemacht, dass er an einer vermögensrechtlichen Verwertung seines Anspruchs interessiert ist, sollte auch dem Gläubiger des Rechtsinhabers die Möglichkeit gegeben werden, die endgültige Realisierung des Rechts herbeizuführen.[454]

Dass die Bindung höchstpersönlicher Rechte an den originären Rechtsinhaber durchbrochen werden kann, ergibt sich auch aus der inzwischen überwiegenden Auffassung, wonach Schadensersatzansprüche aus der Verletzung immaterieller Rechtsgüter sowohl durch Vererbung als auch durch Abtretung übertragen werden können.[455]

Ein vergleichbarer Vorstellungswandel zur Frage der persönlichen Bindung von Schadensersatzansprüchen ist auch der deutschen Gesetzesentwicklung zu entnehmen. So sah Absatz 1 Satz 2 des (inzwischen gänzlich aufgehobenen) § 847 BGB bis zum 30.06.1990 die generelle Unübertragbarkeit des Schmerzensgeldanspruches vor, soweit er nicht vertraglich anerkannt oder rechtshängig geworden war. Auf massive rechtspolitische Kritik hin wurde die Vorschrift schließlich gestrichen. Argumentiert wurde hier, der Ersatzanspruch diene weniger der persönlichen „Gegenkränkung" zum Zwecke der inneren Genugtuung als vielmehr dem Ausgleich für den entstandenen immateriellen Schaden. Dies zeige sich bereits in dem Umstand, dass in der überwiegenden Zahl der Fälle die Versicherung des Schädigers für den Schaden aufkomme.[456]

c) Sicherung bedingter Forderungen

Uneinheitlich beurteilt wird die Frage, ob auch dem Inhaber einer bedingten Forderung die Möglichkeit der Surrogation offen steht. In Teilen der Lehre wird hierzu die wenig praktikable Auffassung vertreten, die Entscheidung müsse sich im konkreten Einzelfall danach richten, wie wahrscheinlich der Eintritt der Bedingung und damit die endgültige Entstehung des Anspruchs ist.[457] Die Rechtsprechung hingegen lässt die Surrogationsklage zur Sicherung einer bedingten Forderung uneingeschränkt zu.[458]

d) Unbezifferbare Forderung

Weitgehend unumstritten ist die Zulässigkeit der Absicherung eines zwar im Grunde, in der Höhe aber noch nicht feststehenden Anspruchs. Auch ohne betragsmäßige Bestimmung stehe hier fest, dass bei mangelnder Liquidität des Schuldners die Befriedigung des Gläubigers gefährdet würde.[459]

---

[454] So andeutungsweise auch Cian/Trabucchi, Art. 2900, V. Rn. 9.
[455] Cian/Trabucchi, Art. 2900, VI. Rn. 1; Cass. 2.2.1991 n. 1003; 25.2.1997 n. 1704.
[456] Vgl. hierzu MüKo/Mertens, 2. Aufl., § 847 Rn. 52.
[457] Nicolò, S. 76 f.
[458] Cass. 1972 n. 72, Giust. Civ. 1972 I, 452.
[459] Giacomelli, Riv. trim. 2000, S. 272 ff.; Cass. 72 n. 72, a.a.O.

e) Untätigkeit des Hauptschuldners

Die Untätigkeit als weitere Voraussetzung der Surrogation ist in jedem Unterlassen des Hauptschuldners zu sehen, das grundsätzlich geeignet ist, sein zur Befriedigung der Gläubiger zur Verfügung stehendes Vermögen zu verringern. Nach einhelliger Meinung handelt es sich hierbei um ein objektives Kriterium. Irrelevant ist somit, auf welchen Gründen die Untätigkeit des Schuldners beruht und ob sie ihm im Sinne eines Verschuldens vorgeworfen werden kann.[460]

Voraussetzung für die Surrogation ist nicht die völlige Untätigkeit des Hauptschuldners. Vielmehr reicht es bereits aus, dass dieser bei der Wahrnehmung seiner Rechte nicht „die Sorgfalt des guten Familienvaters"[461] anwendet.[462]

f) Schädigung des Gläubigers

Um den Eingriff in die rechtliche Sphäre des Hauptschuldners zu rechtfertigen, wird allgemein über den Wortlaut des Art. 2900 c.c. hinaus die Gefahr eines *eventus damni* vorausgesetzt. Nach den konkreten Umständen des Einzelfalles muss zu erwarten sein, dass dem Gläubiger als direkte Folge der Untätigkeit ein Schaden entsteht.[463]

3. Inhalt des Anspruchs

Da der Gläubiger im Rahmen der Surrogation zwar im eigenen Namen handelt, aber das Recht eines Dritten, nämlich das des Hauptschuldners geltend macht, kann grundsätzlich nur die Leistung an diesen verlangt werden.[464]

Uneinigkeit besteht hinsichtlich der Frage, ob dem Gläubiger in gewissen Fällen auch ein Recht auf unmittelbare Zahlung an sich selbst zusteht. Dogmatisch liegt dieser Problematik die Diskussion zugrunde, ob es sich bei dem Surrogationsanspruch um ein ausschließliches Sicherungsinstrument handelt, oder ob ihm auch ein Befriedigungselement innewohnt.

Hierbei gehen zwar alle Auffassungen zunächst vom gesetzlich normierten Sicherungscharakter („... *per assicurare* ... ", Art. 2900 c.c.) des Surrogationsanspruchs aus. Während jedoch der noch überwiegende Teil der Lehre die strengere Auffassung vertritt, der Gesetzeswortlaut schließe einen unmittelbaren Leistungsanspruch des Hauptgläubigers gänzlich aus,[465] hat die Rechtsprechung einen solchen Anspruch wiederholt in Fällen zugesprochen, in denen zu befürchten war, dass der Hauptschuldner den aus der Gel-

---

[460] Cass. 23.6.1995 n. 7145.
[461] S. oben § 2 I 4 a aa α αα.
[462] Trib. Genova, 10.2.1961, Temi gen. 1961, 234, unter Berufung auf Art. 1176 Absatz 1 c.c.
[463] Cian/Trabucchi, Art. 2900, IV. Rn. 1.
[464] Cian/Trabucchi, Art 2900, VI. Rn. 1.
[465] Giampiccolo, *Azione surrogatoria*, Enc. Dir, S. 951; Patti, *L'azione surrogatoria*, Tr. Rescigno, Bd. 20, S. 122; a.A. Sacco, *Il potere di procedere in via surrogatoria*, S. 83; Fortino, *Il sequestro conservativo tra garanzia del creditore e tutela del debitore*, S. 81 ff.

tendmachung des Surrogationanspruchs erhaltenen Betrag dem Zugriff seines Gläubigers entziehen würde.[466]

4. Folgen der außerprozessualen Surrogation

Sowohl aus den dargestellten Erwägungen zum Begriff *azione*[467] als auch aus Art. 2900 Absatz 2 c.c., der die prozessualen Folgen ausdrücklich für den Fall eines gerichtlichen Vorgehens regelt, lässt sich schließen, dass die in Absatz 1 enthaltenen sonstigen Bestimmungen bereits auf die außergerichtliche Geltendmachung der Surrogationsansprüche anwendbar sind.[468]

In diesem Zusammenhang ergeben sich aus dem Vorgehen des Gläubigers für seinen Schuldner die gleichen Konsequenzen wie aus der Geltendmachung eigener Rechte. Von Bedeutung ist insbesondere die Tatsache, dass gemäß Art. 2943 Absatz 4 c.c. jede verzugsbegründende Rechtshandlung, d.h. jede schriftliche Leistungsaufforderung oder Mahnung, zur Unterbrechung der Verjährung ausreicht, ein gerichtliches Vorgehen oder ein Verhandeln der Parteien über Art und Umfang des Anspruchs hingegen, anders als nach deutschem Recht,[469] nicht nötig ist.[470]

5. Prozessuale Aspekte

a) Aufgrund der Tatsache, dass der Hauptgläubiger in eigenem Namen ein fremdes Recht geltend macht, wird in der Surrogationsklage allgemein ein Fall der gesetzlichen Prozessstandschaft gemäß Art. 81 c.p.c. gesehen. Demzufolge muss sich der Gläubiger von Seiten des Dritten nicht nur alle Einreden entgegen halten lassen, die gegenüber seinem Schuldner bestanden hätten, er unterliegt grundsätzlich auch eventuellen im ursprünglichen Verhältnis geltenden Beweisbeschränkungen.[471]

b) Gemäß Art. 2900 Absatz 2 c.c. i.V.m. Art. 102 c.p.c. ist der Hauptschuldner als notwendiger Streitgenosse bei Erhebung der Surrogationsklage zwingend mit in den Prozess einzubeziehen.

c) Als prozessuale Besonderheit sei schließlich noch erwähnt, dass sich die örtliche Gerichtszuständigkeit für die Surrogationsklage gemäß unbestrittener höchstgerichtlicher Rechtsprechung nach dem ursprünglichen, den Gegenstand der Surrogation bildenden Rechtsverhältnis bestimmt.[472]

---

[466] Cass. 18.2.2000 n. 1867; Cass. 23.1.1995 n. 723.
[467] Siehe oben § 4 I 1.
[468] So auch Cian/Trabucchi, Art. 2900, II 2.
[469] Vgl. §§ 203, 204 BGB.
[470] Cian/Trabucchi, Art. 2900, VII 2.
[471] Cass. 18.2.2000 n. 1867.
[472] Cass. 9.8.1963 n. 2272.

II. Revokationsrecht (*azione revocatoria*), Art. 2901 c.c., Art. 66. l. fall.

1. Allgemeines

Im Gegensatz zum Surrogationsanspruch soll das Revokationsrecht den Gläubiger vor aktiven missbräuchlichen Vermögensverlagerungen seitens des Schuldners schützen und gibt dem Gläubiger somit unter gewissen Voraussetzungen die Möglichkeit, Vermögensverfügungen des Schuldners für unwirksam erklären zu lassen. Seinen Ursprung hat dieses Klagerecht bereits in der römischen *actio Pauliana*, mittels derer der Gläubiger zu seinem Nachteil vorgenommene Geschäfte des Schuldners anfechten konnte.[473] Im deutschen Recht findet sich ein entsprechendes Institut in der Anfechtung nach dem Anfechtungsgesetz oder in der Insolvenzanfechtung (§§ 129 ff. InsO).[474]

2. Voraussetzungen

Seinem Zweck gemäß unterliegt das Revokationsrecht folgenden Voraussetzungen:

a) Gläubigerstellung

Geschützt wird nach Art. 2901 c.c. der Gläubiger, auch wenn dessen Forderung von einer Bedingung oder Befristung abhängt. Innerhalb der Rechtsprechung des Kassationshofs umstritten war lange Zeit die Frage, ob die Anhängigkeit eines gerichtlichen Streits über das Bestehen der Forderung die Aussetzung des Revokationsverfahrens nach Art. 295 c.p.c. zur Folge hat. Nach dieser Vorschrift ist das Verfahren über einen Streitgegenstand auszusetzen, wenn dessen Beurteilung vom Ausgang eines anderen Verfahrens abhängt. Während zum Teil die Auffassung vertreten wurde, die rechtskräftige Feststellung der zu sichernden Forderung stelle eine logisch zwingende Voraussetzung für die positive Entscheidung über das Revokationsverfahren dar,[475] verneint die neueste Rechtsprechung diese Abhängigkeit.[476] Überzeugend wird darauf hingewiesen, dass Art. 2901 c.c. nach seinem Wortlaut eine gerichtliche Bestätigung der Forderung nicht als Voraussetzung für die Revokationsklage vorsieht. Auch besteht nicht das Risiko einer praktischen Kollision der beiden Entscheidungen, da die in Art. 2902 c.c. vorgesehene Zwangsvollstreckung in das Vermögen des Dritten nur mit Hilfe eines Titels über die Hauptforderung eingeleitet werden kann. Ohne einen solchen Titel führt die Revokation somit zwar letztlich nicht zum gewünschten Erfolg, erzeugt aber auch nicht die in Art. 295 c.p.c. vorausgesetzte[477] widersprüchliche Wirkung.[478]

---

[473] Vgl. hierzu Kaser, *Das Römische Privatrecht II*, 94 f.
[474] Zur Revokationsklage im Insolvenzverfahren s. unten § 4 II 6.
[475] Cass. 14.5.2004 n. 9440, Foro it. 2004 I, 2366; Cass. 30.7.2001 n. 10414.
[476] Cass. 24.7.2003 n.11471, Rep. Foro it. 2003, Stichwort "azione revocatoria", Nr. 5; Cass. 14.11.2001 n.14166, Rep. Foro it. 2002, Stichwort "azione revocatoria", Nr. 9; Cass. 17.10.2001 n. 12678, Mass. Giust. civ. 2001, 1759.
[477] S. Carpi/Taruffo, *Codice di Procedura Civile*, Art. 295, I Rn. 2.
[478] Cass. 14.5.2004 n. 9440 a.a.O.; Cass. 14.11.2001 n. 14166. a.a.O.

b) Verfügung des Schuldners über sein Vermögen

Weitere Voraussetzung der Revokation ist nach Art. 2901 c.c. eine Vermögensverfügung des Schuldners (*atto di disposizione del patrimonio*). Hierzu zählt jede Rechtshandlung des Schuldners, welche Auswirkungen auf das dem Zugriff des Gläubigers unterliegende Vermögen hat.[479] Nicht der Revokation zugänglich sind somit Verfügungen über das unpfändbare Schuldnervermögen und solche Handlungen, die lediglich der Vermögensverwaltung oder -nutzung dienen.[480]

c) Nachteil des Gläubigers (*eventus damni*)

Aus der Rechtshandlung des Schuldners muss sich ein Nachteil für den Gläubiger ergeben. Nachteilig für den Gläubiger ist nicht nur die betragsmäßige Verminderung des Schuldnervermögens, sondern jede Handlung, welche die Realisierung der Forderung erschwert.[481] Sanktioniert wird somit neben der Veräußerung von Vermögensgegenständen auch die Bereitstellung dinglicher oder persönlicher Sicherheiten (Art. 2901 Absatz 2 c.c.) und die Eingehung neuer Verbindlichkeiten gegenüber Dritten.

Nicht revozierbar sind gemäß § 2901 Absatz 3 c.c. hingegen Zahlungen auf fällige Forderungen Dritter. Da diese Forderungen bereits auf der Passivseite des Schuldnervermögens vorhanden waren, kommt es durch deren Begleichung nicht zu einer zusätzlichen Vermögensminderung. Eine Gleichbehandlung mehrerer Inhaber fälliger Forderungen verlangt das Gesetz insoweit nicht. Jedoch setzt eine Anwendung des Art. 2901 Abs. 3 c.c. voraus, dass der Leistungsempfänger die konkret vorgenommene Verfügung zu beanspruchen hatte.[482] Inkongruente Deckungsgeschäfte unterliegen somit, ebenso wie nach deutschem Recht,[483] der Anfechtung.

d) Kenntnis bzw. vorsätzliche Planung der Gläubigerbenachteiligung (*consilium fraudis*)

In subjektiver Hinsicht differenziert das Gesetz in Art. 2901 Absatz 1 Nr.1 c.c. zunächst danach, ob die schädigende Handlung vor oder nach Entstehung der Forderung vorgenommen wurde. Während in letzterem Falle die Kenntnis des Schuldners ausreicht, dass dem Gläubiger durch die Vermögensverfügung ein Nachteil entsteht, wird ein der Forderungsentstehung zeitlich vorausgehender Akt nur dann sanktioniert, wenn dieser vorsätzlich zum Zweck der Gläubigerbenachteiligung geplant worden war (*dolosa preordinazione*).

---

479 Cass. 11.11.2003 n. 16915.
480 Cian/Trabucchi, Art 2901, V. Rn 1.
481 Cass. 29.3.1999 n. 2971; Cass. 6.5.1998 n. 4578; Cass. 22.3.1990 n. 2400.
482 Siehe hierzu Cian/Trabucchi, Art 2901, V. Rn. 7.
483 Vgl. Huber, AnfG, § 3 Rn. 9 ff.

Hierdurch wird dem Umstand Rechnung getragen, dass ein ausreichend konkreter Bezug zwischen der subjektiven Einstellung des Schuldners und der Gläubigerbenachteiligung nur dann bejaht werden kann, wenn die Position als Schuldner entweder bereits besteht oder die Handlung mit dem Ziel vorgenommen wird, sich selbst im Hinblick auf die geplante Eingehung von Verbindlichkeit die Zahlungsfähigkeit zu nehmen.[484]

e) Bewusstsein des Dritten hinsichtlich der Gläubigerbenachteiligung oder vorsätzliche Teilnahme an der geplanten Gläubigerbenachteiligung (*partecipatio fraudis*)

Was die subjektiven Anforderungen an den Verfügungsempfänger anbelangt, so differenziert das Gesetz danach, ob die Verfügung unentgeltlich oder entgeltlich getroffen wird. Unentgeltliche Verfügungen sind bereits dann anfechtbar, wenn die subjektiven Voraussetzungen beim Schuldner vorliegen, entgeltliche hingegen nur insoweit, als auch der Dritte im Bewusstsein der Gläubigerbenachteiligung handelt bzw. vorsätzlich an der geplanten Gläubigerbenachteiligung teilnimmt, Art. 2901 Absatz 1 Nr. 2 c.c.[485] Geschützt wird somit derjenige Dritte, der vom Schuldner nicht nur in gutem Glauben, sondern auch unter Aufwand eigenen Vermögens erwirbt.

Näherer Betrachtung bedarf die Frage nach der Entgeltlichkeit der Verfügungshandlung, soweit diese in der Bestellung einer Sicherheit liegt. Das Gesetz geht in Art. 2901 Absatz 2 c.c. von einem entgeltlichen Charakter in dem Fall aus, dass das Grundgeschäft und dessen Sicherung gleichzeitig, d.h. in einem einheitlichen Rechtsgeschäft, abgeschlossen werden.

Nach sowohl in Literatur[486] als auch Rechtsprechung[487] überwiegender Auffassung ist diese Norm jedoch ihrem Zweck entsprechend weit auszulegen. So ist entscheidendes Kriterium wiederum, ob der Schuldner die Sicherung im kausalen Zusammenhang mit einer Leistung des Dritten gestellt hat, dieser somit schützenswert ist. Darüber hinaus kann ein die Entgeltlichkeit begründendes Synallagma nicht nur in der Abhängigkeit zu einer Gegenleistung liegen, sondern auch durch die Gewährung eines Zahlungsaufschubes, eines Zinsverzichts oder einer sonstigen erkennbar aufgrund der Sicherheitsbestellung zugestandenen Erleichterung begründet werden.[488]

3. Wirkungen

Soweit das Revokationsrecht erfolgreich geltend gemacht wird, ist die angefochtene Verfügung dem Gläubiger gegenüber relativ unwirksam, Art. 2901 Absatz 1 Satz 1 c.c. Dogmatisch weicht das Revokationsrecht somit von den Anfechtungsrechten nach §§ 1 ff. AnfG und § 129 InsO ab, welchen nach der überwiegenden Auffassung ein rein

[484] Cass. 27.2.1985 n. 1716.
[485] Vgl. auch Cass. 21.9.2001 n. 11916.
[486] Ferrara/Borgioli, *Il fallimento*, S. 408.
[487] Cass. 27.4.1964 n. 1009; Cass. 11.3.1992 n. 2948.
[488] Ferrara/Borgioli, a.a.O..

schuldrechtlicher Charakter zugesprochen wird.[489] Praktische Unterschiede ergeben sich hieraus nicht. Ebenso wie nach § 11 Absatz 1 AnfG[490] ist der Gläubiger gemäß Art. 2902 Absatz 1 c.c. gegenüber dem Erwerber berechtigt, die Zwangsvollstreckung in den weggegebenen Gegenstand zu betreiben.

a) Urteilswirkung

Kontrovers wird im Zusammenhang mit der gerichtlichen Geltendmachung des Revokationsrechts die Frage behandelt, ob das stattgebende Urteil konstitutive oder lediglich deklaratorische Wirkung hat. Praktische Auswirkungen hat dieser Streit insofern, als er entscheidend mit der Problematik in Verbindung gebracht wird, ab welchem Zeitpunkt dem Revokationskläger die Erträge aus der zu erstattenden Sache zustehen.[491]

Während Teile der Literatur davon ausgehen, die Arglist des Schuldners führe automatisch zu einem Ausschluss seiner Verfügungsmacht hinsichtlich solcher Handlungen, die eine Benachteiligung seiner Gläubiger mit sich bringen,[492] vertritt die weitaus überwiegende Rechtsprechung die Auffassung, die Unwirksamkeit und die aus ihr folgenden Ansprüche ergäben sich erst aus der richterlichen Entscheidung.[493] Gestützt wird die letztgenannte Meinung nicht zuletzt durch den Wortlaut von Art. 2901 1 Absatz 1 c.c., wonach das Recht des Gläubigers darauf lautet, die Verfügung des Schuldners für unwirksam zu erklären (*„che siano dichiarati inefficaci"*).

Die aus dem konstitutiven Charakter gezogenen Konsequenzen sind jedoch nicht einheitlich. So entschied die Rechtsprechung insbesondere in älteren Entscheidungen wiederholt unter Berufung auf die konstitutive Urteilswirkung, die Herausgabe von Früchten und Erträgen müsse erst ab Urteilserlass erfolgen.[494] Die Mehrzahl der neueren Entscheidungen hingegen kommt trotz der konstitutiven Wirkung zu dem Schluss, die aus dem Revokationsgegenstand hervorgehenden Früchte seien bereits ab Rechtshängigkeit der Anfechtungsklage geschuldet.[495]Die letztgenannte Auffassung erscheint sachgerecht, weil der Anspruchsgegner angesichts der Klageerhebung mit der Herausgabeverpflichtung rechnen musste. Dogmatisch ist, soweit man dem Anfechtungsurteil konstitutive Wirkung zumisst, eine Pflicht zur Herausgabe sowohl der Sache selbst als auch aus ihr gezogener Nutzungen ab Rechtshängigkeit zu begründen, indem man von einer Rückwirkung des Richterspruchs ausgeht.

---

[489] Siehe Huber, AnfG, § 11 Rn. 23 m.w.N.; anders noch die frühere Rechtslage nach § 1 AnfG a.F. und § 29 KO, die jeweils den Zusatz „als diesem gegenüber unwirksam" bzw. „als den Konkursgläubigern gegenüber unwirksam" enthielten.

[490] Vgl. hierzu auch Huber, AnfG, § 11 Rn. 17.

[491] Ferrara/Borgioli, S. 403, Fn. 4.

[492] Vgl. Nicolò, *Tutela dei diritti*, S. 195 ff.

[493] Cass. 4.2.1987 n. 1001, Il fall. 1987, 604; Cass. 21.6.1984 n. 3657, Il fall. 1984, 1389; dagegen Cass. 25.10.1973, Foro it. 1974 I, 404.

[494] Cass. 8.3.1973 n.629; Trib. Genova 20.7.1977 in Giur. comm. 1978 II, 381.

[495] Cass. 23.9.2004 n. 19131 in Rep. Foro it. 2004 Stichwort "azione revocatoria" n. 24; Cass. 30.7.2004 n. 14624 in Rep. Foro it. 2004 Stichwort "azione revocatoria" n. 23.

b) Ansprüche gegen Dritterwerber

Befindet sich der Gegenstand der Verfügung noch beim Erwerber, kann der Gläubiger gemäß Art. 2902 Absatz 1 c.c. im Wege der Zwangsvollstreckung direkt gegen diesen vorgehen.

Für den Fall, dass der Erwerber seinerseits schon eine Verfügung über die Sache getroffen hat, ist hingegen zu differenzieren:

Hat der nunmehrige Besitzer der Sache bzw. Rechtsinhaber entgeltlich und gutgläubig erworben, ist sein Erwerb schützenswert, wird also von der Anfechtung nicht erfasst. Der Gläubiger kann in diesem Fall lediglich gegen den Ersterwerber vorgehen.

Umstritten ist jedoch der Umfang dieser Haftung, da im italienischen Recht eine gesetzliche Regelung entsprechend § 11 Absatz 1 Satz 2 AnfG fehlt. Über die in dieser Vorschrift getroffene Verweisung auf das Bereicherungsrecht kann der Anfechtungsgläubiger nach seiner Wahl entweder Wertersatz gemäß §§ 819 Absatz 1, 818 Absatz 4, 292 Absatz 1, 989, 990 BGB oder Herausgabe des Veräußerungserlöses gemäß §§ 819 Absatz 1, 818 Absatz 4, 285 Absatz 1 BGB verlangen.[496]

Während ein Teil der italienischen Rechtsprechung bei der Bestimmung des Anspruchs generell auf den Veräußerungserlös abstellt,[497] ist nach der wohl überwiegenden Meinung der Wert des Revokationsgegenstandes entscheidend.[498] Der für die Wertbestimmung einschlägige Zeitpunkt wiederum wird teils in der Vornahme der angefochtenen Handlung,[499] teils erst in der Rechtskrafterlangung des Revokationsurteils gesehen.[500]

Überzeugender erscheint es jedoch, auch in diesem Zusammenhang ausgehend von der Schutzwürdigkeit des Revokationsgegners im konkreten Fall zu differenzieren. Ist die Weiterveräußerung vor Stellung des Revokationsantrages erfolgt, so ist es angemessen, den Anfechtungsgegner lediglich im Rahmen des Veräußerungserlöses haften zu lassen, falls dieser unter dem Wert des Gegenstandes liegt. Veräußert der Ersterwerber die Sache jedoch, obwohl die Revokationsklage bereits erhoben ist, besteht kein Grund, seine Haftung einzuschränken. Da das Revokationsverfahren jedoch lediglich den Schutz, nicht aber die Bereicherung des Gläubigers bezweckt,[501] sollte sich die Haftungshöhe in dem letztgenannten Fall auch dann nach dem Wert der Sache zum Zeitpunkt der Veräußerung richten, wenn der Veräußerungserlös diesen übersteigt.

Nicht geschützt werden soll dagegen auch hier derjenige Dritterwerber, der seine Rechtsposition unentgeltlich oder bösgläubig erlangt hat (Art. 2901 a.E. c.c.) oder seinen

---

[496] Vgl. auch Huber, § 11 Rn. 41 ff.
[497] App. Roma 24.5.1967, Rep. Foro it. 1967, Stichwort "fallimento", Nr. 442.
[498] Ferrara/Borgioli, S. 465; Cass. 22.1.1972, Foro it. 1972, I, 2540.
[499] Cass. 22.1.72 a.a.O.
[500] Del Vecchio, Banca, borsa, tit. cred., 1967, I, 112.
[501] So auch Ferrara/Borgioli, S. 412.

Erwerb, soweit dieser gemäß Art. 2643 c.c. eintragungsbedürftig ist, erst nach der gerichtlichen Registrierung des Revokationsantrags in der jeweils vorgeschriebenen Weise eingetragen hat. Demgemäß erstreckt sich die Wirkung der Revokationsklage gegen den Ersterwerber in diesen Fällen auch auf die Weiterveräußerung. Der Gläubiger kann unmittelbar gegen den momentanen Besitzer oder Rechtsinhaber vorgehen.

4. Frist

Möglich ist die Geltendmachung des Revokationsrechts gemäß Art. 2903 c.c. innerhalb einer Frist von fünf Jahren ab dem Zeitpunkt der schädigenden Verfügung.

5. Sonderfall der Vermögensverfügung eines Unternehmers

Besonderheiten ergeben sich sowohl in objektiver als auch in subjektiver Hinsicht, falls der Schuldner die Vermögensverfügung im Rahmen einer Unternehmertätigkeit vornimmt.

a) Schaden

Nicht nur die Veräußerung von Vermögensgegenständen, sondern auch die Eingehung neuer Verbindlichkeiten sind unerlässlicher Bestandteil einer unternehmerischen Tätigkeit. So erscheint es einerseits nicht interessengerecht, diese Handlungen zu sanktionieren, andererseits stellt sich die Frage, in welchem Fall eine Verfügung des Schuldners zur Benachteiligung des vollstreckenden Gläubigers führt. Während sich die Zahlungsunfähigkeit im privaten Bereich aus dem Mangel an Vermögensgütern ergibt, in welche vollstreckt werden kann, äußert sich die Insolvenz eines Unternehmers darin, dass die erwirtschafteten Erträge nicht zur Erfüllung der Verbindlichkeiten ausreichen.

Welche Verfügung des Schuldners jedoch im Einzelfall zu dieser Insolvenz und damit zur Benachteiligung des Gläubigers geführt hat, lässt sich zumeist nur schwer bestimmen.[502]

b) Kenntnis bzw. vorsätzliche Planung der Gläubigerbenachteiligung

In Konsequenz des eben Dargestellten muss sich auch die Kenntnis bzw. vorsätzliche Planung der Gläubigerbenachteiligung seitens des Schuldners auf den Umstand beziehen, dass durch seine Handlung die Insolvenz des Unternehmens verursacht wird. Auch diesbezüglich ist ein Nachweis kaum möglich, so dass die Revokationsklage gemäß Art. 2901 c.c. gegen einen Unternehmer in der Praxis eine sehr untergeordnete Rolle spielt.[503]

---

[502] Siehe auch Ferrara/Borgioli, S. 413.
[503] Ferrara/Borgioli, S. 415.

c) Wirkung

Die Unzulänglichkeit der Revokation nach Art. 2901 c.c. im Zusammenhang mit Unternehmern wird schließlich besonders deutlich, wenn man ihre Wirkung betrachtet.

Da die Unwirksamkeit der Verfügung nach dem Gesetzeswortlaut nur relativ, d.h. zugunsten des Gläubigers wirkt, der die Revokation geltend macht, durch die Zahlungsunfähigkeit aber für gewöhnlich der Großteil der Geschäftspartner und damit eine Vielzahl an Gläubigern betroffen sind, ergibt sich die Notwendigkeit mehrerer aufwändiger Einzelverfahren. Zudem laufen insbesondere die später klagenden Gläubiger Gefahr, an der aus der Revokation folgenden Vergrößerung der Vollstreckungsmasse keinen Anteil mehr nehmen zu können.

Das geschilderte Problem relativiert sich angesichts der Tatsache, dass die gewöhnliche Revokationsklage gegen einen Unternehmer, wie dargestellt, die Zahlungsunfähigkeit des Unternehmers voraussetzt. Es kommt daher zu einer Geltendmachung der Revokation in den meisten Fällen im Rahmen eines Insolvenzverfahrens.

6. Revokationsrecht und Schuldnerinsolvenz

a) Allgemeines Revokationsrecht gemäß Art. 66 l. fall.

aa) Voraussetzungen

Auch die sog. *azione revocatoria ordinaria* des italienischen Insolvenzrechts richtet sich gemäß Art. 66 l. fall. grundsätzlich nach den genannten Voraussetzungen der Artt. 2901 ff. c.c. Angesichts der Tatsache, dass im Insolvenzverfahren regelmäßig eine Vielzahl von Vertragspartnern betroffen sind, zielt diese Klage jedoch auf eine Sicherung des der Gesamtheit der Gläubiger zur Verfügung stehenden Schuldnervermögens und kann daher ausschließlich vom Insolvenzverwalter und vor dem Insolvenzgericht erhoben werden.[504]

Erforderlich ist auch in diesem Zusammenhang der Nachweis der Kausalität zwischen der angefochtenen Handlung und dem Eintritt des Nachteils, in concreto der Entstehung oder Förderung der Zahlungsunfähigkeit. Zwar wird durch diese Voraussetzung die praktische Bedeutung der allgemeinen Revokationsklage stark eingeschränkt, jedoch erscheint dies insofern angemessen, als Art 66 l. fall. im Gegensatz zu den spezifischen Regelungen der Artt. 64, 65 und 67 l. fall. hinsichtlich des zeitlichen Bezuges keine Grenzen setzt, von der Anfechtung somit auch Handlungen erfasst werden, deren Zusammenhang mit der Insolvenz nicht nach allgemeiner Lebenserfahrung angenommen werden kann.[505]

---

[504] Siehe auch Cass. 4.8.1987 n. 9122, Il fall. 1988, 322.
[505] Vgl. auch Ferrara/Borgioli, S. 417.

Einige Autoren vertreten die Ansicht, ein Nachweis der oben unter § 4 II. 2. beschriebenen subjektiven Voraussetzungen hinsichtlich des Schuldners und gegebenenfalls des Dritten (*consilium fraudis* und *partecipatio fraudis*) sei im Rahmen der Insolvenzanfechtung nach Art. 66 l. fall. nicht nötig.[506] Diese Auffassung überzeugt in ihrer Absolutheit nicht. So verweist einerseits Art. 66 l. fall. uneingeschränkt auf die entsprechenden Vorschriften des *Codice Civile*, andererseits erscheint die Unwirksamkeit als Sanktion gegenüber dem Schuldner und dem Dritten nur insoweit angemessen, als diesen ein bewußt schädigendes Verhalten vorgeworfen werden kann.[507]

Eine zwingende Abweichung von Art. 2901 Absatz 1 Nr. 1 und 2 c.c. folgt jedoch aus dem Umstand, dass die Klage nach Art. 66 l. fall. zu Gunsten der Insolvenzmasse und damit aller Gläubiger in gleichem Maße wirkt. Eine differenzierte Festlegung der subjektiven Voraussetzungen danach, ob die jeweilige Forderung vor oder nach der schädigenden Verfügung entstanden ist, ist demgemäß nicht möglich. Auf einen Nachweis einer vorsätzlichen Planung der Gläubigerbenachteiligung (*dolosa preordinazione*) durch den Insolvenzverwalter wird somit allgemein verzichtet.[508] Ausreichend ist sowohl hinsichtlich des Schuldners als auch des Dritten das nachweisbare Bewusstsein einer möglichen Gläubigerschädigung im Moment der Verfügung.[509]

bb) Wirkungen

Konsequenz der erfolgreichen Klage nach Art. 66 l. fall. ist die Unwirksamkeit der angefochtenen Verfügung gegenüber der Gesamtheit der Insolvenzgläubiger. Diese, vertreten durch den Insolvenzverwalter, werden so gestellt, als wäre die Verminderung der Insolvenzmasse nicht erfolgt. Anders als im Rahmen der Anfechtung gemäß Art. 2901 f. c.c. muss der Anfechtungsgegner im Insolvenzverfahren nicht lediglich die Zwangsvollstreckung in den Gegenstand der angefochtenen Verfügung dulden, sondern ist darüber hinausgehend verpflichtet, den Gegenstand der Insolvenzmasse zum Zwecke der freien Verwertung bzw Bewirtschaftung zur Verfügung zu stellen.[510] Eine entsprechende Differenzierung zwischen den Wirkungen der Anfechtung innerhalb und außerhalb des Insolvenzverfahrens findet sich auch im deutschen Recht, wie die Regelung des Rückgewähranspruchs nach § 143 Absatz 1 InsO einerseits und des Duldungsanspruchs nach § 11 Absatz 1 AnfG andererseits zeigt.[511]

Ist der als Gegenleistung für die angefochtene Verfügung erbrachte Vermögensgegenstand noch unterscheidbar im Schuldnervermögen und damit in der Insolvenzmasse vorhanden, ist dieser dem Dritten im Gegenzug zur Herausgabe des Revokationsgegenstands zurückzugewähren. Andernfalls käme es durch die Revokationsklage nicht

---

[506] Satta, S. 242; Provinciali, II, S. 1150.

[507] Siehe auch Ferrara/Borgioli, S. 417.

[508] Vgl. auch Cass. 10.12.1987 n. 9122; Maffei Alberti, *Commentario breve alla Legge Fallimentare*, Art. 66, IV.

[509] Maffei Alberti, Art. 66, II 1, 2.

[510] Vgl. Pajardi, *Manuale di Diritto Fallimentare*, Art. 71, 1.

[511] Vgl. hierzu Becker, *Insolvenzrecht*, Rn. 1015.

nur zur Beseitigung eines Nachteils sondern zu einem ungerechtfertigten Vermögenszuwachs zugunsten der Insolvenzgläubiger.[512] In dem Fall hingegen, dass sich die Gegenleistung bei Eröffnung des Insolvenzverfahrens nicht mehr im Vermögen des Schuldners befindet, wird der Dritte hinsichtlich seines Rückgewähranspruchs lediglich als einfacher Gläubiger zum Insolvenzverfahren zugelassen, Art 70 Absatz 2 l. fall.

b) Unwirksamkeit nach Art. 64 l. fall.

Unwirksam *ex lege* und ohne weitere Voraussetzungen sind gemäß Art. 64 l. fall. diejenigen unentgeltlichen Verfügungen des Schuldners, die innerhalb der letzten zwei Jahre vor Insolvenzeröffnung vorgenommen wurden. Die Kombination von Unentgeltlichkeit mit zeitlicher Nähe zum Insolvenzverfahren lässt nicht nur in objektiver Hinsicht auf einen Kausalzusammenhang zwischen Handlung und Zahlungsunfähigkeit schließen, sondern führt auch zu der unwiderleglichen Vermutung, dass der Schuldner in Kenntnis der Schädigung gehandelt hat.[513] Nachweiserfordernisse hinsichtlich der Arglist des Verfügungsempfängers entfallen bereits insofern, als dieser mangels Gegenleistung nicht schutzbedürftig ist.

aa) Unentgeltlichkeit

Zum Begriff der Unentgeltlichkeit sei auf die Ausführungen zu Art. 2901 c.c. verwiesen.[514] Zwar wird zum Teil die Auffassung vertreten, die Fiktion des Art. 2901 Absatz 2 c.c., gemäß derer die zeitlich mit der Forderungsentstehung zusammenfallende Sicherheitsbestellung als entgeltlich gilt, sei nicht analog auf Art. 64 l. fall. anzuwenden, da sich dieser sowohl in den Voraussetzungen als auch in den Folgen von der allgemeinen Revokationsklage unterscheide.[515] Dem ist jedoch entgegenzuhalten, dass sich die Unterschiede zwischen den beiden Normen lediglich auf die subjektiven Anforderungen an die Person des Schuldners und die rechtliche Wirkung des Revokationsurteils beziehen.[516] Auch im Rahmen des Art. 64 l. fall. einleuchtend erscheint hingegen der Art. 2901 Absatz 2 c.c. zugrunde liegende Gedanke, wonach von dem zeitlichen Zusammenhang zwischen Forderung und Sicherheit auf einen ebenfalls bestehenden kausalen Zusammenhang geschlossen werden kann.[517]

bb) Wirkung des Urteils und Verjährung

Ein gerichtlicher Ausspruch über die Unwirksamkeit ist zwar notwendig, um dem Insolvenzverwalter die Verwertung des Anfechtungsgegenstands konkret zu ermöglichen, er

---

[512] Vgl. auch Bonelli, *Del fallimento*, I, 403; Ferrara/Borgioli, S. 420.
[513] Siehe hierzu auch Pajardi, S. 374; Ferrara/Borgioli, S. 427.
[514] Siehe oben § 4 II 2 e.
[515] Trib. Forlì 16.4.1986, Giur. comm. 1987, II, 324; Trib. Firenze 12.4.1984, Il fall. 1985, 220; De Semo, *Diritto cambiario*, S. 296.
[516] Siehe oben unter § 4 II 2 d und 3 a.
[517] Für eine analoge Anwendung der Entgeltlichkeitsfiktion im Rahmen des Art. 64 l. fall. auch Cass. 20.5.1985 n. 3085, Foro it. 1986 I, 514; Trib. Milano 8.6.1989, Il fall.1990, 64; Satta S. 247.

hat jedoch rein deklaratorischen Charakter.[518] Letzteres folgt unmissverständlich aus dem Wortlaut des Art. 64 l. fall., wonach die Verfügungen des Schuldners wirkungslos (*privi di effetto*) sind, während sie im Rahmen des Art. 2901 c.c. für wirkungslos zu erklären sind.[519] Demgemäß wird allgemein davon ausgegangen, dass der entsprechende Feststellungsantrag keiner Verjährung unterliegt.[520]

cc) Ausnahmen von der Unwirksamkeit

Nicht von der Unwirksamkeit erfasst werden nach Art. 64 2. Halbsatz l. fall. gebräuchliche Gelegenheitsschenkungen und Leistungen in Erfüllung einer moralischen Pflicht oder zum öffentlichen Nutzen, soweit diese zur Vermögenssituation des späteren Insolvenzschuldners in angemessenem Verhältnis standen.

Als Gelegenheitsschenkung im Sinne der Vorschrift gilt dabei eine unentgeltliche Leistung, die - unter Berücksichtigung der besonderen zwischen den Parteien bestehenden Beziehungen - den gefestigten gesellschaftlichen Bräuchen entspricht.[521]

Die Erfüllung einer moralischen Pflicht hingegen wird in der Begleichung rechtlich nicht zwingender Außenstände, wie etwa Spiel- oder Wettforderungen gesehen.[522]

Unter den Begriff des öffentlichen Nutzens fallen sowohl Spenden an wohltätige, nach überwiegender Meinung nicht zwingend staatliche Vereinigungen als auch die Förderung kultureller Maßnahmen.[523]

c) Unwirksamkeit nach Art. 65 l. fall.

Ebenfalls kraft Gesetzes unwirksam sind, soweit innerhalb der letzten zwei Jahre vor Insolvenzeröffnung erfolgt, die Zahlungen des Schuldners auf solche Forderungen, die erst nach der Eröffnung des Verfahrens fällig werden. Auch durch Art. 65 l. fall. werden die Insolvenzgläubiger somit vor solchen Vermögensverschiebungen geschützt, die einerseits in nahem zeitlichen Zusammenhang mit der Insolvenz stehen, zu denen der Schuldner andererseits nicht verpflichtet war.

Nicht zur Anwendung der Vorschrift kommt es nach allgemeiner Ansicht in dem Fall, dass sich der Darlehensnehmer vertraglich das Recht vorbehalten hat, zur Vermeidung von Zinsschulden das Darlehen vor Fälligkeit zurückzuzahlen.[524] Diese Einschränkung ist insofern einleuchtend, als der Schuldner die Zahlung hierbei zwar ohne aktuelle Ver-

---

[518] Cass. 21.11.1983 n. 6929, Giur. it. 1985 I 1, 106; Provinciali, S. 1053; Ferrara/Borgioli, S. 406.
[519] Siehe oben unter§ 4 II 3 a.
[520] Cass. 16.1.1970 n. 93.
[521] Maffei Alberti, Art. 64, V Rn. 5.
[522] Maffei Alberti, Art. 64, V Rn. 11.
[523] Maffei Alberti, Art. 64, V Rn. 7.
[524] Satta, Banca, borsa, tit. cred., 1957 I, 485; Cass. 10.4.1969, Dir. fall. 1971, II, 14.

pflichtung, jedoch im eigenen wirtschaftlichen Interesse leistet, so dass offensichtlich weder objektiv noch subjektiv ein Zusammenhang mit der späteren Insolvenz besteht.

Vertreten wird überdies die Ansicht, Zahlungen seien auch insoweit von der Regelung des Art. 65 l. fall. ausgenommen, als sie zur Tilgung dinglich abgesicherter Forderungen vorgenommen werden.[525] Zur Begründung wird in erster Linie als Argument vorgebracht, dass die gesicherte Forderung ohnehin der allgemeinen Masseverteilung im Insolvenzverfahren entzogen sei, weshalb es durch die vorzeitige Bezahlung nicht zu einer Benachteiligung der anderen Gläubiger komme.

Dem ist nur bedingt zuzustimmen. Da dinglich gesicherte Gläubiger im Insolvenzverfahren zwar nicht mit einfachen Insolvenzgläubigern, sehr wohl aber mit anderen durch Realgarantie oder *privilegio* ausgestatteten Gläubigern in Konkurrenz treten,[526] kann eine Verletzung der *par condicio creditorum* nur dann ausgeschlossen werden, wenn es durch die Verteilung der Insolvenzmasse letztlich zu einer vollständigen Befriedung aller gleichrangigen Vorranggläubiger kommt.[527]

d) Besondere Revokationsklage nach Artt. 67 ff. l. fall.

Eine Reihe zusätzlicher Konstellationen, die zur Erhebung einer Revokationsklage berechtigen, enthält Art. 67 l. fall. Gemeinsam ist all diesen im Folgenden beschriebenen Fällen die zeitliche Nähe zwischen Handlung und Eröffnung des Insolvenzverfahrens.

aa) Kausaler Nachteil

Was die allgemeinen Voraussetzungen der Klage nach Art. 67 l. fall. betrifft, ist umstritten, ob auch diese Klage den tatsächlichen Eintritt einer mit der Handlung kausal verbundenen Gläubigerbenachteiligung voraussetzt. In der Lehre besteht hierzu die weit verbreitete Auffassung, das Vorliegen eines konkreten Nachteils sei abgesehen vom Fall des Art. 66 l. fall. mit seinem Verweis auf Art. 2901 c.c. im Rahmen der Insolvenzanfechtung irrelevant und somit nicht zu prüfen. Argumentiert wird zum Teil dahingehend, dass die Benachteiligung der Gläubiger durch das Gesetz unwiderleglich vermutet werde.[528] Zum Teil wird vorgebracht, Ziel der Insolvenzanfechtung sei die Wiederherstellung der *par condicio creditorum*, unabhängig davon, ob es gerade durch die angefochtene Handlung zu einer Verringerung des Schuldnervermögens gekommen sei.[529]

Die Rechtsprechung hingegen sieht eine Gläubigerbenachteiligung als notwendige Voraussetzung für eine Anfechtung an.[530] Da jedoch seitens der Gerichte als nachteilige

---

[525] Ferrara/Borgioli, S. 443; Maffei Alberti, Art. 65 Rn. 4.
[526] Vgl. Art. 111 l. fall. i.V.m. Artt. 2777 c.c.
[527] Vgl. auch Cass. 28.10.1988 n. 5857, Il fall. 1989, 288; Cass. 16.10.1987 n. 7649.
[528] Provinciali, S. 996 ff.
[529] Maffei Alberti, Art. 67, II Rn. 4.
[530] Vgl. etwa Cass. 28.4.1975 n. 1626.

Folge der Schuldnerhandlung bereits die Störung der *par conditio creditorum* gewertet wird, ergeben sich in der Praxis keine Unterschiede.

bb) Kenntnis des Dritten

Was die subjektiven Voraussetzungen beim Drittgläubiger anbelangt, so besteht in der Lehre immer noch Uneinigkeit hinsichtlich der Frage, inwieweit die Kenntnis von der Unternehmereigenschaft des Insolvenzschuldners von Bedeutung ist. Dieser Problematik liegt die Regelung des Art. 1 Absatz 1 l. fall. zugrunde, wonach die Vorschriften der *legge fallimentare* nur auf die Insolvenz von Unternehmern anzuwenden sind. So wird teils die Ansicht vertreten, die Kenntnis von der Unternehmereigenschaft sei als selbständige Voraussetzung der Klage nach Art. 67. l. fall. stets vom Insolvenzverwalter nachzuweisen,[531] teils geht die Lehre davon aus, das Fehlen der genannten Kenntnis diene lediglich dem Anfechtungsgegner als Indiz für seine Unkenntnis von der Zahlungsunfähigkeit.[532]

Die Rechtsprechung hingegen geht, nachdem in früheren Urteilen das Wissen von der Unternehmereigenschaft als gänzlich irrelevant angesehen wurde,[533] schon seit längerem davon aus, dass die Kenntnis von der Insolvenzfähigkeit ein notwendiges Teilelement der subjektiven Voraussetzungen beim Drittgläubiger darstellt.[534]

Die letztgenannte Auffassung überzeugt. Lässt man in objektiver Hinsicht angesichts der im Handelsverkehr üblichen Vielzahl von Vertragspartnern einerseits eine Haftungserweiterung insofern zu, als ein relevanter Nachteil bereits in der Störung der *par conditio creditorum* gesehen wird, erscheint es angemessen, den Drittgläubiger andererseits nur dann in Anspruch zu nehmen, wenn er die Voraussetzungen für diese Ausdehnung der Haftung kannte.

cc) Die einzelnen Tatbestände

α) Art. 67 Absatz 1 l. fall.

Die Revokation setzt bei allen im Folgenden beschriebenen Varianten des Art. 67 Absatz 1 l. fall. voraus, dass der Drittgläubiger seine Unkenntnis von der Zahlungsunfähigkeit bzw. der Unternehmereigenschaft des Schuldners nicht beweisen kann. Die aufgrund der besonderen Umstände gegen die Gutgläubigkeit des Gläubigers bestehende Vermutung[535] führt somit zu einer Beweislastumkehr.

---

[531] Martorano, *La legge fallimentare*, I, S. 712 ff., Pajardi, S. 360.
[532] Satta, *Istituzioni*, S. 213.
[533] Vgl. etwa Trib. Roma 30.11.74, Giur. tosc. 1971, 765.
[534] Cass. 22.10.1976 n. 3745.
[535] Widerlegt werden kann diese Vermutung, soweit ein direkter Gegenbeweis nicht möglich ist, durch den Nachweis solcher Umstände, die bei einer Person von durchschnittlicher Umsicht und Sorgfalt den Eindruck erwecken, das Unternehmen des Vertragspartners unterliege keinen besonderen Schwierigkeiten, vgl. Cass. 6.4.1990 n. 2906.

αα) Anfechtbar sind gemäß Art. 67 Absatz 1 Nr. 1 l. fall. zunächst die innerhalb der letzten zwei Jahre vor Insolvenzeröffnung vorgenommenen entgeltlichen Rechtsakte des Schuldners, hinsichtlich derer die Gegenleistung unverhältnismäßig hinter der Leistung des Schuldners zurückbleibt. Ausgangspunkt sowohl für die zeitliche Erfassung als auch für die Beurteilung der Unverhältnismäßigkeit selbst ist der zugrundeliegende Vertragsschluss.[536]

Die Entscheidung, ob die vertraglichen Leistungen zueinander in einem unangemessenen Verhältnis stehen, trifft das Gericht im konkreten Einzelfall nach freiem Ermessen.[537] Ein rechtserhebliches Missverhältnis wurde in einigen jüngeren Entscheidungen dabei ab einer Abweichung vom Marktwert in Höhe von etwa 25 % bejaht.[538]

Ein in der Wirtschaftspraxis zunehmend an Bedeutung gewinnendes Institut, welches die Rechtsprechung im Zusammenhang mit Art. 67 Absatz 1 Nr. 1 l. fall. jedoch von vornherein als unverhältnismäßig einstuft, ist der als Sicherungsinstrument dienende sog. *sale-and-lease-back*-Vertrag. Das Missverhältnis wird hierbei in der Tatsache gesehen, dass der Verkäufer bzw. Leasingnehmer ohne unmittelbare Gegenleistung sein Eigentumsrecht vollständig aufgibt, ihm durch den Leasingvertrag jedoch sämtliche für gewöhnlich vom Eigentümer zu tragenden Pflichten und Risiken übertragen werden.[539]

ββ) Ebenfalls in Erfassung der vorangehenden zwei Jahre kann die Begleichung fälliger Geldschulden angefochten werden, soweit die Erfüllung nicht mit Geld oder anderen gewöhnlichen Zahlungsmitteln erfolgt ist, Art. 67 Absatz 1 Nr. 2 l. fall. Der italienische Gesetzgeber schließt hierbei offensichtlich aus der Anomalie der Leistungsart auf die Absicht der beteiligten Parteien, das Schuldnervermögen über das tatsächlich Angemessene hinaus zu verringern.

Eine vergleichbare Regelung enthält die deutsche Rechtsordnung in § 131 Absatz 1 Insolvenzordnung. Auch hiernach führt eine Leistung, die der Gläubiger nicht "in der Art" zu beanspruchen hatte (*inkongruente Deckung*), unter bestimmten weiteren Voraussetzungen zu einer Anfechtbarkeit der Rechtshandlung.[540]

Die Frage, wann ein Zahlungsmittel als ungewöhnlich anzusehen ist, beurteilt die herrschende Rechtsprechung dabei abstrakt nach den Gegebenheiten des Marktes.[541] Unproblematisch sind demnach Bargeld, Schecks, Wechsel und Banküberweisungen; an-

---

[536] Maffei Alberti, Art. 67, XI Rn. 4, 26.
[537] Cass. 1986 n. 6501, Il fall. 1987, 803.
[538] Trib. Lecce 11.3.1988, Il fall. 1988, 823; Trib. Roma 11.11.1986, Il fall. 1987, 451; vgl. auch Cass. 1986 n. 6501 a.a.O.
[539] Vgl. Maffei Alberti, Art. 67, XV Rn. 22.
[540] Siehe hierzu näher Uhlenbruck, *InsO*, § 131 Rn. 7.
[541] Cass. 19.6.1981 n. 4018; Cass. 2.6.1978 n. 2761.

fechtbar ist hingegen eine Vergütung etwa durch Forderungsabtretung[542], Überlassung von Waren[543], Aktien, Staatsanleihen u.ä.

Zu einer etwas weniger strengen Anwendung der Vorschrift kommt es hinsichtlich der allgemeinen Bankpraxis. Hier sieht die Rechtsprechung in der Abtretung von Forderungen bzw. in dem Auftrag, diese bei Dritten einzutreiben, keine Erfüllungshandlung, sondern vielmehr ein Mittel zur Kreditsicherung und dem gemäß keine ungewöhnliche Leistung im Sinne des Art. 67 Absatz 1 Nr. 2 l. fall.[544]

Während früher in der Rechtsprechung überwiegend die Ansicht vertreten wurde, eine Zahlungsweise gelte grundsätzlich dann nicht als ungewöhnlich im Sinne der Vorschrift, wenn sie bereits bei Vertragsschluss vereinbart war,[545] gehen die Gerichte in jüngerer Zeit überzeugenderweise davon aus, Zahlungsarten, die aufgrund ihrer Unüblichkeit auf ein gezieltes Zusammenspiel der Parteien zum Nachteil Dritter schließen ließen, verlören ihren verdächtigen Charakter nicht dadurch, dass sie Gegenstand einer vorhergehenden Absprache waren.[546]

In diesem Zusammenhang zu sehen ist auch die Aufrechnung, soweit sie gemäß Art. 1252 c.c. aufgrund eines Aufrechnungsvertrags vorgenommen wird, welcher auf das Vorliegen der allgemeinen gesetzlichen Aufrechnungsvoraussetzungen verzichtet. So betrachtet die Rechtsprechung eine solche Verrechnung eigener Ansprüche mit Gegenforderungen durch den späteren Insolvenzschuldner insoweit als nach Art. 67 Absatz 1 Nr. 2 l. fall. revozierbare unübliche Leistung, als die vertragliche Vereinbarung der Verrechnung innerhalb der letzten zwei Jahre vor Insolvenzeröffnung getroffen wurde.[547]

Zu einer Regelungskollision mit Art. 56 l. fall. kommt es hierbei nicht, da diese Vorschrift lediglich die Zulässigkeitsgrenzen der Aufrechnung allgemein regelt, ohne hierbei die Problematik eines eventuellen gezielten Zusammenspiels der Beteiligten zu behandeln.[548]

Auf die Frage, inwieweit die Zahlung auf eine nicht fällige Schuld, deren Fälligkeit jedoch vor Insolvenzeröffnung eintritt, aufgrund des Zahlungszeitpunktes als ungewöhnlich unter Art. 67 Absatz 1 Nr. 2 l. fall zu subsumieren ist, wird noch einzugehen sein.[549]

---

[542] Cass. 3.2.1987 n. 950, Dir. fall. 1987, 692; Provinciali, S.1088.
[543] Maffei Alberti, Art. 67, XVI Rn. 6.
[544] Cass. 3.2.1987 n. 950, a.a.O.
[545] Vgl. Cass. 26.6.1961, Dir. fall.1962 II, S.301; Cass. 29.5.1962, Dir. fall 1962 II, S. 543.
[546] Vgl. Cass. 25.7.1987, Il Fall. 1987, 1246; Trib.Milano 18.6.1987, Il Fall. 1988, 68.
[547] Cass. 11.2.1960 n. 194; App.Venezia 25.3.1974, Dir. fall. 1974 II, 686.
[548] Siehe auch Ferrara/Borgioli, *Il fallimento*, S. 459 Fn. 1.
[549] Hierzu unten § 4 II 6 d cc β αα.

γγ) Art. 67 Absatz 1 Nr. 3 l. fall. regelt die Anfechtbarkeit solcher Sicherungsrechte, die hinsichtlich bereits existierender, aber noch nicht fälliger Forderungen eingeräumt wurden. Bezugszeitraum sind auch hier die letzten zwei Jahre vor Eröffnung des Insolvenzverfahrens.

In diesem Zusammenhang wird in Literatur und Rechtsprechung bereits seit längerem die Frage kontrovers diskutiert, ob der Bezugszeitpunkt der anfechtbaren Handlung in der vertraglichen Vereinbarung des Sicherungsrechtes liegt[550] oder ob vielmehr das dingliche Wirksamwerden, d.h. die Einschreibung der Hypothek, die Übergabe der Pfandsache oder die Benachrichtigung des Drittgläubigers von der Forderungsverpfändung entscheidend ist[551].

Für letztere These scheint zunächst der Wortlaut des Gesetzes zu sprechen. So wird hier ausdrücklich Bezug genommen auf die *costituzione*, die Bestellung des Sicherungsrechtes, für deren Wirksamkeit die bloße schuldrechtliche Einigung nicht ausreicht.

Es erscheint jedoch aus mehreren Gründen fraglich, ob durch diese wörtliche Auslegung dem Willen des Gesetzgebers ausreichend Rechnung getragen wird. Wie bereits dargestellt,[552] rechtfertigen sich die Wirkungen der Revokationsklage u.a. durch die konkret festgestellte oder vermutete Arglist der beteiligten Parteien.[553] Diese Arglist manifestiert sich aber nicht in einem rein formalen Eintragungs-, Übergabe-, oder Benachrichtigungsakt, sondern in der vertraglichen Absprache der Parteien.

Auch ein Vergleich mit der Regelung des Art. 67 Absatz 2 l. fall. lässt vermuten, dass der italienische Gesetzgeber durch die Verwendung des Begriffs *costituzione* keine Bestimmung über die Relevanz des Formalakts treffen wollte.[554] So umfasst diese Vorschrift die Fälle, in denen die Begründung der Forderung und die Bestellung des darauf bezogenen Sicherungsrechts gleichzeitig stattgefunden haben. Grund für die spezifischen Voraussetzungen ist hier der aus der zeitlichen Übereinstimmung gefolgerte konditionale Zusammenhang zwischen der Begründung der Forderung und der Gewährung des Sicherungsrechtes.[555] Entscheidend für die Bejahung dieses Zusammenhangs aber kann nur die Zusage der Sicherung, nicht ein zu einem willkürlichen späteren Zeitpunkt erfolgender Realakt sein.[556]

---

[550] So Ferrara/Borgioli, S. 450; Trib. Palermo, 30.6.1965, Banca, borsa, tit. cred., 1965 II, 624.
[551] So Maffei Alberti, *Il danno nella revocatoria*, S. 125 ff.; Provinciali, II, S. 988; Cass 26.10.1968, Foro it. 1968 I, 2663.
[552] Siehe oben § 4 II 2 d.
[553] Ferrara/Borgioli, S. 417.
[554] So auch Ferrara/Borgioli, S. 451.
[555] Vgl. Maffei Alberti, Art. 67, XXII.
[556] Trib. Palermo, 30.6.1965, Banca, borsa, tit. cred., 1965 II, 625.

Die Tatsache, dass der Gesetzgeber den Begriff *costituzione* verwendet hat, ohne dadurch eine Aussage über den Bezugszeitpunkt treffen zu wollen, lässt sich schließlich durch den Umstand plausibel erklären, dass selbstverständlich nur solche Sicherungsrechte Gegenstand einer Revokation sein sollen, die letztlich wirksam entstanden sind.

δδ) Über einen lediglich einjährigen Bezugszeitraum erstreckt sich gemäß Art. 67 Absatz 1 Nr. 4 l. fall. die Anfechtbarkeit solcher Sicherungsrechte, die für bereits davor entstandene und fällige Forderungen bestellt werden. Die Einschränkung des sanktionierten Zeitraums lässt sich damit erklären, dass im Vergleich zu den anderen Varianten des Art. 67 Absatz 1 l. fall. die Indizien sowohl für eine objektive Benachteiligung der Insolvenzgläubiger als auch für eine diesbezügliche Absicht schwächer sind.[557] So ist nach dem allgemein zu erwartenden Geschehensablauf auch ohne dingliche Absicherung damit zu rechnen, dass eine fällige Forderung beglichen, der entsprechende Betrag dem Zugriff der sonstigen Gläubiger somit entzogen wird. Auch von einem arglistigen Vorgehen der Parteien kann bei einer Sicherung bereits fälliger Ansprüche nur dann ausgegangen werden, wenn die Eröffnung des Insolvenzverfahrens aufgrund des besonders engen zeitlichen Zusammenhangs nach allgemeiner Lebenserfahrung bereits konkret voraussehbar war.

Eine Erweiterung der Revokation enthält Art. 67 Absatz 1 Nr. 4 l. fall. insoweit, als die Unwirksamkeit im Gegensatz zu Nr. 3 auch gerichtliche Hypotheken erfasst. Dieser Unterschied ergibt sich zunächst aus der Tatsache, dass die Eintragung einer gerichtlichen Hypothek als Bestandteil der Zwangsvollstreckung nur im Zusammenhang mit bereits fälligen Forderungen denkbar ist. Der Grund für die Anfechtbarkeit der Zwangshypothek liegt in dem Umstand, dass der Schuldner, der seine Zahlungsunfähigkeit bereits erkennen kann, die Zwangsvollstreckung durch rechtzeitige Stellung eines Insolvenzantrages verhindern könnte, der bösgläubige Gläubiger wiederum die Benachteiligung der anderen Gläubiger im zu erwartenden Insolvenzverfahren zumindest billigend in Kauf nimmt.[558] Mangels schuldrechtlicher Absprache liegt der Bezugszeitpunkt im Zusammenhang mit der Zwangshypothek in deren Eintragung.[559]

εε) Verhältnis von Art. 64 l. fall. zu Art. 67 Absatz 1 Nr. 3 und 4 l. fall.

Näherer Prüfung bedarf die Frage, inwieweit die Regelung des Art. 64 l. fall. über die unentgeltlichen Verfügungen des Schuldners zu einer Einschränkung des Anwendungsbereichs des Art. 67 Absatz 1 Nr. 3 und 4 l. fall. führt.[560] So ergibt sich einerseits aus dem Gedanken des Art. 2901 Absatz 2 c.c., dass Sicherheiten, die nicht gleichzeitig mit Entstehung der Forderung bestellt wurden, bei Fehlen sonstiger Hinweise auf eine Gegenleistung des Dritten als unentgeltlich anzusehen sind, somit grundsätzlich von Art. 64 l. fall. erfasst werden. Andererseits ist die Behandlung von nicht zeitgleich mit der For-

---

[557] So auch Pajardi, *Manuale del dir. fall.*, S. 326; Ferrara/Borgioli, S. 452.
[558] Bonelli, in Giur. Comm., 1987, I, 438, 447.
[559] Ferrara/Borgioli, S. 452.
[560] Siehe hierzu Ferrara/Borgioli, S. 439.

derungsentstehung gewährten Sicherungsrechten für das Insolvenzverfahren in Art. 67 Absatz 1 Nr. 3 und 4 l. fall. spezifisch geregelt.

Nimmt man die Regelungssystematik als Ausgangspunkt, so ist auch hier wiederum entscheidend, inwieweit die Anfechtungsgegner, insbesondere der Drittgläubiger, schützenswert sind und die Revokation demgemäß unter besondere Voraussetzungen gestellt werden muss. In concreto stellt sich somit die Frage, ob auch dem gesicherten Drittgläubiger, der keine Gegenleistung in Form einer Stundungsgewährung, eines Teilverzichts o.ä. erbracht hat, die Möglichkeit gewährt sein soll, die Revokation des Sicherungsrechts durch den Nachweis seiner Unkenntnis von der Zahlungsunfähigkeit des Schuldners zu verhindern (Art. 67 l. fall.). In dieser Entlastungsmöglichkeit des Drittgläubigers liegt der entscheidende Unterschied zu Artt. 64 l. fall.

Zwar ist die Bestellung einer Sicherheit ohne konkrete Gegenleistung dem Fall einer unentgeltlichen Geld- oder Sachleistung nicht vollständig gleichzustellen, da das Sicherungsrecht, wenn auch nicht in konditionaler Abhängigkeit, so doch in einem logischen Zusammenhang mit einer bestehenden Forderung vereinbart wird. Jedoch führt die zeitnah zur Insolvenzeröffnung vorgenommene dingliche Absicherung der Forderung zu einer Bevorzugung gegenüber den restlichen Insolvenzgläubigern, die nur dann gerechtfertigt erscheint, wenn der Drittgläubiger nicht nur gutgläubig ist, sondern zur Erlangung der angefochtenen Verfügung selbst ein Opfer in Form einer eigenen Leistung oder eines Verzichts erbracht hat.[561]

Art. 67 Absatz 1 Nr. 3 und 4 l. fall. sind somit in ihrem Anwendungsbereich auf die Fälle zu beschränken, in denen der Drittgläubiger ein Eigenopfer erbringt. Nur dann soll ihm die Entlastungsmöglichkeit des Gegenbeweises nach Art. 67 l. fall. zugute kommen. Damit findet Art. 64 l. fall. immer dann Anwendung, wenn der Drittgläubiger mangels eigenen Opfers nicht schutzwürdig ist.[562] Hinsichtlich Nr. 4 ergibt sich die genannte Abgrenzungsproblematik in der Praxis jedoch kaum, da die Gewährung des Sicherungsrechtes hier für eine bereits fällige Forderung erfolgt und damit logisch beinahe zwingend in synallagmatischer Verbindung zu einer Stundungsabrede steht.

β) Art. 67 Absatz 2 l. fall.

Anfechtbar sind nach Art. 67 Absatz 2 l. fall. im Fall der Kenntnis des Drittgläubigers von der Zahlungsunfähigkeit des Schuldners überdies die im letzten Jahr vor Insolvenzeröffnung erfolgten Zahlungen auf fällige Schulden und sonstigen entgeltlichen Leistungen, einschließlich der dinglichen Absicherung gleichzeitig[563] entstandener Forderun-

---

[561] So auch Ferrara/Borgioli, S. 439; a.A. De Semo, S. 296, der ohne nähere Begründung danach differenziert, ob die Sicherung durch den Schuldner bestellt wurde (dann Art. 67 Absatz 1 Nr. 3 und 4 l. fall.) oder durch einen Dritten (dann Art. 64 l. fall.).
[562] Für eine generellen Anwendungsvorrang des Art. 67 l. fall. hingegen Satta, 247; Trib. Milano, 8.6.1989, Il fall. 1984, 1038.
[563] Vgl. oben § 4 II 6 d cc α γγ.

gen. Da besondere Umstände, die auf ein arglistiges Verhalten des Drittgläubigers schließen lassen, im Rahmen des Art. 67 Absatz 2 l. fall. nicht vorausgesetzt werden, obliegt es hier, anders als in den Fällen des Art. 67 Absatz 1 l. fall. dem Insolvenzverwalter, die Kenntnis des Drittgläubigers von der Zahlungsunfähigkeit des Schuldners nachzuweisen.

αα) Umstritten ist die Frage, ob auch die Zahlung auf eine nicht fällige Schuld, deren Fälligkeit jedoch vor Insolvenzeröffnung eintritt, zu einer Anwendung des Art. 67 Absatz 2 l. fall. führt,[564] oder ob diesbezüglich Art. 67 Absatz 1 Nr. 2 l. fall. heranzuziehen ist.[565] Zum Teil wird in extensiver Auslegung der letztgenannten Vorschrift die Auffassung vertreten, die in dieser vorausgesetzte Anomalie liege hier im Zeitpunkt der Zahlung.[566] Dies ist jedoch mit dem Wortlaut der Norm nicht vereinbar. Da beide Vorschriften die Zahlung auf eine fällige Schuld voraussetzen, kann es zu einer Anwendung jeweils nur im Wege der Analogie kommen. Eine vom Gesetzgeber nicht beabsichtigte Regelungslücke liegt vor. Zu prüfen bleibt somit, ob die beiden Normen einen vergleichbaren Sachverhalt regeln und welche der beiden Normen in Tatbestand und Rechtsfolge eine größere Nähe zu dem dargestellten Fall aufweist.

Eine Gegenüberstellung mit dem hier zu regelnden Sachverhalt, der Zahlung auf eine nicht fällige, jedoch vor Insolvenzeröffnung fällig werdende Forderung, macht deutlich, dass keine der genannten Vorschriften in ihrem Tatbestand so viel Ähnlichkeit aufweist, dass sich eine analoge Anwendung der jeweiligen Rechtsfolge anbietet. Überzeugender ist die entsprechende Heranziehung der Regelung des Art. 67 Absatz 1 Nr. 3 c.c. So erscheint es angemessen und entspricht damit wohl auch der Absicht des Gesetzgebers, die Zahlung auf noch nicht fällige Forderungen ebenso einschneidend zu sanktionieren wie deren dingliche Absicherung.[567] Dies wäre bei einer Subsumtion der genannten Konstellation unter Art. 67 Absatz 2 c.c. jedoch nicht der Fall, da hier der Insolvenzverwalter die Kenntnis des Drittgläubigers von der Zahlungsunfähigkeit des Schuldners nachweisen müsste.

ββ) Zu prüfen bleibt schließlich, ob auch die Erfüllung einer Forderung durch die vom Drittgläubiger geltend gemachte Aufrechnung[568] unter Art. 67 Absatz 2 l. fall. fällt. Zweifel diesbezüglich ergeben sich aus der Tatsache, dass Art. 56 l. fall. eine klare Regelung zur Frage der Aufrechnung trifft. Hiernach ist eine Forderungsaufrechnung im Insolvenzverfahren nicht möglich, wenn die Forderung gegen den Insolvenzschuldner nach oder innerhalb des letzten Jahres vor Verfahrenseröffnung durch Rechtsgeschäft unter Lebenden begründet wurde und erst nach Einleitung des Insolvenzverfahrens fällig wird.

---

[564] Siehe Cass. 30.3.1981 n. 1816; Satta, S. 200, Pajardi, S. 377.

[565] So Ferrara/Borgioli, S. 450 Rn. 7 unter fehlerhaftem Verweis auf den der gegenteiligen Auffassung anhängenden Maffei Alberti, Art. 67, XVI Rn. 5.

[566] Ferrara/Borgioli, S. 450.

[567] So auch Ferrara/Borgioli, S. 450 Rn. 7, jedoch ohne einleuchtende dogmatische Schlussfolgerung.

[568] Vgl. Artt. 1241, 1243 c.c.

Betrachtet man die Voraussetzungen und Rechtsfolgen der beiden Normen, so wird deutlich, dass diese sich nicht ausschließen, sondern vielmehr gegenseitig ergänzen.[569] Während Art. 56 1. fall. nur die nach Insolvenzeröffnung erklärte Aufrechnung regelt und unabhängig von subjektiven Komponenten zur Unwirksamkeit der Aufrechnung kraft Gesetzes führt, erfasst Art. 67 Absatz 2 1. fall. auch das Jahr vor der Verfahrenseröffnung und setzt die Erhebung einer Revokationsklage durch den Insolvenzverwalter unter Nachweis der Bösgläubigkeit des aufrechnenden Drittgläubigers und die hierauf folgende gerichtliche Aufhebung der Aufrechnungswirkung voraus.

Auch der gegen Art. 67 Absatz 2 1. fall. erhobene Einwand, bei einer Aufrechnung durch den Drittgläubiger fehle es an einer revozierbaren Handlung des Schuldners,[570] überzeugt nicht. Entscheidendes verbindendes Element der Revokationstatbestände ist nicht ein aktives Vorgehen des Schuldners, sondern ein arglistiges Zusammenwirken zwischen Schuldner und Drittgläubiger, welches zu einer Schädigung der restlichen Insolvenzgläubiger führt. Dafür, einen ausreichenden schuldnerischen Beitrag zu dem Schädigungsakt auch in der bloßen Hinnahme der Aufrechnung zu sehen, sprechen überdies die Tatsachen, dass der Schuldner diese durch rechtzeitige Stellung des Insolvenzantrages hätte verhindern können und dass sich die Revokation der Aufrechnung in erster Linie zu Lasten des aktiv handelnden Drittgläubigers auswirkt.

e) Revokation bei zwischenzeitlicher Weiterveräußerung

aa) Ansprüche gegen den Dritterwerber

Hinsichtlich der aus der Revokation folgenden Ansprüche im Falle der Weiterveräußerung des Revokationsgegenstandes durch den Drittgläubiger[571] ergeben sich aus der Insolvenz des ursprünglichen Schuldners im Hinblick auf die Schutzwürdigkeit des Dritterwerbers folgende Besonderheiten:

α) Ohne weiteres zu bejahen ist wiederum ein unmittelbarer Anspruch gegen den aktuellen Besitzer, der den Revokationsgegenstand unentgeltlich bzw. bösgläubig erworben hat und damit nicht schutzbedürftig ist.[572] Von Bösgläubigkeit wird in diesem Zusammenhang jedenfalls dann ausgegangen, wenn der Dritterwerber nachweisbar sämtliche Umstände kannte, die zur Unwirksamkeit oder Anfechtbarkeit des Ersterwerbs geführt haben. Umstritten ist jedoch, ob der Dritterwerber im Hinblick auf die Besonderheiten des Insolvenzverfahrens darüber hinausgehend bereits dann als bösgläubig behandelt werden kann, wenn er zwar den Inhalt der ersten Verfügung kannte, jedoch nicht (nach-

---

[569] So auch Trib. Roma, 27.7.1963, Banca, borsa, tit. cred. 1964 II, 307; gegen eine Anfechtbarkeit der vor Verfahrenseröffnung erfolgten Aufrechnung hingegen Cass. 13.3.1982 n. 1634.

[570] So Bonelli, S. 430.

[571] Siehe oben unter § 4 II 3 b.

[572] Satta, S. 204; Ferrara/Borgioli, S. 464; Trib. Milano 24.1.1994, Il fall., 1994 S. 774.

weislich) wusste, dass zu deren Zeitpunkt bereits die zeitnahe Eröffnung des Insolvenzverfahrens drohte.[573]

Aufgrund der unterschiedlichen Ausgangslagen erscheint es angemessen, hier zu differenzieren:

Gründet sich die Anfechtbarkeit des Ersterwerbs, wie in den Fällen des Art. 67 Absatz 1 Nrn. 1 und 2 l. fall. auf die Ungewöhnlichkeit des Geschäfts (Unverhältnismäßigkeit der Leistung, ungewöhnliches Zahlungsmittel), die wiederum für eine vorsätzliche Benachteiligung Dritter spricht, so ist davon auszugehen, dass auch der Dritterwerber, soweit er die ungewöhnlichen Erwerbsumstände kannte, mit einer zielgerichteten Vermögensverschiebung im Hinblick auf ein drohendes Insolvenzverfahrens und dementsprechend mit einer Anfechtung dieses Geschäfts rechnen musste. Folgt die Unwirksamkeit des Ersterwerbs hingegen lediglich aus der mangelnden Fälligkeit der Forderungen, Artt. 65 und 67 Absatz 1 Nr. 3 oder aus dem engen zeitlichen Zusammenhang zur Insolvenzeröffnung, Art. 67 Absatz 1 Nr. 4 l. fall., und bieten sich dem Dritterwerber keine sonstigen Hinweise auf die Zahlungsunfähigkeit des ursprünglichen Veräußerers, so kann eine diesbezügliche Kenntnis und damit Bösgläubigkeit zu Lasten des Dritterwerbers weder unterstellt noch vermutet werden.

β) Unabhängig von der Frage der Bösgläubigkeit ist der Dritterwerber bei einem registrierungspflichtigen Erwerb, etwa eines Grundstücks, einem unmittelbaren Herausgabeanspruch ausgesetzt, falls der Ersterwerb gemäß Artt. 64 oder 65 l. fall. unwirksam und die Eintragung des Dritterwerbs erst nach Eröffnung des Insolvenzverfahrens über das Vermögen des Drittgläubigers erfolgt ist. Dies wird allgemein aus der Regelung des Art. 45 l. fall. gefolgert, wonach die Eintragung registrierungspflichtiger Tatsachen generell keine Drittwirkung mit sich bringt, wenn sie nach Insolvenzeröffnung erfolgt.[574]

γ) Wird hinsichtlich des Ersterwerbs die Revokationsklage nach Art. 66 l. fall. erhoben, so wirkt diese direkt gegen den Dritterwerber, wiederum unabhängig von dessen Bösgläubigkeit, wenn der Klageantrag vor dem Dritterwerb bzw. dessen Eintragung gestellt wurde, vgl. Artt. 2901 a.E. i.V.m. 2652 Nr. 4 c.c.[575] Gleiches muss für die Anfechtung nach Art. 67 l. fall. gelten, da Zweck dieser Regelung nicht die Einschränkung, sondern die Erweiterung der dem Anfechtenden zustehenden Rechte ist.[576]

bb) Ansprüche gegen den Ersterwerber

Liegt keiner der genannten Fälle vor und ist demgemäß ein unmittelbarer Rückgriff auf den gegenwärtigen Besitzer des Revokationsgegenstandes nicht möglich, so stellt sich die Frage nach der Haftung des Ersterwerbers. Hierbei ist zu differenzieren: Hat der

---

[573] So Ferrara/Borgioli, S. 464; dagegen: Provinciali, S. 1018; App. Bari, 25.1.1990, Il fall. 1990, 817; Trib. Torino, 15.3.1988, Il fall. 1988, 1005.
[574] Ferrara/Borgioli, S. 463.
[575] Ferrara/Borgioli, S. 463 f.
[576] Vgl. Maffei Alberti, Art. 67, I. Rn. 1.

Ersterwerber über den Gegenstand nach Erlass des Revokationsurteils verfügt, so haftet er gegenüber der Insolvenzmasse ohne weitere Voraussetzungen auf Ersatz des Schadens, der durch die Unmöglichkeit der Herausgabe entstanden ist. Soweit die Veräußerung hingegen vor der gerichtlichen Entscheidung erfolgt ist, wird eine Haftung des Ersterwerbers nur insoweit bejaht, als er nachweisbar in Schädigungsabsicht gehandelt hat.[577]

f) Verjährung

Nach der sowohl in Rechtsprechung als auch Lehre herrschenden Meinung gilt in analoger Anwendung des Art. 2903 c.c. auch für den Anfechtungsanspruch gemäß Art. 67 1. fall. eine fünfjährige Verjährungsfrist.[578] Unter Zugrundelegung des in Art. 2935 c.c. normierten Prinzips, wonach die Verjährung eines Rechtes an dem Tag beginnt, an dem dieses geltend gemacht werden kann, wird als maßgeblicher Zeitpunkt für den Fristbeginn in Abweichung zu Art. 2903 c.c. die gerichtliche Feststellung der Insolvenz angesehen.[579]

g) Ausnahmen zur allgemeinen Regelung der Revokation in der Insolvenz

Nicht den Regelungen des Art. 67 Absatz 1 und 2 l. fall. unterliegen gemäß Art. 67 Absatz 3 l. fall. Kreditgeschäfte bestimmter Wertpapier- und Kreditinstitute, die zur Gewährung dinglich gesicherter Darlehen ermächtigt sind.

Hierunter fallen zunächst die Kredite der sogenannten *monti di credito su pegno.* Bei diesen handelt es sich um ursprünglich staatliche, inzwischen sämtlich in private Kreditinstitute umstrukturierte Einrichtungen, die unter Beachtung bestimmter gesetzlicher Vorgaben[580] meist geringe bis mittlere Beträge gegen pfandrechtliche Absicherung als Darlehen gewähren.

In der Praxis eine wesentlich größere Rolle spielt der ebenfalls in Art. 67 Absatz 3 l. fall. genannte *credito fondiario.* Gemäß Art. 38 Absatz 1 t.u. versteht man hierunter mittel- und langfristige Bankdarlehen, die durch eine Hypothek ersten Ranges gesichert werden. Hinsichtlich dieser Geschäfte spezifiziert Art. 39 Absatz 4 t.u., dass weder die Darlehensrückzahlungen noch die Hypothek selbst zum Gegenstand einer Revokationsklage gemacht werden können, soweit die Eintragung der Hypothek mindestens zehn Tage vor Insolvenzeröffnung erfolgt ist.

---

[577] S. Natoli, *Azione revocatoria*, Enc. dir., S. 900.

[578] Cass. 29.8.1997 n. 8173, Cass. 30.8.1993 n. 9197, Il fall. 1994, 149; Maffei Alberti, Art. 67, VIII 1.

[579] Maffei Alberti, Art. 67, VIII 1; Pajardi, S. 368; dagegen: Ferrara/Borgioli, S. 426, der den Moment der Verfügung als entscheidend für den Verjährungsbeginn ansieht.

[580] Art. 152 D.L. 1.9.1993 n. 385.

Der Grund für die gesetzliche Privilegierung dieser Geschäfte liegt darin, dass eine Kreditgewährung, die in ihrer Durchführung transparent ist und sich nach bestimmten gesetzgeberischen Vorgaben richtet, gerade bei einer drohenden Insolvenz oft der einzige Weg ist, diese noch zu verhindern.[581]

---

[581] Corsi, *La revocatoria ordinaria nel fallimento*, in Giur. comm., 1994, I, 167 ff.

III. Sicherungsbeschlagnahme (*sequestro conservativo*), Artt. 2905 ff. c.c., Artt. 671, 669-bis ff. c.p.c.

Ein überwiegend prozessual geprägtes Instrument zum Gläubigerschutz ist die sog. Sicherungsbeschlagnahme nach Art. 2905 c.c. Die näheren Regelungen zur Anwendung dieses Instituts finden sich demgemäß in der italienischen Zivilprozessordnung (Artt. 671, 669-bis ff. c.p.c.). Auch die Sicherungsbeschlagnahme soll den Gläubiger vor vermögensmindernden Maßnahmen des Schuldners schützen. Im Unterschied zur Revokation jedoch findet hier der Schutz bereits vorbeugend statt.

In ihrer Zielsetzung entspricht die Sicherungsbeschlagnahme somit dem einstweiligen Rechtsschutz nach den §§ 916 ff. ZPO. Die im deutschen Recht vorgenommene Differenzierung zwischen Arrest (Sicherung von Geldforderungen) und einstweiliger Verfügung (Sicherung sonstiger Forderungen) findet sich im Rahmen der Regelung des *sequestro conservativo* jedoch nicht wieder.

1. Voraussetzungen

Gemäß ihrer vorbeugenden Funktion kann der Gläubiger nach Art. 671 c.p.c. die Sicherungsbeschlagnahme beantragen, sobald der begründete Verdacht besteht, dass es zu einer Verringerung des dem Gläubiger im Rahmen einer eventuellen späteren Zwangsvollstreckung zur Verfügung stehenden Schuldnervermögens kommt.[582]

Die Anforderungen, die an den Nachweis der Gefährdung gestellt werden, sind, da es sich um eine vorläufige Maßnahme handelt, verhältnismäßig gering. Ebenso wie im Rahmen der Glaubhaftmachung gemäß §§ 920 Absatz 2, 294 Absatz 1 ZPO[583] muss das Gericht aufgrund des gesamten Vorbringens zu dem Ergebnis kommen, dass der Eintritt einer Vermögensverringerung wahrscheinlich ist (*periculum mora*).[584] Bewertet werden sowohl objektive als auch subjektive Kriterien.[585] So ist einerseits das Verhältnis von Schuldnervermögen und Forderungsbetrag von Bedeutung.[586] Andererseits können für eine Vermögensgefährdung auch das konkrete Verhalten des Schuldners oder Maßnahmen anderer Gläubiger sprechen.[587]

Auch was die Forderung selbst betrifft, so muss deren Existenz aus Sicht des Gerichtes aufgrund einer Abwägung des beiderseitigen Parteivortrags wahrscheinlich sein (*fumus boni iuris*).[588] Keine Voraussetzung für den Erlass der Beschlagnahmeverfügung ist hingegen die Fälligkeit der Forderung.[589]

---

[582] Cass. 29.10.2001 n. 13400, Rep. Foro it. 2001, Stichwort "sequestro conservativo", Nr. 27.
[583] Vgl. hierzu Zöller, ZPO, § 294 Rn. 6.
[584] Vgl. Cass. 26.6.1998 n.6336 in Carpi/Taruffo, *Codice di Procedura Civile, Complemento Giurisprudenziale*, Art 671 II 1.
[585] Cass. 13.2.02 n.2081, Rep. Foro it. 2002, Stichwort "sequestro conservativo", Nr. 27.
[586] Cass. 29.10.2001 n. 13400, Rep. Foro it. 2001, Stichwort "sequestro conservativo" Nr. 27.
[587] Trib. Treviso 24.8.1999, Rep. Foro it. 2000, Stichwort "sequestro conservativo" n. 34.
[588] App. Firenze 3.3.1967, Giur. tosc. 1967, 753; Trib. Napoli 6.6.1995, Foro it. 1997 I, 2199.
[589] Cass. 22.6.1972 n. 2055; Cass. 20.11.1970 n. 2445.

Möglich ist die Durchführung der Sicherungsbeschlagnahme unter gewissen Voraussetzungen auch hinsichtlich solcher Gegenstände, die von Dritten aus dem Vermögen des Schuldners erworben wurden. Während der Wortlaut des Art. 2905 Absatz 2 c.c. hierfür die Anhängigkeit einer Nichtigkeitsklage bezüglich des Veräußerungsgeschäfts verlangt, finden sich sowohl in der Lehre[590] als auch in der Rechtsprechung[591] Stimmen, die unter Berufung auf Art. 669-ter c.p.c. die Zulässigkeit der Beschlagnahme schon vor Einleitung des Hauptsacheverfahrens bejahen.

2. Verfahren

Nach der gesetzlichen Regelung ist die Sicherungsbeschlagnahme sowohl vor (Art. 669-ter c.p.c.) als auch während (Art. 669-quater) der Anhängigkeit des entsprechenden Hauptverfahrens zulässig, soweit sie sich gegen den unmittelbaren Schuldner richtet. Zuständig ist das hypothetische oder tatsächliche Gericht der Hauptsache.

Das richterliche Vorgehen zur Feststellung der Voraussetzungen hängt von der Eilbedürftigkeit im jeweiligen konkreten Fall ab. So sieht Art. 669-sexies Absatz 1 c.p.c. für den Regelfall die Anhörung beider Parteien unter freier Würdigung der vorgebrachten Beweise vor.

Ist dem Gläubiger aufgrund der besonderen Dringlichkeit die mit diesem Verfahren verbundene Verzögerung nicht zuzumuten oder besteht die Gefahr der Vereitelung der Sicherungsmaßnahme durch den Schuldner, entscheidet der Richter gemäß Art. 669-sexies Absatz 2 c.p.c. nach lediglich überblickshafter Sachverhaltsermittlung und ohne vorherige Parteianhörung durch zu begründenden Beschluss. Voraussetzung für ein solches Vorgehen ist in jedem Fall, dass der dem Gläubiger aus der Verzögerung drohende Schaden die im vorübergehenden Entzug der Verfügungsberechtigung liegende Beeinträchtigung des Schuldners deutlich überwiegt.[592]

Mit dem auf diese Weise erlangten Beschluss kann der Gläubiger unverzüglich die Beschlagnahme einleiten. Zum Schutz des Schuldners verpflichtet das Gericht jedoch den Gläubiger im Rahmen des Beschlagnahmebeschlusses, den Beschluss zusammen mit dem Antrag dem Schuldner bis spätestens eine Woche nach Beschlusserlass zuzustellen.[593] Gleichzeitig bestimmt das Gericht Termin zur Anhörung der Parteien innerhalb der folgenden zwei Wochen. Je nach Ergebnis dieses Termins kommt es zur Bestätigung, Abänderung oder Aufhebung der im Beschlagnahmebeschluss verfügten Maßnahmen.

Soweit das Beschlagnahmeverfahren vor Anhängigkeit der Hauptsache eingeleitet wurde, muss das Gericht in der Beschlagnahmeverfügung eine Frist von höchstens 30 Tagen

---

[590] Conte, *Il sequestro conservativo nel processo civile*, S. 105 ff.
[591] Trib. Roma 16.7.1996, Giur. it. 1998, 2081; Trib. Roma 20.6.2000, Giur. mer. 2000, I, 935.
[592] Trib. Roma 22.1.1998, Riv. di iur. priv. proc., 1998, 443.
[593] Vgl. Trib. Napoli, 8.1.1996, Giust. civ. 1996, I, 2113.

bestimmen, innerhalb welcher der Gläubiger nach Mitteilung der Verfügung das Hauptsacheverfahren vor dem hierfür zuständigen Gericht[594] einzuleiten hat, Art. 669-octies Absatz 1 c.p.c. Falls das Gericht diese Aufforderung unterlässt, gilt gemäß Art. 669-octies Absatz 2 c.p.c. eine gesetzliche Klageerhebungsfrist von 30 Tagen ab Zugang der Verfügung. Kommt der Gläubiger der genannten Verpflichtung nicht fristgerecht nach oder wird das Hauptsacheverfahren in der Folge eingestellt, verliert die vorbeugende Beschlagnahme gemäß Art. 669-novies Absatz 1 c.p.c. ihre Wirkung.

3. Durchführung und Rechtsfolgen

Hinsichtlich der konkreten Ausführung und der Wirkungen der Sicherungsbeschlagnahme verweist Art. 2906 Absatz 1 c.c. auf die im Folgenden beschriebenen Vorschriften zur Pfändung (Artt. 2912 bis 2918 c.c.).[595] Maßgeblicher Zeitpunkt für den Eintritt der Wirkungen der Sicherungsbeschlagnahme ist dabei die Vornahme der sich gemäß Art. 669-duodecies c.p.c. ebenfalls nach den Regelungen zur Sachpfändung richtenden tatsächlichen Beschlagnahmehandlung. Diese liegt bei beweglichen Sachen in dem Ausspruch eines Verfügungsverbots, Artt. 678, 492, 518 c.p.c., bei unbeweglichen Sachen in der Eintragung der Beschlagnahme im Grundbuch, Artt. 679, 555 c.p.c.

a) Relative Unwirksamkeit

Nach Art. 2913 c.c. wirken Veräußerungshandlungen hinsichtlich der beschlagnahmten Sache dem gesicherten Gläubiger gegenüber grundsätzlich nicht, so dass es zu einer relativen Unwirksamkeit der Verfügungen kommt. Unberührt bleibt jedoch die Möglichkeit des gutgläubigen Erwerbs solcher beweglicher Sachen, deren Rechtsverhältnisse nicht in öffentlichen Registern eingetragen sind, Artt. 2913, 1153 ff. c.c. Auch die Veräußerung eines zunächst beschlagnahmten eintragungspflichtigen Gegenstandes im Falle der versehentlichen Löschung der Eintragung ist möglich, da die Eintragung gemäß Art. 679 c.p.c. eine notwendige Voraussetzung für das Bestehen der Beschlagnahmewirkung darstellt.

b) Erweiterte Beschlagnahmewirkung in besonderen Fällen

Eine Erweiterung der Gläubigersicherung ergibt sich durch die in Art. 2914 c.c. normierte Vorverlegung der Beschlagnahmewirkung insbesondere bezüglich solcher Veräußerungshandlungen, deren Drittwirksamkeit besonderen Voraussetzungen unterliegt.

aa) Dem Beschlagnahmegläubiger gegenüber unwirksam sind gemäß Art. 2914 Nr. 1 c.c. Veräußerungen von unbeweglichen Sachen oder von in öffentlichen Registern verzeichneten beweglichen Sachen, die nach der Beschlagnahme eingetragen worden sind, auch wenn sie auf einen vor der Beschlagnahme geschaffenen Rechtsgrund zurückgehen. In der früheren Rechtsprechung wurde zum Teil die Frage erörtert, inwieweit diese Regelung mit Art. 2644 c.c. zu vereinbaren sei, wonach ein eingetragenes dingliches

---

[594] Trib. Salerno 26.2.1998, Foro it. 1998, I, 2296.
[595] Siehe auch Cian/Trabucchi, Art. 2906, I. Rn. 1.

Recht lediglich demjenigen Dritten gegenüber unwirksam ist, der selbst über ein entgegenstehendes, früher eingetragenes dingliches Recht verfügt.[596] Diesem Ansatz wurde jedoch später entgegengehalten, aus Art. 2644 c.c. ergebe sich als allgemeines Prinzip, dass eingetragene Verfügungsbeschränkungen späteren Erwerbern des betroffenen Rechts entgegengehalten werden können. Dieser Grundsatz finde in Art. 2914 c.c. eine zulässige Konkretisierung.[597]

bb) Ebenfalls relativ unwirksam sind gemäß Art. 2914 Nr. 2 c.c. Forderungsabtretungen, die erst nach der Beschlagnahme vom Drittschuldner angenommen oder diesem durch Mitteilung bekannt gegeben worden sind.[598] Auch hierin ist eine Ergänzung der allgemeineren Regelung des Art. 1265 c.c. zu sehen, wonach die Drittwirksamkeit von Zessionen von den genannten Voraussetzungen, Annahme durch oder Mitteilung an den Drittschuldner abhängt.[599]

cc) Ferner kann nach Art. 2914 Nr. 4 c.c. dem Beschlagnahmegläubiger nicht die Veräußerung beweglicher Sachen entgegengehalten werden, deren Besitz erst nach der Beschlagnahme übertragen worden ist, es sei denn, der frühere Veräußerungszeitpunkt geht aus einer Urkunde mit sicherem Datum[600] hervor. Wiederum werden somit die Regeln zur Drittwirksamkeit gegenüber konkurrierenden Erwerbern, Artt. 1155 und 2704 c.c. auf den Beschlagnahmegläubiger ausgeweitet

dd) Ohne Einschränkung unwirksam sind gemäß Art. 2914 Nr. 3 c.c. überdies Veräußerungen beschlagnahmter beweglicher Sachgesamtheiten, wenn sich die Veräußerung nicht durch eine mit sicherem Datum versehene Urkunde zweifelsfrei zeitlich bestimmen lässt. Zwar bestehen hinsichtlich der absoluten Wirksamkeit einer Veräußerung von Sachgesamtheiten generell keine spezifischen Voraussetzungen. Jedoch kommt der Frage, ob die Veräußerung tatsächlich vor der Beschlagnahme stattgefunden hat, bei der Übertragung von Sachgesamtheiten eine besondere Bedeutung zu, da deren nachträglicher gutgläubiger Erwerb gemäß Art. 1156 c.c. gänzlich ausgeschlossen ist.[601]

c) Unwirksamkeit von Verfügungsbeschränkungen zugunsten Dritter

Schließlich sind nach der Regelung des Art. 2915 c.c. dem Beschlagnahmegläubiger gegenüber alle dem Schuldner zugunsten Dritter auferlegten Verfügungsbeschränkungen unwirksam, soweit deren zeitlicher Vorrang gegenüber der Beschlagnahme nicht durch Registereintragung oder durch Urkunde mit sicherem Datum nachgewiesen werden kann.

---

[596] Cass. 29.12.1970 n. 2779.
[597] Cass. 23.10.1985 n. 5194.
[598] Zur Mitteilung der Forderungsabtretung s. oben § 2 V 1 a.
[599] Siehe auch Verde, *Pignoramento in generale*, in Enc. Dir., S. 806.
[600] Zum sicheren Datum s. oben § 2 V 1 a.
[601] Siehe auch Cass. 11.2.1995 n. 1153.

4. Rechtsbehelfe

Gegen eine stattgebende Beschlagnahmeverfügung kann der Schuldner innerhalb einer Frist von zehn Tagen (vgl. Art. 739 Absatz 2 c.p.c.) nach Zustellung Einspruch (*ricorso*) bei einer speziell hierfür zuständigen Kammer erheben, Art. 669-terdecies c.p.c. Gegen die hierauf innerhalb von zwanzig Tagen ergehende Entscheidung stehen keine weiteren Rechtsmittel mehr zur Verfügung.

Infolge eines Urteils des italienischen Verfassungsgerichts[602], wonach die Regelung des Art. 669-terdecies c.p.c. insoweit unwirksam ist, als sie den Einspruch nicht auch gegen die ablehnende Verfügung zulässt, steht das genannte Rechtsmittel über den klaren Wortlaut der Vorschrift hinaus gegen jede Art der Entscheidung zur Verfügung.[603]

Zwar hat der Einspruch keine unmittelbare Wirkung auf die Vollstreckbarkeit der Beschlagnahmeverfügung, jedoch kann das mit dem Rechtsmittel befasste Gericht, soweit eine wesentliche Schädigung des Schuldners zu befürchten steht, die Aussetzung der Vollstreckung verfügen oder letztere von einer Sicherheitsleistung abhängig machen, Art. 669-terdecies Absatz 5 c.p.c.

---

[602] Cost. 23.6.1994, n. 253.

[603] Vgl. auch Carpi/Taruffo, Codice di procedura civile, Art. 669-terdecies, II Rn. 2.

§ 5 Besonderheiten der Forderungssicherung im Zusammenhang mit dem Erwerb von Immobilien

I. Ausgangspunkt

Zahlreiche Besonderheiten hinsichtlich des Schutzes der jeweiligen Parteiforderung ergeben sich im Rahmen des Kaufs von Immobilien.

Ausgangspunkt der Problematik ist das Vorherrschen des Konsensualprinzips im italienischen Vertragsrecht. Zwar setzt die Wirksamkeit der Immobiliarübereignung gegenüber Dritten auch nach dem *Codice Civile* deren Eintragung ins Liegenschaftsregister voraus, Artt. 2643 Nr. 1, 2644 c.c. Man spricht in diesem Zusammenhang von *pubblicità dichiarativa.*[604] Im Verhältnis zwischen den Parteien folgt die Übertragung des Eigentums jedoch gemäß Art. 1376 c.c. unmittelbar aus dem Abschluss des Kaufvertrages.

Sind sich die Parteien über die konkreten Bedingungen eines Immobilienerwerbs einig, wollen jedoch die Übereignung selbst erst zu einem späteren Zeitpunkt herbeiführen, da beispielsweise die Kaufpreissumme noch nicht zur Verfügung steht oder die Fertigstellung der Immobilie abgewartet werden soll, besteht die Möglichkeit, einen Vorvertrag (*contratto preliminare*) abzuschließen.[605] Dieser Vorvertrag regelt zwar für gewöhnlich bereits die wesentlichen Punkte des Erwerbsgeschäftes, erschöpft sich aber darin, die Parteien zum Abschluss eines entsprechenden Kaufvertrages zu verpflichten und entfaltet demgemäß lediglich eine obligatorische Wirkung.

II. Schutz des Verkäufers

Zum Zwecke der Bestätigung eines Vorvertrages über den Kauf einer Immobilie erfolgt bei dessen Abschluss üblicherweise die Leistung einer Anzahlung (*caparra confirmatoria, Art. 1385 c.c.*) durch den zukünftigen Käufer.[606] Kommt es in der Folge vereinbarungsgemäß zum Abschluss des Kaufvertrages, wird die Anzahlung gemäß Art. 1385 Absatz 1 c.c. auf den Kaufpreis angerechnet. Weigert sich der Käufer jedoch, seinen im Vorvertrag festgelegten Pflichten nachzukommen, verfällt der angezahlte Betrag und steht dem Verkäufer somit als pauschaler Schadensersatz zur Verfügung, Art. 1385 Absatz 2 c.c.

---

[604] Torrente/Schlesinger, § 95; Gazzoni, *Manuale di dir. priv.*, 290 ff.; siehe zur Eintragung ins Immobiliarregister auch Ferri-Zanelli, *Trascrizione immobiliare*, Comm. SB, 1 ff.

[605] Siehe zum Zweck und Inhalt des Vorvertrages Di Majo, *La "normalizzazione" del preliminare*, in Corr. giur. 1997, 131. ff.; Mariconda, *Contratto preliminare e trascrizione*, in Corr. giur. 1997, 129 ff.

[606] Fasciani, *Verbesserter Käuferschutz beim Erwerb von Immobilien in Italien - Reform des Vorvertragsrechts*, in Jahrbuch für Italienisches Recht, Bd.11.

III. Schutz des Käufers

1. Allgemeines

Die Zahlung der ebenerwähnten *caparra confirmatoria* führt ihrerseits dazu, dass auch beim zukünftigen Käufer ein erhebliches schützenswertes Interesse am Zustandekommen und an der Durchführung des Hauptvertrages besteht. Der *Codice Civile* von 1942 sah insoweit in seiner ursprünglichen Fassung nur die Möglichkeit vor, im Klagewege ein Urteil zu erwirken, durch welches die Rechtsfolgen des abzuschließenden Kaufvertrages herbeigeführt wurden, Art. 2932 c.c.[607] Dieser langwierige Weg führte jedoch immer dann ins Leere, wenn der Verkäufer die Immobilie zwischenzeitlich an einen Dritten veräußert hatte, die Übereignung an den ursprünglich vorgesehenen Vorkäufer somit unmöglich geworden war. War der Verkäufer zusätzlich insolvent geworden, blieb dem Käufer nichts anderes, als seine gemäß Art. 1385 Absatz 2 c.c. bestehende Schadensersatzforderung als nicht bevorzugter Gläubiger im Insolvenzverfahren anzumelden.

Eine Erweiterung des Käuferschutzes ergab sich lediglich aus Art. 2652 Nr. 2 c.c. Nach dieser Vorschrift sind Klagen auf Abschluss des Hauptvertrages im Liegenschaftsregister einzutragen, mit der Folge, dass die Wirkung des später ergehenden Urteils gegenüber Dritten auf den Zeitpunkt der Klageeeintragung zurückverlegt wird. In der Praxis führte dies zum Teil dazu, dass unabhängig von einer konkret drohenden Nichterfüllung unmittelbar nach Abschluss des Vorvertrages eine Klage auf Abschluss des Hauptvertrages eingereicht und eingetragen wurde.[608]

Diesen von der Rechtspraxis eingeschlagenen Weg nahm der italienische Gesetzgeber auf, indem er durch das Gesetz Nr. 30 vom 28. Februar 1997[609] die Vorschrift des Art. 2645-bis c.c. einführte, der die Pflicht zur Eintragung des Vorvertrages in das Liegenschaftsregister vorsieht.

Konkret bezieht sich die Eintragungspflicht gemäß Art. 2645-bis Absatz 1 c.c. auf alle Vorverträge zu den in Art. 2643 Nrn. 1-4 c.c. genannten Hauptverträgen, die allesamt die Begründung, Übertragung oder Veränderung von Grundstücksrechten zum Gegenstand haben. Die Rechtsfolge der Eintragung des Vorvertrages ergibt sich aus Art. 2645-bis Absatz 2 c.c., wonach die später erfolgte Eintragung des Hauptvertrages oder eines diesen ersetzenden Urteils in ihrer Wirkung anderen, nach der Eintragung des Vorvertrages eingetragenen Rechten Dritter vorgehen. Dem Vorkäufer gegenüber unwirksam sind somit alle Verfügungen des Vorverkäufers, welche dieser nach formwirksamem Abschluss des Vorvertrages hinsichtlich der Immobilie vornimmt.

---

[607] Fasciani, a.a.O.
[608] Salvadori/Scalitti, *La metamorfosi del contratto preliminare*, in Contr. impr. 1997, S. 685.
[609] Veröffentlicht in der Gazzetta Ufficiale Nr. 50 vom 1. März 1997.

Gemäß Art. 2645-bis Absatz 3 c.c. entfällt jedoch die Eintragungswirkung des Vorvertrages, wenn nicht innerhalb eines Jahres nach dem für den Hauptvertrag vereinbarten Zeitpunkt oder spätestens innerhalb von drei Jahren nach Eintragung des Vorvertrages der Abschluss des Hauptvertrages oder eine hierauf gerichtete Klage eingetragen wird.

2. Spezielles Vorzugsrecht

Während Art. 2645-bis c.c. somit speziell den Konflikt zwischen mehreren Verfügungen über die Immobilie regelt, ergibt sich ein allgemeiner Schutz des eingetragenen Käufers gegenüber Drittgläubigern aus Art. 2775-bis c.c. So bestimmt diese Regelung ein spezielles Vorzugsrecht (*privilegio speciale*)[610] am Gegenstand der Eintragung, soweit die Wirkung der Eintragung nicht zwischenzeitlich entfallen ist. Mögliche Gründe für einen Wegfall der Eintragungswirkung sind gemäß Art. 2775-bis c.c. die mit *data certa* versehene einverständliche Aufhebung des Vorvertrages, die Klage auf Aufhebung des Vertrages oder auf Zahlung, die Eintragung der Pfändung oder der Beitritt des zukünftigen Käufers zu einer von Dritten eingeleiteten Zwangsvollstreckung.

Der aus dem Vorzugsrecht hervorgehende Anspruch auf bevorrechtigte Befriedigung erstreckt sich nach dem Wortlaut der Regelung sowohl auf die Geltendmachung der Rückerstattung der Anzahlung als auch auf sonstige im Zusammenhang mit der Nichterfüllung stehende Schadensersatzforderungen.

Die Grenzen des speziellen Vorzugsrechts des Käufers regelt Art. 2775-bis Absatz 2 c.c. Vorrangig sind hiernach einerseits Forderungen aus Darlehen, die dem Vorkäufer für den Erwerb der Immobilie gewährt wurden und die durch Hypothek an der vertragsgegenständlichen Immobilie abgesichert sind. Andererseits besteht aber auch ein Vorrang der hypothekarisch gesicherten Forderungen aus Krediten, die dem Vorverkäufer im Zusammenhang mit der Errichtung von Gebäuden auf dem vertragsgegenständlichen Grundstück gewährt wurden, insoweit, als der Vorkäufer im Vorvertrag selbst oder nachträglich die gesamtschuldnerische Haftung für das Darlehen übernommen hat, Art. 2825-bis c.c.[611] Beide Fälle stellen eine Ausnahme zur allgemeinen Vorschrift des Art. 2748 Absatz 2 c.c. dar, wonach Vorrechte an Immobilien gegenüber Hypothekenrechten grundsätzlich vorrangig berücksichtigt werden.

3. Vorzugsrecht in der Insolvenz

Durch Gesetz Nr. 30 vom 28. Februar 1997 wurde überdies Art. 72 Absatz 5 l. fall eingeführt. Diese Vorschrift gewährt, falls sich der Insolvenzverwalter für eine Aufhebung des Vertrages entscheidet, dem wirksam eingetragenen Vorkäufer zwar kein Aussonderungsrecht am Gegenstand des Vorvertrages, jedoch genießt er, wenn er seinen Anspruch auf Rückerstattung der Anzahlung als Insolvenzforderung geltend macht, insoweit das Recht auf bevorzugte Befriedigung nach Art. 2775-bis c.c.

---

[610] Zum Begriff des *privilegio speciale* s. oben § 2 III 2.

[611] Vgl. zu den einzelnen Voraussetzungen an diese Kredite *Art. 38 ff. des Gesetzesdekrets Nr. 385 vom 1.9.1993*, veröffentlicht in der Gazzetta Ufficiale Nr. 230 vom 30.9.1993.

§ 6 Resumée

I. Zusammenfassender Überblick

Abschließend sei nochmals ein kurzer Überblick über die wichtigsten Aspekte der Sicherungsinstitute des italienischen Rechts gegeben:

1. Pfandrecht (*pegno*)

Abweichend vom deutschen Recht unterliegt der italienische Pfandvertrag in allen praxisrelevanten Fällen dem Schriftformerfordernis. Als Besonderheit setzt die Verpfändung einer Forderung, wie auch nach deutschem Recht, zusätzlich die Anzeige an den Forderungsschuldner voraus. Ebenfalls in Übereinstimmung mit dem BGB sieht der *Codice Civile* den gutgläubigen Erwerb des Pfandrechts vom Nichtberechtigten vor. Im Rahmen des Insolvenzverfahrens über das Vermögen des Verpfänders ist der Pfandgläubiger nach der *legge fallimentare* unter gewissen Voraussetzungen zur Einzelverwertung berechtigt.

Eine besondere Form des Pfandrechts stellt das durch Spezialgesetz - wenn auch unvollständig - geregelte Schinkenpfandrecht dar. Entsprechend den spezifischen Erfordernissen der Schinkenproduktion ist das *pegno sui prosciutti* als besitzloses Sicherungsrecht ausgestaltet und wirft daher in vielen Fällen Fragen hinsichtlich der ergänzend anzuwendenden Vorschriften des *Codice Civile* auf.

Eine Lockerung erfahren die allgemeinen Pfandrechtsvorschriften auch im Rahmen einiger, in der Bankpraxis weit verbreiteter Institute: Das revolvierende Pfand *(pegno rotativo)* sieht eine Ausweitung des Pfandrechts auf sämtliche künftig in den Besitz des Pfandgläubigers gelangenden Gegenstände vor und wird von der Rechtsprechung unter der Voraussetzung grundsätzlich anerkannt, dass das Pfandobjekt jederzeit klar bestimmbar ist. Auch ohne eindeutige Bezugnahme wirksam ist hingegen die Ausweitung in Form eines unregelmäßigen Pfands *(pegno irregolare)*. Die pfandrechtliche Belastung bezieht sich hierbei von vornherein nicht auf bestimmte Gegenstände, sondern auf eine gewisse Quantität vertretbarer Güter.

In Ergänzung hierzu wird häufig die Einbeziehung aller zukünftigen Forderungen der Bank in die pfandrechtliche Sicherung vereinbart (*pegno omnibus*). Auch insoweit verlangt die Rechtsprechung jedoch, dass der Inhalt der Verpfändung, etwa durch Führung eines Forderungsverzeichnisses, stets eindeutig festgelegt und eine Übersicherung des Gläubigers damit ausgeschlossen werden kann.

2. Hypothek (*ipoteca*)

Die Hypothek kann ihren Rechtsgrund nach dem *Codice Civile* sowohl im Gesetz selbst als auch in einem gerichtlichen Titel als auch in einem Rechtsgeschäft haben. Unabhängig von der Rechtsgrundlage setzt das Entstehen einer drittwirksamen Hypothek in jedem Fall deren Registereintragung voraus. Insbesondere aus Sicht des deutschen Rechts interessant ist der Umstand, dass Gegenstand der Hypothek nicht nur Immobilien sein können, sondern auch bestimmte registerpflichtige bewegliche Sachen. Der in der Praxis wichtigste Fall ist hier die Autohypothek, welche, ebenso wie das Eigentumsrecht an dem KFZ in einem vom Italienischen Automobilklub geführten öffentlichen Verzeichnis vermerkt wird.

Wird die abgesicherte Forderung nicht ordnungsgemäß beglichen, so hat der Hypothekar die Möglichkeit, den Hypothekengegenstand zwangsweise zu veräußern und sich aus dem Erlös bevorrechtigt zu befriedigen. Anders als dem Inhaber eines Pfandrechts steht dem Hypothekengläubiger jedoch nicht das Recht zu, im Rahmen der Schuldnerinsolvenz die Einzelvollstreckung zu betreiben. Der Rang der Hypothek richtet sich wie im deutschen Recht grundsätzlich nach dem Zeitpunkt der Eintragung, kann sich jedoch nachträglich unter gewissen Umständen durch Rangtausch oder Eintritt in ein höherrangiges Hypothekenrecht ändern.

3. Vorzugsrechte (*privilegi*)

Als weiteres dinglich wirkendes, jedoch kraft Gesetzes entstehendes Sicherungsmittel ist das *privilegio* zu nennen. Je nach seiner konkreten gesetzlichen Ausgestaltung erfasst das Vorzugsrecht bestimmte Gegenstände oder aber das Vermögen des Schuldners als Ganzes. Nach der Art des Vorzugsrechts bestimmt sich im Kollisionsfall auch dessen Rangverhältnis zu den sonstigen dinglichen Sicherungsrechten.

4. Forderungsabtretung zu Sicherungszwecken (*cessione di credito a scopo di garanzia*)

Die Sicherungsabtretung wird in der italienischen Rechtspraxis zumindest insoweit akzeptiert, als es sich um eine Zession von Geldforderungen handelt und gleichzeitig eine Herausgabepflicht hinsichtlich des über die gesicherte Forderung hinausgehenden Teils vereinbart wird. Nach überwiegender Auffassung ist die Abtretung auflösend bedingt durch die Erfüllung der gesicherten Forderung.

Als praktisch wichtiger Unterfall der Sicherungszession ist das unechte Factoring zu nennen. Da hier der Zedent die Ausfallhaftung trägt, entspricht die Figur einer durch Zession abgesicherten Darlehensgewährung. Nicht als Sicherungsmittel, sondern als Forderungskauf einzustufen ist hingegen das echte Factoring, in dessen Rahmen allein der Factor das Ausfallrisiko hinsichtlich der abgetretenen Forderungen trägt.

5. Eigentumsvorbehalt (*riserva di proprietà*)

Die Vereinbarung eines Eigentumsvorbehalts ist nach dem *Codice Civile* nur im Rahmen einer Ratenzahlungsvereinbarung vorgesehen, wird jedoch allgemein auch in Verbindung mit einer bloßen Kaufpreisstundung akzeptiert. Aus deutscher Sicht interessant ist der Umstand, dass, soweit die Veräußerung registerpflichtiger beweglicher Sachen, also insbesondere von KFZ betroffen ist, auch die Vorbehaltsvereinbarung zu ihrer Wirksamkeit der Registereintragung bedarf.

Die außergesetzliche Erweiterung des Eigentumsvorbehalts, etwa in Form einer Verlängerung oder Weiterleitung, wird in der italienischen Rechtsordnung nicht anerkannt.

6. Bürgschaft (*fideiussione*)

Anders als im deutschen Recht unterliegt die Bürgschaft nach dem *Codice Civile* keinem Schriftformerfordernis. Auch steht dem Bürgen die Einrede der Vorausklage nur bei entsprechender Vereinbarung zu. Ein darüber hinausgehender Einwendungsverzicht besteht im Rahmen der Bürgschaft auf erstes Anfordern. Deren Wirksamkeit wird von der italienischen Rechtsprechung insoweit anerkannt, als die Haupt- oder Bürgschaftsschuld nicht offensichtlich unwirksam sind. Stellt sich heraus, dass die Zahlung des Bürgen zu Unrecht erfolgt ist, richtet sich die Rückforderung nach den Vorschriften über die rechtsgrundlose Leistung. Eine Beweislastumkehr zugunsten des Bürgen, wie sie von der deutschen Rechtsprechung vorgenommen wird, erfolgt nach italienischer Rechtspraxis nicht.

Eine weitere Sonderform ist die sog. Globalbürgschaft (*fideiussione omnibus*), welche sich auf die Gesamtheit der in einem gewissen Vertragsverhältnis entstehenden Forderungen bezieht. Zum Schutz des Bürgen macht der *Codice Civile* die Wirksamkeit der Globalbürgschaft jedoch von der Festlegung eines Haftungshöchstbetrages abhängig und sieht eine unabdingbare Haftungsfreistellung für den Fall vor, dass der Gläubiger dem Schuldner eigenmächtig und trotz Kenntnis von der Verschlechterung der schuldnerischen Vermögenslage weiteren Kredit gewährt.

7. Selbständiger Garantievertrag (*contratto autonomo di garanzia*)

Ein gesetzlich nicht vorgesehenes, von der italienischen Rechtsprechung jedoch anerkanntes Sicherungsinstitut ist der selbständige Garantievertrag. Aufgrund ihrer Selbständigkeit ist die vertragliche Zahlungsverpflichtung zunächst unabhängig von der Wirksamkeit der gesicherten Forderung. Anders als nach der überwiegenden deutschen Rechtsprechung ist die nachträgliche Rückforderung bei Wegfall oder Fehlen des abgesicherten Anspruchs aber nicht ausgeschlossen.

8. Patronatserklärung (Lettre de patronage, lettera di gradimento, lettera di conforto)

Ebenfalls gesetzlich nicht geregelt ist die vor allem in Konzernverhältnissen Anwendung findende Patronatserklärung. Ihre rechtliche Bedeutung, insbesondere der Umfang der Sicherungszusage kann nicht pauschal bestimmt werden, sondern ist nach dem Inhalt der abgegebenen Erklärung im jeweiligen Einzelfall zu ermitteln.

9. Surrogationsanspruch (*azione surrogatoria*), Revokationsrecht (*azione revocatoria*) und Sicherungsbeschlagnahme (*sequestro conservativo*)

Als Formen der gesetzlichen Anspruchssicherung sind der Surrogationsanspruch, das Revokationsrecht sowie die Sicherungsbeschlagnahme zu nennen. Während die Surrogation dem Gläubiger die Möglichkeit gibt, bei Untätigkeit des Schuldners und daraus drohendem Schaden dessen Ansprüche gegenüber Dritten geltend zu machen, dient die Revokation, vergleichbar der deutschen Anfechtung, der Verhinderung aktiver Vermögensverlagerungen durch den Schuldner auf Dritte. Eine besonders ausführliche Regelung erfährt die Revokation im Zusammenhang mit der Schuldnerinsolvenz, wobei sämtliche Anfechtungstatbestände eine zeitliche Nähe zwischen Vermögensverfügung und Insolvenz bzw. ein Zusammenwirken zwischen dem insolventen Schuldner und dem Verfügungsempfänger voraussetzen.

Die überwiegend prozessual geprägte Sicherungsbeschlagnahme soll, ähnlich dem Arrest und der einstweiligen Verfügung im deutschen Recht, eine Verringerung des Schuldnervermögens vorbeugend verhindern. Gelingt es dem Gläubiger, sowohl das Bestehen des Anspruchs als auch das Risiko einer Vermögensverringerung glaubhaft zu machen, erlässt das Gericht eine Beschlagnahmeverfügung. Weitere Veräußerungshandlungen hinsichtlich des beschlagnahmten Vermögens werden damit grundsätzlich unwirksam.

10. Anzahlung (*caparra confirmatoria*) und Vorzugsrecht im Rahmen des Immobilienerwerbs

Eine aus deutscher Sicht ungewöhnliche Ausgestaltung erfährt die Sicherung der jeweiligen Ansprüche im Rahmen des Erwerbs von Immobilien durch Abschluss eines Vorvertrages (*contratto preliminare*). Konkret ergibt sich der Schutz des (Vor-) Verkäufers hierbei aus der Leistung einer Anzahlung (*caparra confirmatoria*) durch den (Vor-)Käufer. Im Gegenzug erhält letzterer, für den Fall, dass der (Vor-)Verkäufer seine Vertragsleistung nicht erbringt, einen Schadensersatzanspruch und insoweit ein Recht auf bevorzugte Befriedigung aus der vertragsgegenständlichen Immobilie.

II. Schlusswort

Ausgehend von dem zu Beginn der vorliegenden Arbeit geschilderten Bedürfnis, eine effiziente Gläubigersicherung nicht nur als Selbstzweck zu gewährleisten, sondern hierdurch die Bereitschaft zur Vergabe von Finanzierungsmitteln und damit die Investitionskapazität der Wirtschaftsunternehmen zu erhöhen, ist folgendes deutlich geworden:

Aus Sicht des deutschen Juristen hat der italienische Gesetzgeber, insbesondere in Form der zahlreichen ipso iure entstehenden Vorzugsrechte, auffällig umfangreiche und differenzierte Regelungen zur Privilegierung bestimmter Forderungsarten getroffen. Entscheidendes Einteilungsmerkmal ist hier zum einen die Person des Gläubigers, was sich konkret in der vorrangigen Berücksichtigung staatlicher Ansprüche niederschlägt, zum anderen der Rechtsgrund des Anspruchs. Hieraus wird nicht nur eine gesetzgeberische Wertung deutlich, sondern auch das Ziel, die als schutzbedürftig befundenen Gläubiger unabhängig vom Parteiwillen wirksam abzusichern.

Der deutschen Kodifizierung im Umfang vergleichbar sind die italienischen Gesetze, was die Bereitstellung und Ausformung vertraglicher Sicherungsmittel anbelangt. Zu nennen sind hier vor allem die klassischen Garantieformen Pfandrecht, Hypothek und Bürgschaft.

Erhebliche dogmatische und praktische Unterschiede ergeben sich jedoch hinsichtlich der Frage, welche vertraglichen Garantieformen über die gesetzlich vorgesehenen Institute hinaus in der jeweiligen Rechtspraxis zugelassen werden. Seitens der italienischen Rechtsprechung und Lehre wesentlich restriktiver behandelt werden insbesondere die Sicherungsübereignung und der Eigentumsvorbehalt. Während die Einschränkung der letztgenannten Figur lediglich die in Deutschland verbreiteten außergesetzlichen Erweiterungsformen betrifft, stößt die Übereignung zu Sicherungszwecken insgesamt auf umfangreiche Wirksamkeitsbedenken. Als Grund für die Nichtanerkennung wird zwar allgemein das in Art. 2744 c.c. geregelte Verbot der Verfallsabrede genannt. Eine eingehende Beschäftigung mit der einschlägigen Literatur und Rechtsprechung lässt jedoch deutlich werden, dass sich der jeweilige Umfang des aus Art. 2744 c.c. abgeleiteten Verbots zum einen danach richtet, ob die mit dem zur Beurteilung stehenden Geschäft in seiner konkreten Ausgestaltungsform verfolgten Parteiinteressen nach der Rechtsordnung schutzwürdig sind und damit von der in Art. 1322 c.c. geregelten Privatautonomie umfasst sind, zum anderen nach der praktisch - wirtschaftlichen Bedeutung der jeweiligen Rechtsfigur.

Abgesehen von dem ausdrücklich gesetzlich geregelten Fall des Schinkenpfandrechts sowie dem uneingeschränkt anerkannten *patto marciano* besteht somit weiterhin erhebliche Unsicherheit hinsichtlich der Frage, unter welchen Voraussetzungen die Vereinbarung eines besitzlosen Sicherungsrechts wirksam ist.

Literaturverzeichnis

Airoldi, Giuseppe, *Pegno di titoli conferiti alla Monte titoli,* Diritto bancario 1987, I, S.367 ff.

Alpa, Guido / Bessone, Mario, *Atto illecito e interessi tutelati,* in: Trattato di Diritto Privato, diretto da Rescigno, Bd. 14, Turin, 1986, S. 88 ff.

Amato, Giuseppe, *Ancora sul patto commissorio e sulla vendita a scopo di garanzia,* Giustizia civile, 1984, S. 1901 ff.

Andrioli, Virgilio, *Aspetti processuali delle garanzie del credito agrario,* Rivista del diritto processuale 1975, S. 678 ff.

Andrioli, Virgilio, *Della tutela dei diritti, Art. 2748,* in: Commentario del Codice civile Scialoja-Branca a cura di F. Galgano, Bologna-Rom, 2001.

Anelli, Franco, *L'alienazione in funzione di garanzia,* Mailand, 1996.

Angelici, Carlo, *Garanzie bancarie proprie, improprie e procedure concorsuali,* Giurisprudenza commerciale, 1985 I, S. 786 ff.

Angeloni, Vittorio, *La cambiale e il vaglia cambiario,* Mailand, 1964.

Barbero, Domenico, *Condizione,* in: Novissimo Digesto italiano, S. 1104 ff.

Barbero, Domenico, *Mandato di credito e fideiussione,* in: Sistema Istituzionale di Diritto Privato Italiano, Turin, 1949, S. 683 ff.

Battistoni Ferrara, Franco, *Cessione di credito "a garanzia" e fallimento del cedente,* Il Foro italiano, 1961, I S. 1451 ff.

Bavetta, Giuseppe, *La cessione del credito a scopo di garanzia,* Diritto fallimentare e delle società commerciali, 1995 I, S. 588 ff.

Becker, Christoph, *Insolvenzrecht,* Köln, 2005.

Belfiore, Angelo, *Pendenza negoziale e conflitti di titolarità,* Rivista del diritto civile, 1971, 1, S. 180 ff.

Benatti, Francesco, *Il contratto autonomo di garanzia,* Banca, borsa e titoli di credito, 1982 I, S. 173 ff.

Bencini, Luigi, *L'ipoteca legale*, Rivista del diritto ipotecario, 1967, S. 13 ff.

Bianca, C. Massimo, *La vendita e la permuta*, in: Trattato di diritto civile italiano diretto da Vasalli, Turin, 1993, S. 580 ff.

Bianca, C. Massimo, *Il debitore e i mutamenti del destinatario del pagamento*, Mailand, 1963.

Bianca, C. Massimo, *Diritto Civile*, Band 5, Mailand, 2000.

Bianca, C. Massimo, *Il divieto del patto commissorio*, Mailand, 1957.

Bianca, C. Massimo, *Patto commissorio*, in: Novissimo Digesto italiano, Bd. 12, Turin 1965, I, S. 715 ff.

Biondi, B., *Cessione pro solvendo e pegno dei crediti*, Banca, borsa e titoli di credito 1955, II, S. 303 ff.

Bochicchio, Francesco, *Gestione di patrimoni mobiliari da parte di enti finanziari e pegno*, Contratto e impresa, 1988, S. 392 ff.

Boero, Pietro, *Le ipoteche*, Turin, 1999.

Bonelli, Enrico, *La revocatoria fallimentare delle rimesse in conto corrente bancario: la giurisprudenza della Cassazione a partire dal 1982*, Giurisprudenza commerciale, 1987, I, S. 438 ff.

Bonelli, Gustavo, *Del fallimento*, *Bd. 1*, Mailand, 1923.

Bozzi, Giuseppe, *La fideiussione, le figure affini e l'anticresi*, in: Trattato di Diritto Privato, diretto da Rescigno, Bd. 13, Turin, 1985, S. 205 ff.

Campogrande, Valerio, *Trattato della fideiussione nel diritto odierno*, Turin, 1902.

Capaldo, Luigi, *Osservazioni su un'ipotesi legislativa di pegno senza spossessamento*, Diritto bancario, 1987, I, S. 462 ff.

Carnevali, Ugo, *Patto commissorio*, in: Enciclopedia del diritto, Bd. 32, Mailand, 1982, S. 505 ff.

Carnevali, Ugo, *I problemi giuridici del factoring*, Rivista del diritto civile,1978, I, S. 299 ff.

Carpi, Federico/ Taruffo, Michele, *Commentario al Codice di Procedura Civile,* 5. Aufl., Padua, 2006.

Carpi, Federico/ Taruffo, Michele, *Commentario al Codice di Procedura Civile, Complemento Giurisprudenziale,* 5. Aufl., Padua, 2006.

Cendon, Paolo/ Cabella-Pisu, Luciana, *Commentario al Codice Civile*, Turin, 2000.

Chianale, Angelo, *Ipoteca,* in: Digesto, quarta edizione, S. 174 ff.

Cian, Giorgio/ Trabucchi, Alberto, *Commentario breve al Codice Civile*, 7. Aufl., Padua, 2004.

Cian, Giorgio/ Trabucchi, Alberto, *Commentario breve al Codice Civile*, *Complemento Giurisprudenziale*, 6. Aufl., Padua, 2003.

Ciccarello, Sebastiano, *Privilegio,* in: Enciclopedia del diritto, Bd. 25, Mailand, 1986, S. 727 ff.

Cicu, Antonio, *La divisione ereditaria*, Mailand, 1948

Colombo, Giovanni E., *Problemi risolti e irrisolti nella giurisprudenza sul pegno*, Banche e banchieri, 1989, S. 103 ff.

Conte, Ricardo, *Il sequestro conservativo nel processo civile*, Turin, 2000.

Corsi, Francesco, *Il concetto di amministrazione nel diritto privato*, Mailand, 1974.

Corsi, Francesco, *La revocatoria ordinaria nel fallimento*, Giurisprudenza commerciale, 1994, I, S. 167 ff.

Costantino, Giorgio, *Le espropriazioni forzate speciali. Lineamenti generali*, Mailand, 1984.

Costantino, Giorgio/ Jannarelli, Antonio, *La costituzione di pegno sui prosciutti,* in: Nuove Leggi Civili Commentate, Padua, 1986, S. 542 ff.

Dalmartello, Arturo, *Pegno irregolare*, in: Novissimo Digesto italiano, Bd. 12, Turin, 1965, S. 803 ff.

Del Giudice, Federico, *Nuovo Dizionario Giuridico*, 6. Aufl., Neapel, 2001.

Del Vecchio, Francesco, *La disciplina degli interessi nella legge fallimentare*, Banca, borsa e titoli di credito, 1967, I, S. 100 ff.

De Nictolis, Rosanna, *Divieto del patto commissorio, alienazioni in garanzia e sale and lease back*, Rivista del diritto civile 1991 II, S. 535 ff.

De Nova, Giorgio, *Appunti sul sale and lease back e il divieto del patto commissorio*, Rivista italiana del leasing, 1985, S. 307 ff.

De Nova, Giorgio, *Il lease back anomalo è in frode al divieto del patto commissorio*, Rivista italiana del leasing, 1988, S. 203 ff.

De Nova, Giorgio, *Sull'interpretazione del precedente giudiziario*, in: Contratto e impresa, 1985, S. 779 ff.

De Semo, Giorgio, *Diritto Cambiario*, Mailand, 1953.

Di Majo, Adolfo, *La "normalizzazione" del preliminare*, Corriere giuridico, 1997, S. 131 ff.

Dolmetta, Aldo Angelo/Portale, Giuseppe, *Forderungsabtretungen in Italien*, in: Hadding/Schneider (Hrsg.), Die Forderungsabtretung, insbesondere zur Kreditsicherung, in der Bundesrepublik Deutschland und in ausländischen Rechtsordnungen, Berlin, 1986.

D'Orazi-Flavoni, Mario, *Fideiussione*, in: Trattato di diritto civile diretto da G. Grosso e F. Santoro-Passarelli, Mailand, 1961, Bd. 5, S. 43 ff.

Fasciani, Paola, *Verbesserter Käuferschutz beim Erwerb von Immobilien in Italien - Reform des Vorvertragsrechts*, in: Jahrbuch für Italienisches Recht, Bd.11, Heidelberg, 1998, S. 205 ff.

Ferrara jr., Francesco / Borgioli, Alessandro, *Il Fallimento*, 5. Aufl., Mailand, 1995.

Ferri, Luigi / Zanelli, Pietro, *Trascrizione immobiliare*, in: Commentario del Codice civile Scialoja-Branca a cura di F. Galgano, Bologna-Rom, 1995.

Florino, Anm. zu Cass. 29.4.1969, n. 1382, Il Foro italiano, 1969 I, S. 2231 f.

Fortino, Marcella, *Il sequestro conservativo tra garanzia del creditore e tutela del debitore*, Mailand, 1988.

Fragali, Michele, *Ipoteca*, in: Enciclopedia del diritto, Bd. 22, Mailand, 1972, S. 740 ff.

Frignani, Aldo, *Factoring, leasing, franchising, concorrenza*, 2. Aufl., Turin, 1983.

Frignani, Aldo, *Il difficile cammino del factoring*, Giurisprudenza italiana, 1975, I 2, S. 537 ff.

Gabrielli, Enrico, *Il pegno "anomalo"*, Padua, 1990.

Gaetano, Paolo, *I privilegi*, in: Trattato di diritto civile italiano diretto da F. Vassalli, Turin, 1962, S. 59 ff.

Galgano, Francesco, *Degli effetti del contratto, Art. 1372*, in: Commentario del Codice civile Scialoja-Branca a cura di F. Galgano, Bologna-Rom, 1993, S. 156 f.

Gazzoni, Francesco, *Manuale di diritto privato,* Neapel, 2006.

Gentile, Francesco, *Le ipoteche*, Rom, 1961.

Giacomelli, Marco, *Processo sul credito "legittimante" e ammissibilità dell'azione surrogatoria*, Rivista trimestrale di diritto e procedura civile, 2000, S. 271 ff.

Giampiccolo, Giovanni, *Azione surrogatoria*, in: Enciclopedia del diritto, Bd. 4, Mailand, 1959, S. 951 ff.

Gitti, Gregorio, *Divieto del patto commissorio, frode alla legge, "sale and lease back"*, Rivista trimestrale di diritto e procedura civile, 1993, S. 487 ff.

Gorla, Gino / Zanelli, Pietro, *Del pegno, delle ipoteche,* in: Commentario del Codice civile Scialoja-Branca a cura di F. Galgano, Bologna-Rom, 1992, S. 24 ff. und 88 ff.

Graziani, Carlo Alberto, *Le promesse unilaterali*, in: Trattato di Diritto Privato, diretto da Rescigno, Bd. 9, Turin, 1985, S. 655 ff.

Greco, Paolo / Cottino, Gastone, *Vendita,* in: Commentario del Codice civile Scialoja-Branca a cura di F. Galgano, Bologna-Rom, 1993, S. 431 ff.

Gröschler, Peter, *Einwendungsausschluß bei der Garantie auf erstes Anfordern und der einfachen Garantie*, Juristenzeitung 1999, S. 822 ff.

Gualandi, Laura, *Il Monte titoli, Le operazioni*, Quaderni di Giurisprudenza Commentata, Mailand, 1983

Guarneri, Attilio, *Il pegno si adatta ai prosciutti*, Corriere giuridico, 1985, S. 904 ff.

Hromadka, Wolfgang, *Sicherungsübereignung und Publizität*, Juristische Schulung 1980, S. 89 ff.

Hromadka, Wolfgang, *Die Entwicklung des Faustpfandprinzips im 18. und 19. Jahrhundert*, Köln, 1971.

Huber, Michael, *Anfechtungsgesetz*, 9. Aufl., München, 2000.

Inzitari, Bruno, *La cessione del credito a scopo di garanzia*, Banca, borsa e titoli di credito 1997, I, S. 161 ff.

Inzitari, Bruno, *Besondere Probleme der Sicherungsabtretung in Italien*, in: Hadding/Schneider (Hrsg.), Die Forderungsabtretung, insbesondere zur Kreditsicherung, in der Bundesrepublik Deutschland und in ausländischen Rechtsordnungen, Berlin, 1986, S. 419 ff.

Kaser, Max, *Das römische Privatrecht*, Bd. 1, 2. Aufl., München, 1971; Bd. 2, 2. Aufl., München 1975.

Kindler, Peter, *Einführung in das italienische Recht*, München, 1993.

La Porta, Ubaldo, *La causa del trasferimento del credito, gli effetti preliminari e la disposizione del diritto futuro*, Banca, borsa e titoli di credito, 1998 II, S. 708 ff.

Laurini, Giancarlo, *Determinabilità dei crediti e fideiussione omnibus*, Banca, borsa e titoli di credito, 1981, II, S. 266 ff.

Lordi, Luigi, *Del pegno*, in Codice Civile, in: Commentario diretto da M. d'Amelio e E. Finzi, Florenz, 1943, S. 635 ff.

Macario, Francesco, Anm. zu Cass. 03.06.1983, n. 3800, Il Foro italiano 1984, S. 213 ff.

Maccarone, Salvatore, *Contratto autonomo di garanzia*, in: Mazzoni/ Nigro (Hrsg.), Credito e Moneta, Mailand, 1982.

Maffei Alberti, Alberto, *Commentario breve alla Legge Fallimentare*, 3. Aufl., Padua, 1991.

Maffei Alberti, Alberto, *Il danno nella revocatoria*, Padua, 1970.

Maiorca, Carlo, *Ipoteca*, in: Novissimo Digesto italiano, Bd. 9, Turin, 1963, S. 94 ff.

Mancini, Tommaso, *La cessione dei crediti futuri a scopo di garanzia*, Mailand, 1968.

Mancini, Tommaso, *La Cessione dei Crediti*, in: Trattato di Diritto Privato, diretto da Rescigno, Bd. 9, Turin, 1986, S. 393 ff.

Mancini, Tommaso, *Pegno di credito, "cessione pro solvendo" e cessione a scopo di garanzia*, Banca, borsa e titoli di credito, 1968, II, S. 285 ff.

Mariconda, Gennaro, *Contratto preliminare e trascrizione*, Corriere giuridico, 1997, S. 129 ff.

Martorano, Federico, *La qualità di imprenditore commerciale al momento del compimento del atto come presupposto dell'azione revocatoria. La legge fallimentare. Bilancio e prospettive dopo 30 anni di applicazione*, Mailand, 1975.

Molle, Giacomo, *In tema di vendita del pegno nell'apertura di credito garantito da titoli di credito*, in: I titoli di credito, Mailand, 1972.

Molle, Giacomo, *I contratti bancari*, in: Trattato di diritto civile e commerciale già diretto da A. Cicu e F. Messineo, continuato da L. Mengoni e ora diretto d P. Schlesinger, Bd. 35, 1. Hbd., Mailand 1981, S. 911 ff.

Moretti, Bruno, *Fideiussione*, in: Giurisprudenza sistematica civile e commerciale diretta da W. Bigiavi, Turin, 2002, S. 94 ff.

Münchener Kommentar zum BGB, 2. Aufl., München, 1986; 4. Aufl., München, 2004 (zitiert: MüKo/Bearbeiter).

Napoleoni, Valerio, *Pegno bancario di titolo di credito, modificazione dell'oggetto del pegno e revocatoria fallimentare*, Il fallimento, 1993, S. 766 ff.

Natoli, Ugo, *Azione revocatoria*, in: Enciclopedia del Diritto, Bd. 4, Mailand, 1960, S. 888 ff.

Natoli, Ugo, *L'attuazione del rapporto obbligatorio*, in: Trattato di diritto civile e commerciale già diretto da A. Cicu e F. Messineo, continuato da L. Mengoni e ora diretto d P. Schlesinger, Mailand, 1974, S. 29 ff.

Nicolò, Rosario, *Della Tutela dei diritti, Art. 2900*, in: Commentario del Codice civile Scialoja-Branca a cura di F. Galgano, Bologna-Rom, 1969.

Oppo, Giorgio, *Dal progetto alla legge Monte titoli*, Rivista del diritto civile, 1986 II, S. 446 ff.

Pajardi, Piero, *Commentario al Codice del Fallimento*, Mailand, 2001.

Pajardi, Piero, *Manuale di Diritto Fallimentare*, Mailand, 2002.

Palandt, Otto, *Bürgerliches Gesetzbuch*, 66. Aufl., München, 2007.

Panuccio, Vincenzo, *Cessione dei crediti*, in: Enciclopedia del Diritto, Bd. 6, Mailand, 1960, S. 867 ff.

Panzarini, Giovanni, *Lo sconto dei crediti e dei titoli di credito,* Mailand, 1984, S.120 ff.

Parente, Ferdinando, *Il sistema dei privilegi del credito*, Mailand, 2001.

Patti, Salvatore, *L'azione surrogatoria,* in Trattato di Diritto privato, redatto da Rescigno, Bd. 20, Turin, 1986, S. 101 ff.

Pavone la Rosa, Antonio, *Apertura di credito, cessione "pro solvendo" e pegno di crediti, girata in garanzia di cambiale tratta con clausola di cessione della provvista,* Banca, borsa e titoli di credito, 1959, 11, S. 541 ff.

Pazzaglia, Ludovico, *Diritto fallimentare,* Mailand, 1953.

Pelosi, Angelo Carlo, *Sulla pretesa retroattività della condizione,* Rivista trimestrale di diritto e procedura civile, 1968 S. 923 ff.

Perassi, Tomaso, *In tema di pegno "omnibus"* Giurisprudenza italiana, 1988, I, 2, S. 487.

Perlingieri, Pietro, *Della cessione dei crediti,* in: Commentario del Codice civile Scialoja-Branca a cura di F. Galgano, Bologna-Rom, 1982, S. 421 ff.

Perlingieri, Pietro, *Le cessioni dei crediti ordinari e "d'impresa",* Neapel, 1993.

Persico, Giovanni, *Anticresi,* in: Enciclopedia del diritto, Bd. 2, Mailand, 1958, S. 529 ff.

Pescatore, Gabriele / Ruperto, Cesare, *Codice Civile Annotato,* 13. Aufl., Mailand, 2005.

Pierallini, L., *Lease back e patto commissorio: un problema ancora aperto,* Giustizia civile, 1988 I, S. 2388 ff.

Portale, Giuseppe, *Fideiussione e "Garantievertrag" nella prassi bancaria,* in: Le operazioni bancarie, II, S. 1047 ff.

Portale, Giuseppe, *Nuovi sviluppi del contratto autonomo di garanzia,* Banca, borsa e titoli di credito, 1985 I, 169.

Porzio, Mario, *L'anticipazione bancaria,* Neapel, 1964.

Pratis, Carlo, *Della tutela dei diritti. Del pegno,* Turin, 1978.

Protetti, Ettore, *L'ipoteca nella giurisprudenza*, Padua, 1971.

Provinciali, Renzo, *Manuale del diritto fallimentare*, Bd. 1, Mailand, 1969; Bd. 2, Mailand, 1970.

Pugliese, Giovanni, *Intorno alla validità della vendita a scopo di garanzia*, Rivista del diritto civile, 1955, S. 1070 ff.

Ravazzoni, Alberto, *Le garanzie dell'obbligazione*, 3. Aufl., Parma, 1993.

Realmonte, Francesco, *L'oggetto del pegno: problemi vecchi e nuovi*, Banca, borsa e titoli di credito, 1993, I, S. 14 ff.

Roppo, Enzo, *Il divieto del patto commissorio*, in: Trattato di Diritto privato, diretto da Rescigno, Bd. 19, S. 559 ff.

Roppo, Enzo, *La responsabilità patrimoniale del debitore*, in: Trattato di diritto privato, diretto da Rescigno, Bd. 19, S. 433 ff.

Roppo, Enzo, *Note sopra il divieto del patto commissorio*, Rivista del notariato, 1981, S. 405 ff.

Rubino, Domenico, *La compravendita*, in: Trattato di diritto civile e commerciale già diretto da A. Cicu e F. Messineo, continuato da L. Mengoni e ora diretto d P. Schlesinger, Mailand, 1962.

Rubino, Domenico, *La responsabilità patrimoniale. Il pegno*, in: Trattato di diritto civile italiano diretto da F. Vassalli, Turin, 1962.

Ruscello, Francesco, *Dei privilegi, del pegno, delle ipoteche*, in: Codice civile annotato a cura di P. Perlingieri, 2. Aufl., Bologna-Neapel, 1992, S. 357 ff.

Sacco, Rodolfo, *Il potere di procedere in via surrogatoria*, Turin, 1955, S. 83 ff.

Salvadori, Maria Giulia / Scaliti, Gabriella, *La metamorfosi del contratto preliminare*, in: Contratto e impresa, 1997, S. 685 ff.

Satta, Silvestro, *Sul pagamento anticipato dei crediti nel fallimento*, Banca, borsa e titoli di credito, 1957, I, S. 485 ff.

Satta, Silvestro, *Diritto fallimentare*, 2. Aufl., Padua, 1990.

Simonetto, Ernesto, *La fideiussione come possibile strumento di truffa*, Diritto fallimentare e delle società commerciali, 1985, II, S. 388 ff.

Tamburrino, Giuseppe, *Della tutela dei diritti,* Turin, 1976.

Tamponi, Michele, *Sulla clausola estensiva della garanzia pignoratizia ai crediti presenti e futuri*, Rivista del diritto civile, 1974, S. 215 ff.

Tedeschi, Vittorio, *Anticresi*, in: Novissimo Digesto italiano, Bd. 1, Turin, 1957, S. 658 ff.

Torrente, Andrea/ Schlesinger, Piero, *Manuale di diritto privato*, 18. Aufl., Mailand, 2007.

Uhlenbruck, Wilhelm, *Insolvenzordnung*, 12. Aufl., München, 2003.

Verde, Giovanni, *Pignoramento in generale*, in: Enciclopedia del diritto, Bd. 33, Mailand, 1983, S. 763 ff.

Viale, Mirella, *Le garanzie bancarie*, in: Trattato di diritto commerciale e di diritto pubblico dell'economia direto da F. Galgano, Bd. 18, Padua, 1994, S. 75 ff.

Vittimberga, Giuseppe, *Buoni e certificati di credito del tesoro*, in: Enciclopedia giuridica, Roma, 1988, Bd. 3, S. 3 ff.

Wilhelm, Jan, *Die Kondiktion der Zahlung des Bürgen oder Garanten "auf erstes Anfordern" im Vergleich zur Zession,* Neue Juristische Wochenschrift, 1999, S. 3519 ff.

Zöller, Richard, *Zivilprozessordnung*, 24. Aufl., Köln, 2004.

Kolibri 360 GmbH
Ferdinand-Jühlke-Straße 7
99095 Erfurt, Deutschland
produktsicherheit@kolibri360.de

Druck:
CPI Druckdienstleistungen GmbH
im Auftrag der
Kolibri 360 GmbH
Ferdinand-Jühlke-Str. 7
99095 Erfurt